感谢上海政法学院法学高原学科（环境与资源保护法学方向）和
中国-上海合作组织国际司法交流合作培训基地对本书出版的资助

后TRIPS时代

中国知识产权文化的重构

邹彩霞 著

REFORMULATION OF
CHINESE INTELLECTUAL PROPERTY CULTURE
AFTER TRIPS ERA

法律出版社
LAW PRESS · CHINA
北京

图书在版编目(CIP)数据

后 TRIPS 时代中国知识产权文化的重构 / 邹彩霞著
. -- 北京 : 法律出版社, 2022
ISBN 978 - 7 - 5197 - 6261 - 2

Ⅰ. ①后… Ⅱ. ①邹… Ⅲ. ①知识产权 - 研究 - 中国
Ⅳ. ①D923.404

中国版本图书馆 CIP 数据核字(2021)第 250889 号

后 TRIPS 时代中国知识产权文化的重构
HOU TRIPS SHIDAI ZHONGGUO ZHISHI CHANQUAN WENHUA DE CHONGGOU

邹彩霞 著

策划编辑 李沂蔚
责任编辑 李沂蔚
装帧设计 鲍龙卉

出版发行 法律出版社
编辑统筹 法律应用出版分社
责任校对 王晓萍 王语童
责任印制 刘晓伟
经　　销 新华书店

开本 710 毫米×1000 毫米 1/16
印张 16.75 **字数** 214 千
版本 2022 年 10 月第 1 版
印次 2022 年 10 月第 1 次印刷
印刷 唐山玺诚印务有限公司

地址:北京市丰台区莲花池西里 7 号(100073)
网址:www.lawpress.com.cn
投稿邮箱:info@lawpress.com.cn
举报盗版邮箱:jbwq@lawpress.com.cn

销售电话:010 - 83938349
客服电话:010 - 83938350
咨询电话:010 - 63939796

书号:ISBN 978 - 7 - 5197 - 6261 - 2
定价:62.00 元

凡购买本社图书,如有印装错误,我社负责退换。电话:010 - 83938349

序

这是“部门法哲学”研究的一项代表性作品，作者是邹彩霞博士。早在吉林大学攻读博士学位时，彩霞就选择了知识产权法哲学作为她的研究对象。彩霞博士毕业后在复旦大学继续从事知识产权法哲学的博士后研究，将其研究延伸到知识产权文化。

“知识产权文化”概念产生于2003年的世界知识产权组织（WIPO）。其计划和预算委员会第七届会议上正式通过《经修订的2004－2005年计划和预算草案》，提出了“建立一种明达的知识产权文化”的新思路，以促进知识产权发展与繁荣，建立知识产权文化。随着时代的发展与变迁，以中国为代表的发展中国家的发展，各国有了文化品格上彰显民族性的需求，因而也反思外来文化不兼容的异质性。邹彩霞博士正是努力把握这种时代需求，开始研究后TRIPS时代中国知识产权文化的重构问题。作为青年学者，彩霞这部理论探索性作品尽管有一定的青涩，有些观点也存在继续探讨的必要，但至少有三方面值得称道，也给我留下深刻印象：

其一，本书在阐述知识产权文化如何彰显民族性上，没有落入简单化的民族主义，而是指出知识产权文化的缺失所造成的发展瓶颈，能够充分把握事理的内在规律，讲事实，讲逻辑，讲道理。虽然，中国知识产权的发展一直努力向西方现代知识产权的模式靠拢，但知识产权符号的社会张力还不够，知识产权产业驱动效能还不明显，对实体经济的贡献率还不够，民众侵权现象仍非常普遍且不以为然等。不仅如此，由于知识产权的局限性，其对知识生产体的刺激导致知识生产片面向迎合消费市场的快餐性知识转移，一个由自然而然的知识生产体而孕育出的中国文化结构被破坏。这些困境的产生，归根结底，是知识产权法律制度本身的精细化不能根本上解决中国知识产权发展的问题，建构一种合理的并契合于中国的知识产权文化是亟须解决的问题。这种视角具有一定的洞见，比如她认为知识产权文化要建立在合理的知识产权本质理论上，通过对理论的知识产权和现实的知识产权的层层剥离，分解出作为财产的知识产权及作为公共政策的知识产权、作为企业管理战略的知识产权和作为国家利益争夺利器的知识产权四层面向，指出这四层面向相互粘连、相互掩映，让知识产权克服仅仅作为私权的本质。书中还大胆地提出，作为公共政策的知识产权的核心是"刺激创新"，彰显知识产权的适度"公权化"色彩。

其二，该书能较综合系统地进行考察和说理，从法理学—法哲学的视角对"中国知识产权文化"进行研究，阐述了中国知识产权文化重构的历史动因、现实背景、法理基础、模式探索和实践路径。该书主要涉及知识产权理论基础、知识产权法哲学分析、知识产权文化核心、知识产权制度体系等相互关联且一脉相承问题。通过追溯世界知识产权理论基础发展及转向的轨迹，针对当代全球知识产权现状及趋势，试图对知识产权本质再分析和再定位，寻找知识产权消解矛盾、逻辑自洽的正当性理由，并打破西方倡导的以信息垄断谋取利益的经济功利主义知识产权文化，建立一种指向推动创作自由、促进知识传播、发展民族特质、实现国家强盛的"中国品格"的知识产权文化，并将这种文化作为推动多元的知识产权国际新秩序形成的基础。该书宏观把握知识产权的国内与国际、历史与当今、制度与文化、东方与西方之间的关系，是法理学领域较好地回应当今国际上知识产权问题的大胆尝试，对知识产权法学的发展和国家知识产权战略有一定的借鉴意义，也是法理学和部门法有机融合的佳作，更是"知识产权文化"研究领域的先锋之作。

其三,本书在中国知识产权文化重构方面,也提出了相当具体的实践路径。中国知识产权文化的理想模式既以提出,那如何通过制度的设计而实现这些文化特质是本部分要解决的问题。通过对代表性国家和地域,如欧盟、美国、日本、韩国、印度等国家的知识产权文化建构及发展模式的经验借鉴为方法,寻找能够实现上述"一核六极"知识产权产权文化的构建机制,力图设计一套知识产权基本原则性框架,支撑知识产权文化在中国知识产权法律制度方面得到较好的实现,寻求中国知识产权发展的文化之"根"。这样的框架包括但不限于六个方面,具体逻辑思路是:其一,完善的制度层面的顶层设计;其二,良好制度的推广和接受;其三,培育多元知识创造的环境;其四,形成知识产权保护网;其五,建立知识产品分享及公共服务;其六,形成国民对本国知识资源的认同和依赖。并在这6个方面演绎出6项举措:(1)打造全方位知识产权制度网络;(2)以"滚动式公众宣传计划"加强知识产权宣传力度;(3)多维度地对不同特定群体加强知识产权教育;(4)鼓励和开辟多元知识创造方向,弱化知识生产的"利益"导向,培育知识综合平衡发展的社会环境;(5)利用互联网、大数据、云计算、人工智能等工具搭建完善的知识分享及传播平台;(6)调整及形成知识产品定价体系,贴近国民的消费能力。

总之,本书是部门法哲学研究的一部优秀作品,也对知识产权法学研究的学科交叉和领域拓展有一定的借鉴意义。

孙笑侠

2022年10月　上海

目　录

绪　论

知识产权的发展是当今中国重要的话题，因为中国知识产权的发展对中国经济发展的方向影响深远，对中国在世界上的地位影响深远，对中国人民共同的福祉影响深远。中国知识产权由于外来压力而建立法律体制，但其在内部却一直没有思考和发言的余地，但在签订《与贸易有关的知识产权协定》（Agreement on Trade－Related Aspects of Intellectual Property Rights，TRIPS）后的20年我国开始逐渐出现其思考的空间，由被动接受变为主动发展，从单纯保护过渡到全局战略，用文化重塑更替经济手段，用法律制度升华民族精神。这期间，知识产权文化在中国的酝酿、发展、积聚与重构等现象在悄然发生。

在国际知识产权秩序框架中，中国根据TRIPS的要求已经形成相当完备的知识产权法律制度体系，然而在共识性的知识产权理论方面仍存在模糊地带，本土化的知识产权文化发展尚缺乏明确的方向。正如1923年梁启超先生在《五十年中国进化概论》中写的那样，社会重要转型需要经历"器物层面"—"制度层面"—"文化层面"，中国社会转型过程中知识产权文化也在反复重构，从封建传统知识文化到近现代以来西学东渐的类西方知识产权文化，再到面向21世纪的知识产权文化。新时代"中国品格"知识产权文化将是怎样一幅图景？是效仿西方还是另辟蹊径？这有鉴于对世界知识产权理论基础发展及转向轨迹的追溯，针对当代全球知识产权现状及趋势，对知识产权本质进行再分析和再定位，为知识产权的存在寻找正当性理由，并打破西方倡导的以信息垄断谋取国家利益的经济功利主义知识产权文化，建立一种旨在推动创作自由、促进知识传播、发展民族特质、实现国家强盛的具有“中国品格”的知识产权文化。因此，中国知识产权文化的定位及培育应成为知识产权发展路径的新基点。

本书主要涉及知识产权理论基础、知识产权法哲学分析、知识产权文化核心、知识产权文化重构模式等问题，这些问题是相互关联且一脉相承的。国内知识产权学界不乏对这些问题的研究。20 世纪八九十年代，郑成思、吴汉东、刘春田等知识产权领域的先驱学者开始在学术界开展知识产权制度研究〔1〕；2003 年前后，对知识产权法哲学的探讨开始活跃，冯晓青、龙文懋、李扬、吴汉东、曹新明、徐瑄等教授及于宁博士、刘红臻博士、饶明辉博士从不同角度著书立说，对知识产权的理论基础进行分析〔2〕；2004 年前后，关于知识产权的性质和本质问题的讨论较为集中，金海军教授的私权主张〔3〕、李琛教授的体系

〔1〕 参见郑成思：《知识产权法通论》，法律出版社 1986 年版；刘茂林：《知识产权法的经济分析》，法律出版社 1996 年版；吴汉东等：《西方诸国著作权制度研究》，中国政法大学出版社 1998 年版；刘春田主编：《中国知识产权二十年》，专利文献出版社 1998 年版；郑胜利主编：《北大知识产权评论》（第 1 卷），法律出版社 2002 年版；刘春田主编：《中国知识产权评论》（第 1 卷），商务印书馆 2002 年版；张平：《知识产权法的地位及其渊源》，载《知识产权》1994 年第 6 期；李亚虹：《西法中移的文化困惑——〈偷书不算偷：中华文明中的知识产权法〉评介》，载《中外法学》1998 年第 6 期；郑成思：《20 世纪知识产权法学研究回顾》，载《河南省政法管理干部学院学报》2000 年第 1 期。

〔2〕 参见冯晓青：《知识产权法哲学》，中国人民公安大学出版社 2003 年版；龙文懋：《知识产权法哲学初论》，人民出版社 2003 年版；李扬主编：《知识产权的合理性、危机及其未来模式》，法律出版社 2003 年版；吴汉东：《法哲学家对知识产权法的哲学解读》，载《法商研究》2003 年第 5 期；徐瑄：《知识产权的正当性——论知识产权法中的对价与衡平》，载《中国社会科学》2003 年第 4 期；曹新明：《知识产权法哲学理论反思——以重构知识产权制度为视角》，载《法制与社会发展》2004 年第 6 期。

〔3〕 参见金海军：《知识产权私权论》，中国人民大学出版社 2004 年版。

化主张〔1〕、冯晓青教授的知识产权法利益平衡原理〔2〕、胡朝阳教授对知识产权正当性的分析〔3〕、曹新明教授的权利弱化和利益分享理论〔4〕都不同程度地涉及对知识产权体系核心基础的探讨；2006 年前后，知识产权文化成为热门话题，曲三强教授将中国传统文化与知识产权结合讨论〔5〕，刘华、周洪涛教授将对知识产权文化的研究提高到解决知识产权困境的高度并采用调查知识产权法律意识的方式将研究具体化，并在知识产权文化领域长期耕耘〔6〕，吴汉东教授致力于当代中国知识产权文化的建构〔7〕，张楚教授阐释知识产权文化的内涵〔8〕；2008 年以后，这些问题又围绕着全球化及中国化进一步展开，如吴汉东教授撰写的《知识产权理论的体系化与中国化问题研究》〔9〕、

---

〔1〕 参见李琛：《知识产权片论》，中国方正出版社 2004 年版。

〔2〕 参见冯晓青：《知识产权法利益平衡理论》，中国政法大学出版社 2006 年版；冯晓青：《知识产权法的价值构造：知识产权法利益平衡机制研究》，载《中国法学》2007 年第 1 期。

〔3〕 参见胡朝阳：《知识产权的正当性分析》，人民出版社 2008 年版。

〔4〕 参见曹新明：《关于权利弱化与利益分享理论之研究——一种新的知识产权理论范式》，载《中南财经政法大学研究生学报》2007 年第 1 期。

〔5〕 参见曲三强：《窃书就是偷》，知识产权出版社 2006 年版。

〔6〕 参见刘华、周洪涛：《论我国知识产权制度的困境与出路——基于知识产权文化视角的分析》，载《华中师范大学学报（人文社会科学版）》2007 年第 1 期；刘华：《文化政策视阈下我国知识产权文化发展研究》，载《华中师范大学学报（人文社会科学版》2009 年第 2 期；刘华、黄金池：《我国知识产权文化政策的优化及其逻辑——基于消费者立场的考量》，载《大连理工大学学报（社会科学版）》2018 年第 6 期；刘华、黄金池：《文化治理视域下我国知识产权文化政策结构性优化研究》，载《华中师范大学学报（人文社会科学版）》2019 年第 2 期。

〔7〕 参见吴汉东：《当代中国知识产权文化的构建》，载《华中师范大学学报（人文社会科学版）》2009 年第 2 期。

〔8〕 参见张楚、张军强、阎博：《知识产权文化内涵——以财产权劳动理论为视角》，载《首都经济贸易大学学报》2011 年第 6 期。

〔9〕 参见吴汉东：《知识产权理论的体系化与中国化问题研究》，载《法制与社会发展》2014 年第 6 期。

余盛峰博士撰写的《知识产权全球化:现代转向与法理反思》[1]等。然而在学者为知识产权的发展厉兵秣马时,也存在另外一种声音,冯象的《知识产权的终结——“中国模式”之外的挑战》一文为知识产权的发展前景敲响了“丧钟”,警醒世人重新对知识产权研究进行思考[2]。从 2006 年至 2016 年,对知识产权文化的研究围绕着“中国如何学习西方形成‘尊重和保护知识产权’的社会氛围”这一主题而展开。2018 年以来,大数据、云计算、人工智能等信息革命渗透到知识产权领域,知识产权研究也围绕着这些新兴话题展开,但对知识产权文化的研究却日渐式微。

国外研究知识产权文化的资料也不在少数。澳大利亚学者彼得·德霍斯的《知识财产权法哲学》、彼得·达沃豪斯、约翰·布雷斯韦特的《信息封建主义》在知识产权法哲学领域掀起了影响全球的抵制知识产权的热潮[3];美国教授威廉·M. 兰德斯、理查德·A. 波斯纳的《知识产权的经济分析》也反映出了知识产权文化与经济发展的关系[4];另外,法国学者布罗代尔的《资本主义的动力》、英国学者 W. 阿瑟·刘易斯的《经济增长理论》、美国学者乔纳森·弗里德曼的《文化认同与全球性过程》、卡米尔·伊德里斯的《知识产权:推动经济增长的有力工具》都在不同程度上反映了西方资本主义知识产权文化的

[1] 参见余盛峰:《知识产权全球化:现代转向与法理反思》,载《政法论坛》2014 年第 6 期。

[2] 参见冯象、李一达:《知识产权的终结——“中国模式”之外的挑战》,载《文化纵横》2012 年第 3 期;邵科:《安守廉与曲解的中国知识产权史——反思国际知识产权不平等秩序之突破点》,载《政法论丛》2012 年第 4 期;和育东:《从权利到功利:知识产权扩张的逻辑转换》,载《知识产权》2014 年第 5 期。

[3] 参见[澳]彼得·德霍斯:《知识财产法哲学》,周林译,商务印书馆 2008 年版;[澳]彼得·达沃豪斯、约翰·布雷斯韦特:《信息封建主义》,刘雪涛译,知识产权出版社 2005 年版。

[4] 参见[美]威廉·M. 兰德斯、理查德·A. 波斯纳:《知识产权法的经济结构》,金海军译,北京大学出版社 2005 年版。

内涵[1]。美国哈佛大学的安守廉教授于20世纪90年代便通过《窃书为雅罪：中华文化中的知识产权法》(*To Steal a Book is an Elegant Offense*)[2]一书揭示中华传统知识产权文化；而鉴于中国特色，对于中国的学者来说，对本土文化的理解和体验，能够使他们更好地把握中国知识产权文化的病情和病根，能够更彻底、更全面、更深入地对其进行原因分析及制度研究。

本书的研究内容涉及两大问题，一是知识产权的理论基础及现代转型；二是中国知识产权文化的核心定位及实践路径，前者是后者的基础。

任何一种权利的存在都必须首先解决它的正当性理由即理论基础，以获得社会共识，在此基础上再建立系统的法律制度体系，财产权是这样，知识产权也是这样。追溯世界知识产权理论基础的发展脉络：从17世纪解决了无体财产权稀缺性悖论；古典知识产权在18世纪获得了"创造性劳动"这一理论基础，且因社会化大生产造成的知识大爆炸，"创作者表达"及"思想/表达二分法"成为解决矛盾的新理论；19世纪以后，随着"知识"的全面产权化和资本化，现代知识产权开始偏离智力劳动的理论基础转向现代的法律组织方式，知识也从智

---

[1] [法]费尔南·布罗代尔：《资本主义的动力》，杨起译，三联书店1997年版；[英]W.阿瑟·刘易斯：《经济增长理论》，上海三联书店、上海人民出版社1994年版；[美]乔纳森·弗里德曼：《文化认同与全球性过程》，郭建如译，商务印书馆2003年版；卡米尔·伊德里斯等：《知识产权：推动经济增长的有力工具》，曾燕妮译，知识产权出版社2008年版；[英]克里斯汀·格林哈尔希等：《创新、知识产权与经济增长》，刘劭君、李维光译，知识产权出版社2017年版；[美]苏姗·K.塞尔：《私权、公法——知识产权的全球化》，董刚、周超译，中国人民大学出版社2008年版；[澳]布拉德·谢尔曼、[英]莱昂内尔·本特利：《现代知识产权法的演进：英国的历程(1760－1911)》，金海军译，北京大学出版社2006年版；[法]蒲吉兰：《21世纪的黑金》，贾春娟、李玉平、苏启运译，社会科学文献出版社2006年版。

[2] 参见[美]安守廉：《窃书为雅罪：中华文化中的知识产权法》，李琛译，法律出版社2010年版；安守廉、梁治平：《知识产权还是思想控制——对中国古代法的文化透视》，载《中国发明与专利》2010年第7期。

力性财产转变为制度化财产;[1]在 TRIPS 时代,一套标准化的现代知识产权制度产生,并迅速在全球推进,现代知识产权逐渐摆脱自然法理成为制度框架下的“信息化商品”。当然,这种信息资本主义及信息殖民主义所带来的矛盾和冲突同样也蕴含知识产权的理论回归,转向一种新的理论基础,还原知识本身的意义和功能。

关于“知识产权文化”,世界知识产权组织(World Intellectual Property Organization,WIPO)在其 2003 年 9 月召开的计划和预算委员会第七届会议上正式通过《经修订的 2004 ~ 2005 年计划和预算草案》,提出了“建立一种明达的知识产权文化”的新思路,其思路是促进和鼓励每个国家发展一种适合其需要的知识产权文化,包括各有侧重的国家知识产权战略、最适宜的国家知识产权制度,因而这里的“文化”是一切制度的基调和起点,但同时也是一切制度最终的目标和终点。2008 年 6 月 5 日,国务院印发了《国家知识产权战略纲要》(以下简称《纲要》),《纲要》将“培育知识产权文化”列为国家知识产权战略重点之一,提出要培育“尊重知识、崇尚创新、诚信守法”的知识产权文化。自此,如何培育这种知识产权文化成为知识产权领域的一个重要问题。知识产权作为一种制度,必须要有像财产权一样根深蒂固的文化作为支撑,这种文化是一种社会整体的氛围、是大众普遍的共识、是一个民族彰显的精神,是一种个体内化的品质,而且这种文化必须建立在公平、公正的基础之上。影响知识产权发展的根本因素不是碎片化的制度,而是整体性的文化。知识产权本身作为一种文化,应当有其特殊的民族文化品格,应结合中华民族文化探寻中国知识产权自主发展之路。因而,中国知识产权文化的构建不仅仅在于从表面上提高公众对现行知识产权法律制度的遵守程度、形成公众遵守现行知识产权法律的意识,更重要的是使公众内心产生对知识产权的信念。这种

---

〔1〕 参见余盛峰:《知识产权全球化:现代转向与法理反思》,载《政法论坛》2014 年第 6 期。

文化形成的前提是对“WHY”的认识，而不仅仅是对“WHAT”或“HOW”的践行。知识产权在中国已经变成一个常人无法触及的高端学问，因而简单的普法是绝对不可能使公众认同纷繁复杂到连法律专业人士都无法全面认知的知识产权制度的。构建知识产权文化真正需要解决的是“WHY”的问题，一旦解决这个问题，每个人都是知识产权的忠实追随者。具有“中国品格”的知识产权文化的重构就是在这种价值观指引下的使命，将搭建和形成与中国的传统文化和法律文化相契合的基本知识产权文化框架和理论内核。

本书采用的研究方法主要是文献分析方法、实证分析方法、比较研究方法以及历史研究方法。①文献分析方法。本书采用逐年地毯式分析文献的方法，对中文著作和中文期刊进行对比性阅读，另外对一些重要英文著作和英文论文进行翻译式阅读，并对比中西方学者研究立场、视角和方法的差异，并从中寻求本书的立场、视角和方法。②实证分析方法。本书选取上海、深圳、乌鲁木齐、信阳这些具有代表性的特大城市、中型城市和微小城市，东部城市、西部城市，发达城市和欠发达城市作为调研以及考察的对象，较为系统地对中国知识产权发展现状及原因进行实证分析；对知识产权的发展对经济增量和社会整体发展的影响进行分析。③比较研究方法。分析中外知识产权发展及知识产权文化建构的历史脉络和典型经验，对比中西知识产权的制度特征、理论基础和文化基础。④历史研究方法。追溯西方及中国知识产权的足迹，探寻在这两种文化结构中知识产权发展的不同路径，从中寻求知识产权的真正本质和发展走向。

本书的创新点主要有：①对知识产权概念的深入剖析。挖掘出知识产权制度中重要关键词“知识”、“财产”、“科技”与“资本”之间的关系、“创新”与“竞争”的关系、“利益”和“垄断”的关系，将知识产权掰开揉碎，揭示其本质。②揭示知识产权作为公共政策、企业管理战略和国家利益争夺利器的三层面纱，以及每层面纱所呈现的色彩及相互关系。揭示了知识产权从诞生到现在的逻辑转型的基本路径，并提出了知识产权私权本质的理性回归。③批判知识产权文化研究领域对中国传统文化的误判,中国传统文化中的私权抑制和科技忽略的确不利于现代知识产权的萌发,但知识分子强烈的文德意识和劳动人民无限的创新精神却无时无刻不在践行着知识产权的精髓。④对中国知识产权文化的理想模式的重构,即在一种明达的知识产权文化的道德性基础上,建立知识人类分享性知识产权文化、建立知识历史传承性知识产权文化、建立人文性而非经济性知识产权文化、建立全民性而非精英性知识产权文化、建立民族性优于国际性的知识产权文化、建立和谐性替代割裂性知识产权文化这种文化熏陶培育路径。每一项内核的提炼都建立在对西方知识产权文化的批判性反思之上,并结合中国传统文化中的优秀精髓,演绎中国精神对知识创新和传播的基本认知、态度和贡献。⑤提出上述这种具有“中国品格”的知识产权文化的理想模式的实践路径,具体逻辑思路是:第一,完善制度层面的顶层设计;第二,良好制度的推广和接受;第三,培育多元知识创造的环境;第四,形成知识产权保护网;第五,建立知识产品分享及公共服务;第六,形成国民对本国知识资源的认同和依赖,并从这 6 个方面演绎出 6 项举措。

第一章 中国知识产权文化重构的历史动因

第一节 “知识产权文化”的由来

一、WIPO的“知识产权文化”倡议

WIPO在其2003年9月召开的计划和预算委员会第七届会议上正式通过《经修订的2004~2005年计划和预算草案》，该草案提出了“建立一种明达的知识产权文化”的新思路，以促进知识产权发展与繁荣，建立知识产权文化。[1] WIPO总干事卡米尔·伊德里斯也在《世界知识产权组织计划活动的中期计划——WIPO构想与战略方向》中进一步明确，要把创建知识产权文化作为2004年至2009年WIPO构想与战略方向中的一项重点工作，其思路是促进和鼓励每个国家，发展一种适合其需要的知识产权文化，包括各有侧重的国家知识产权战略、最适宜的国家知识产权制度；并在全国范围内（既在政策规划层也在基层）提高民众对知识产权作为促进经济、社会和文化发展的强有力手段的认识。建立一种充满活力的知识产权文化是各国的共同需要，它可以让所有的利益相关者在一个相互联系的战略整体中发挥各

---

〔1〕 WIPO. Revised Proposal For Program And Budget 2004 - 2005[EB/OL], http://www.wipo.int/documents/en/document/govbody/budget/2004_05/wo_pbc_7_2.htm.

自的作用,并实现知识产权作为促进经济、社会和文化发展有力手段的功能。[1] WIPO 希望营造一种良好的文化氛围,并以此来最大程度地实现知识产权在社会经济生活中的作用,这是一个具有远见卓识的、充满智慧的设想,它为全球一体化下的知识产权保护秩序的形成提供了一个新的思路和途径。

一时间,“知识产权文化”成为一个热门的词语。知识产权文化是知识产权赖以良好发展的社会意识和体制的总和。在建设创新型国家过程中,以知识产权文化为核心的创新文化是支撑创新驱动发展最根本、最基础、最长远的因素。在国际社会,知识产权文化已是国家文化软实力的重要组成部分,特别是发达国家已将知识产权纳入国民经济测算指标。

二、“知识产权文化”的含义

英国著名人类学家马林诺夫斯基认为,“文化是指那一群传统的器物、货品、技术、思想、习惯及价值而言的,这个概念包容及调节着一切社会科学”。[2] 他从功能方面着眼,将文化分为经济、教育、政治、法律与秩序、知识、巫术与宗教、艺术、娱乐以及技术九个要素。英国文化人类学家泰勒也认为:“所谓文化或文明乃是包括知识、信仰、艺术道德、法律、习惯以及其他人类作为社会成员而获得的种种能力、习性在内的一种复合整体。”[3]

知识产权文化应当是一个广义的文化概念,包含物态、制度和意识等多重元素相互杂糅而形成的整体,也是法律文化的一条支脉。按林炳辉先生的界定,知识产权文化指的是:“以知识产权意识形态为核

---

[1] WIPO. medium – term plan for WIPO program activities – vi – sion and strategic direction of WIPO [R/OL], http://www. wipo. int/about – wipo/en/dgo/pub487. htm.

[2] [英]马林诺夫斯基:《文化论》,费孝通译,中国民间文艺出版社 1987 年版,第 2 页。

[3] [英]泰勒:《文化之定义》,顾晓鸣译,载庄锡昌等:《多维视野中的文化理论》,浙江人民出版社 1987 年版,第 98 页。

心,由有关知识产权的价值观念、学术思想、法律制度、行为习惯和组织机构等构成的有机整体。"[1] 马维野先生认为,知识产权文化是人类在知识产权及其相关活动中产生的、影响知识产权及其相关事务的精神现象的总和,主要是指人们关于知识产权及其相关事务的认知、态度、信念、价值观以及涉及知识产权的行为方式。[2] 知识产权文化包含着十分广泛的内容,如知识产权的法律制度、国际规则、政策体系、发展战略、价值准则、观念意识、学术思想、外部环境等。[3] 刘华教授将知识产权文化界定为关于知识产权法律的传统或习惯性思想和行为,是共同制约知识产权法律制度并且决定知识产权法律制度在整个社会文化中所占地位的价值与观念,它是集有关知识产权的法律意识、价值观念、心理结构、行为模式、学术思想等要素的有机整体。[4] 因此,知识产权文化是一个整体,这个整体更像是包含内在和外在所聚合而形成的一种气质、一种氛围、一种环境。这个整体与每个部分之间相互影响、相互决定。一个国家的知识产权文化内化为国民的知识产权价值观,外现于国民的知识产权行为方式。

知识产权文化的形成和评价主要由两个层面组成:一是观念形态,包括知识产权学说、意识、习惯等;二是制度形态,包括知识产权法律制度及规范、管理制度及组织机构、设施等方面。[5] 在法律发展内发型国家,先是形成观念形态的知识产权,而后推动制度形态的知识产权产生;而在法律发展外发型国家,制度形态的知识产权可以通过移植而构建,但观念形态的知识产权只能通过潜移默化的方式逐渐改

---

〔1〕 林炳辉:《知识产权文化读本》,知识产权出版社 2008 年版,第 71 页。

〔2〕 参见马维野:《论知识产权强国的文化土壤》,载《中国科学院院刊》2016 年第 9 期。

〔3〕 参见马维野:《知识产权文化建设的思考》,载《知识产权》2005 年第 5 期。

〔4〕 参见刘华、周洪涛:《论我国知识产权制度的困境与出路——基于知识产权文化视角的分析》,载《华中师范大学学报(人文社会科学版)》2007 年第 1 期。

〔5〕 参见吴汉东:《当代中国知识产权文化的构建》,载《华中师范大学学报(人文社会科学版)》2009 年第 2 期;刘华、李文渊:《论知识产权文化在中国的构建》,载《知识产权》2004 年第 6 期。

变。只有将知识产权文化从制度层次推向观念层次,使对知识产权的尊重成为一个社会所有个体思维方式和价值体系中的构成部分,才可能使制度文化和观念文化相互咬合、良性互动,形成尊重知识产权的和谐的社会秩序。知识产权制度规范只有内化为社会公众的意识,并且在全社会范围内形成知识产权文化氛围,知识产权才能得到切实的保护,创新精神才会被社会普遍尊崇,良好的法律只有能让人产生敬畏,才能够顺利推行。建构具有中国品格的知识产权文化是知识产权事业至关重要甚至可以说是不可或缺的构成部分,也是实施知识产权战略的基础工程和先行工程。

知识产权是三个特定社会领域发展的结果,即技术领域、法律领域和观念领域[1],是商品经济追求市场扩张过程中竞争趋向信息化的结果,信息时代商品经济的竞争最终还是以商品落地,这一系列过程包括创意的产生、创意知识产权化、创意知识产品化和创意知识商品化的流水作业,缺少任何一环,知识产权制度便失去意义。因此,知识产权文化的培育也应当贯穿于整个过程。马维野先生认为知识产权文化至少应该具有鼓励创新精神、树立竞争意识、彰显诚信道德、培育法治观念和倡导人本主义这五个方面的感染力,而这也正是知识产权文化对知识产权强国建设可以产生的主要的影响。[2] 这五个方面具有世界普适性,是各国知识产权文化的交集和共同点。

第二节　中国知识产权文化重构的必要性

一、中国知识产权战略中的知识产权文化定位

建设知识产权强国,应当高度重视相应软实力的发展,培育知识

---

〔1〕 May C., Susan K. Sell, *Intellectual property rights*: *A Critical History*, Lynne Rienner Publishers, 2006, p. 71.

〔2〕 参见马维野:《论知识产权强国的文化土壤》,载《中国科学院院刊》2016 年第 9 期。

产权强国的文化土壤，使知识产权强国建设既受到这一文化土壤的滋养，也把这一文化土壤培育作为建设知识产权强国的一项重要任务。[1] 为了响应世界知识产权组织“建立一种明达的知识产权文化”的新思路，在中国培育和发展“崇尚创新精神，尊重知识产权”的基本理念，营造良好的舆论氛围和社会环境，国家知识产权局专门发文强调知识产权宣传工作，并将2007年定为“知识产权文化年”。

继而，2008年6月5日，国务院制定的《纲要》也将知识产权文化纳入战略重点，《纲要》第15条为“加强知识产权宣传，提高全社会知识产权意识。广泛开展知识产权普及型教育。在精神文明创建活动和国家普法教育中增加有关知识产权的内容。在全社会弘扬以创新为荣、剽窃为耻，以诚实守信为荣、假冒欺骗为耻的道德观念，形成尊重知识、崇尚创新、诚信守法的知识产权文化”[2]。这是我国首次将培育知识产权文化作为战略重点之一，把知识产权文化培育放在与知识产权制度建设和知识产权创造、运用、保护实践同等重要的位置。《纲要》还提出了具体的战略措施，将培育知识产权文化重心放在宣传和教育两个方面。《纲要》第63条提出“建立政府主导、新闻媒体支撑、社会公众广泛参与的知识产权宣传工作体系。完善协调机制，制订相关政策和工作计划，推动知识产权的宣传普及和知识产权文化建设”，该条具体部署了知识产权宣传工作体系。《纲要》第64条提出“在高等学校开设知识产权相关课程，将知识产权教育纳入高校学生素质教育体系。制订并实施全国中小学知识产权普及教育计划，将知识产权内容纳入中小学教育课程体系”，将中小学和高校作为知识产权教育的重点基地。从《纲要》上来看，我国知识产权战略中的知识产权文化定位为“尊重知识、崇尚创新、诚信守法”的社会风气，并试图通过宣传和教育让这种理念渐入人心，从而指导行动，最后形成这种风

---

〔1〕 参见马维野：《论知识产权强国的文化土壤》，载《中国科学院院刊》2016年第9期。

〔2〕 参见《国务院关于印发国家知识产权战略纲要的通知》，http://www.gov.cn/zwgk/2008-06/10/content_1012269.htm。

气。我国知识产权文化建设在近期最直接的任务，就是努力培育和发展蕴含“创新”精神的知识产权文化，为建设创新型国家提供文化动力。

接着，2011 年 10 月 14 日，《国家知识产权事业发展“十二五”规划》[1]发布。规划由国家知识产权局、国家发展和改革委员会、科技部、工业和信息化部、农业部、商务部、国家工商行政管理总局、国家质量监督检验检疫总局、国家版权局和国家林业局十部委共同编制，在回顾“十一五”时期知识产权工作成绩的基础上，分析了知识产权工作未来面临的挑战和机遇，明确提出“十二五”期间知识产权工作的发展思路和整体部署。其中，规划将“培育知识产权文化”作为第七项重点任务，并部署了第九项重大工程，力争到“十二五”期末，我国知识产权文化显著优化。

党的十八大[2]以来，我国知识产权文化建设持续推进，创新氛围日益浓厚，社会公众对知识产权保护的满意度大幅提升，创新文化日益繁荣，为知识产权强国建设提供了坚实的保障。2013 年，习近平强调，中国高度重视知识产权保护，认为知识产权保护不仅是中国履行国际义务的需要，更是中国构建创新型国家、实现自身经济社会发展目标的需要。国家知识产权局知识产权发展研究中心发布的《2016 年中国知识产权发展状况评价报告》[3]显示，中国知识产权环境指数近年来的世界排名一直位于 30 位左右，远低于知识产权能力、绩效等排位前几名的其他指标。中国知识产权报社发布的《2015 年中国知

[1] 中国是以五年一个时间段来做国家的中短期规划的，“十二五”规划的期间为2011～2015 年。

[2] 中国共产党第十八次全国代表大会于 2012 年 11 月 8 日在北京召开。报告再度强调和提升知识产权战略的重要性。

[3] 《〈2016 年中国知识产权发展状况评价报告〉发布》，载中华人民共和国中央人民政府网，http://www.gov.cn/xinwen/2017-06/14/content_5202527.htm。

识产权文化素养调查报告》[1]显示,2015 年社会公众的知识产权综合素养指数为 52.3,仅比 2008 年增长 10.2,同期社会公众知识产权文化素养与经济社会发展速度仍有较大差距,知识产权文化环境作为支撑创新型国家建设和知识产权事业发展的软实力亟待提升。

党的十九大[2]制定了更高的目标:2020 年到 2035 年,在全面建成小康社会的基础上,再奋斗 15 年,基本实现社会主义现代化。到那时,我国经济实力、科技实力将大幅跃升,跻身创新型国家前列。加强创新型国家建设,要点之一在于"引领创新文化,强化知识产权创造、保护和运用"。以习近平同志为核心的党中央对新时代知识产权工作提出新命题、新定位、新目标,在新的历史条件下赋予知识产权工作新任务、新使命。知识产权文化被凝练成核心的"创新文化"。创新是引领发展的第一动力,是建设现代化经济体系的战略支撑。当前,我国处在经济转型升级、新旧动能转换的关键时期,迫切需要发挥知识产权激励创新和保障引领作用,为创新驱动发展和供给侧结构性改革提供动力保障。在建设创新型国家过程中,以"创新文化"为核心知识产权文化的是支撑创新驱动发展最根本、最基础、最长远的因素。知识产权文化以其先进的精神理念及社会氛围,对于鼓励创新活动,促进科学技术进步、经济发展和文化繁荣,推动社会文明进程,有着不可估量的重大作用。

在全社会强化知识产权文化建设,为国家经济社会创新驱动发展提供支撑,对全面推进创新型国家建设,进一步发展社会主义生产力、强化社会主义市场经济活力、建立新时代中国特色社会主义文化自信,具有重大的现实意义。知识产权作为激励和保障创新的基本制度,对于创新文化环境的构建始终发挥着关键性作用。通过知识产权

---

[1] 《〈2015 年中国知识产权文化素养调查报告〉发布》,载中华人民共和国中央人民政府网,http://www.gov.cn/xinwen/2016-04/27/content_5068415.htm。

[2] 中国共产党第十九次全国代表大会于 2017 年 10 月 18 日在北京召开。报告把建设"创新型国家"作为主要发展目标。

文化的沉淀和导向,高效优质地实现知识产权的高质量创造、高标准保护、高水平运用,才能达到"三个有利于",即有利于真正实现创新和知识产权的价值,有利于加快形成全社会激励创新和知识产权的智慧社会文化环境,有利于全面推进创新型国家建设和发展社会主义市场经济。

知识产权文化构建应立足国情、借鉴西方,从精神观念培育和制度建设完善着手〔1〕。我国知识产权文化实践必须依靠政府力量来开展,政府应完善机制来保障知识产权文化建设〔2〕,持之以恒地予以推进〔3〕。知识产权文化建设的目标是:在国内,形成社会公众认可知识产权的思想意识、认同知识产权的价值观念和尊重知识产权的自觉行为的社会氛围;在国际上,形成国际社会客观、公正、历史地看待我国知识产权发展的舆论环境。从"尊重知识、崇尚创新、诚信守法的知识产权文化"到"创新文化",国家初步提出了知识产权文化的核心内涵和初级目标。然而,在构建中国知识产权文化的实践中,我们必须跳出中国传统知识产权认知和西方现代知识产权文化的樊篱,面对新的知识产权现实情况,在尊重我国文化传统和基本国情的基础上重构既具国际包容性又兼备中华文化独立品格的具有新时代精神的知识产权文化,让知识产权文化具有更深刻的内涵和更具体的方向。"尊重知识、崇尚创新、诚信守法"的知识产权文化只能是初级阶段的目标,要想进一步形成具有中国特色的知识产权文化还需继续凝练、深化和重构。

---

〔1〕 参见李志明:《中国知识产权文化发展中的文化冲突及解决办法——以知识产权文化的历史演变为视角》,载《江汉论坛》2013 年第 4 期。

〔2〕 参见姚芳、刘华:《知识产权文化的中国实践:现状调查与政策建议》,载《科技进步与对策》2013 年第 11 期。

〔3〕 参见刘华:《法治社会须持之以恒地推进知识产权文化建设》,载《中国发明与专利》2014 年第 12 期。

二、知识产权文化的地方性催生“中国品格”的沉淀

知识产权文化作为文化范畴，它同样既具有世界范围内共通性的价值观，又兼备反映各国和地区传统价值观念和传统特色的品质，是一种兼具同一性、多样性和包容性的文化形态。[1] 各国的传统文化基础不同，决定了各国的知识产权文化应各具特色。

知识产权的地域性在很大程度上决定了知识产权文化的民族性和地方性，知识产权文化作为一种文化必定会被继承并世代相传。知识产权文化的内涵也将沉淀于一个民族的心理结构之中，形成一套较为固定的倾向、偏好，即所谓知识产权文化传统。[2] 并且这种传统具有强大的稳定性和主流性，不容易被改变。

知识产权制度可以从西方舶来，但知识产权文化的形成却要依赖知识经济市场的原动力。知识产权法是科学技术和商品经济发展的产物，在市场的作用下，科学技术与商品经济的结合，即是科学技术成果的商品化。知识产品的商品化、市场化、产业化，要求构建与之相适应的知识产权文化。知识产权文化所倡导的“私的精神”，并非是西方国家的“文化专利品”，而应是市场经济所要求的“文化精神产品”。从这点讲，知识产权文化的转型，是现代化而不是“西方化”[3]。正因如此，各个国家在形成知识产权文化的过程中，除了知识产权本身所散发出的由普适性所形成的知识产权文化中的“创新”“私权”“竞争”等共性之外，必定会有自己独特的品质。

---

〔1〕 参见王珍愚、单晓光、许娴：《我国知识产权制度与知识产权文化融合问题研究》，载《科学学研究》2015 年第 12 期。

〔2〕 参见刘华、周洪涛：《论我国知识产权制度的困境与出路——基于知识产权文化视角的分析》，载《华中师范大学学报(人文社会科学版)》2007 年第 1 期。

〔3〕 参见吴汉东：《知识产权法律构造与移植的文化解释》，载《中国法学》2007 年第 6 期。

第二章 中国知识产权文化重构的现实背景

第一节 中国知识产权发展的良好态势

作为“中国知识产权的引路人”,已仙逝的中国著名法学家郑成思先生曾引用李贺诗“紫丝竹断骢马小,家住钱塘东复东”来表明中国知识产权制度发展任重道远。先生所处时代,正是中国知识产权发展的十字路口,作为“舶来品”的知识产权在中国经历了曲折的发展道路,而后 TRIPS 时代,中国知识产权的道路也在逐渐明晰。

一、知识产权发展蓬勃兴旺

随着 21 世纪的到来,我国成功加入世界贸易组织(World Trade Organization,WTO),并进入了 TRIPS 的轨道,在更加开放、复杂的国际贸易竞争角逐中,我们意识到国际贸易始终是大国博弈的焦点,而知识产权与国际贸易之间的联系越来越紧密,知识产权已经成为世界主要国家在经济全球化和知识经济迅速发展的时代参与国际竞争的战略性资源。如果知识产权是撬动经济的那个支点,那中国应当积极争取在知识产权的竞技场上有一番作为。因此,知识产权立法也摆脱了被动移植的局面,正式进入“主动性安排”阶段,我国的知识产权事业循着西方的轨迹,揭开新的伟大历史篇章,进入加速跑道。从被动移植到主动安排，我国已经进入了知识产权事业蓬勃发展的全新时期。

自 2008 年实施国家知识产权战略以来，我国知识产权工作取得了长足进步。2008 年 12 月 27 日对专利法进行第 3 次修订，2020 年 10 月 17 日对专利法进行第 4 次修订；2013 年 8 月 30 日对商标法进行第 3 次修订，2019 年 4 月 23 日对商标法进行第 4 次修订；2010 年 2 月 26 日对著作权法进行第 2 次修订，2020 年 11 月 11 日对著作权法进行第 3 次修订。2018 年 6 月 28 日国务院新闻办公室发表的《中国与世界贸易组织》白皮书指出，加强知识产权保护是中国的主动作为。加入 WTO 后，中国建立健全知识产权法律法规，持续加强知识产权保护执法力度，知识产权保护效果明显。加入 WTO 后，中国建立健全知识产权法律法规，与多个国家建立知识产权工作机制，吸收、借鉴国际先进立法经验，构建起符合 WTO 规则和中国国情的知识产权法律体系。从 2012 年起国家知识产权局知识产权发展研究中心每年发布《中国知识产权发展状况评价报告》，我国知识产权综合发展水平稳步提升，创造指数快速增长。中国知识产权发展与经济社会发展日益融合，知识产权综合实力国际排名也快速提升。2018 年 6 月 5 日，纪念中国《纲要》颁布实施十周年座谈会在北京举行。自 2008 年至 2018 年 10 年间，知识产权战略实施取得了显著成就。我国知识产权创造量质齐升，知识产权大国地位牢固确立。2008 年至 2018 年是中国知识产权发生重大转型的十年，以下是以十年的数据对比分析中国知识产权的变化及成就。

知识产权成果呈井喷式增长。专利申请及授权数量快速增长，专利申请年均增长 19.56%，专利授权年均增长 21.29%。国内有效发明专利拥有量从 2007 年的 9.6 万件增长到 2017 年的 135.6 万件，占据全球申请总量的 35%，连续 6 年居世界首位。申请者中近 10% 为外国单位和个人，国外来华发明专利申请量达到 13.6 万件，较 2001 年 3.3 万件的申请量增长了 3 倍，中国现在毫无疑问是专利申请大国,我国在信息通讯、航空航天、高铁、核能等领域形成了一批拥有自主知识产权的核心技术;有效注册商标量从 2007 年的 235.3 万件增长至 2017 年的 1492 万件,连续 16 年位居世界第一,根据世界品牌实验室发布的 2017 年度《世界品牌 500 强》排行榜,中国 37 个品牌上榜,位居世界第五;全国著作权登记量由 2007 年的 13.8 万件上升到 2017 年的 274.8 万件,其中计算机软件著作权登记超过 70 万件,对经济发展的贡献率达到 7.2%,超过世界平均水平;PCT 国际专利申请量从 2007 年 5455 件上升到 5.1 万件,仅次于美国,跃升世界第二位[1]。世界知识产权组织 2018 年 12 月 3 日发布《世界知识产权指标》[2](WIPI)年度报告称,中国 2017 年在专利、商标、工业品外观设计等类别的知识产权申请量位列世界第一,截至 2018 年年底我国每万人口发明专利拥有量 11.5 件[3]。前世界知识产权组织总干事弗朗西斯·高锐(Francis Gurry)曾表示,中国在短短几十年中从无到有建立了知识产权制度,鼓励本土创新,并加入了全球知识产权引领者的行列。如今中国正在推动全球知识产权申请量的增长。而这一态势不断加速发展,根据 2020 年的统计数据显示,发明专利授权 53 万件,同比增长 17.1%;实用新型专利授权 237.7 万件,同比增长 50.2%;外观设计专利授权 73.2 万件,同比增长 31.5%;每万人口发

〔1〕 国家知识产权局:《国家知识产权战略实施十年成效显著》,载国家知识产权局官网,http://www.cnipa.gov.cn/zcfg/tjxwx/1125116.html。

〔2〕 《世界知识产权指标》是世界知识产权组织在日内瓦发布的年度报告,其全称为 World Intellectual Property Indicators,提供了专利、实用新型、商标、工业品外观设计、微生物、植物品种保护、地理标志和创意经济等领域活动的年度概览。它依据了约 150 个国家及区域知识产权局和产权组织的统计数据,以及调查数据和行业等来源。参见世界知识产权组织官网,https://www.wipo.int/publications/zh/series/index.jsp?id=37。

〔3〕 中国信息通信研究院知识产权中心:《WIPO〈2018 年世界知识产权指标〉报告解读》,载搜狐网,http://www.sohu.com/a/287529505_99921288,2019 年 1 月 8 日发布。

明专利拥有量达到15.8件,较2018年有明显增长。[1] 2020年是《国家知识产权战略刚要》的收官之年,《刚要》提出的"2020年把我国建设为知识产权创造、运用、保护和管理水平较高的国家"这一目标已基本实现。[2] 2021年11月8日,世界知识产权组织在日内瓦发布《世界知识产权指标》(WIPI)。根据报告显示,尽管2020年全球经济受新冠肺炎疫情的影响,全球知识产权申请活动仍然活跃,商标申请活动增加13.7%,专利增长1.6%,外观设计增长2%。其中,中国知识产权指标表现亮眼,专利、商标、植物新品种申请量均位列世界第一,表现出强劲的增长趋势。在ICT领域,数字通信、计算机技术、信息化管理等专利申请增长显著,其中,计算机技术专利申请量占科技领域第一位。[3] 报告显示,中国已经成为全球专利活动最活跃的国家。中国国家知识产权局去年以受理150万件专利申请居全球首位,比位居第二的美国受理申请量多2.5倍,紧随其后的是日本、韩国及欧盟。中国以按类统计的约930万件商标申请位居第一,而后是美国、伊朗、欧盟及印度。[4] 随着《知识产权强国建设纲要(2021－2035年)》的发布,中国知识产权发展将步入"快车道"。

知识产权运用效益日益凸显。据统计,2009年至2016年,专利转

---

〔1〕 参见国家知识产权局:《2020年中国知识产权保护状况》(白皮书),载国家知识产权局官网,https://www.cnipa.gov.cn/module/download/downfile.jsp?classid=0&showname=二〇二〇年中国知识产权保护状况(终版).pdf&filename=1bbc55548e3d4f298
f666465c3359aaa.pdf,2021年4月25日发布。

〔2〕 参见国家知识产权局:《〈2020年深入实施国家知识产权战略加快建设知识产权强国推进计划〉印发》,载国家知识产权局官网,http://www.cnipa.gov.cn/art/2020/5/18/art_499_151069.html,2020年5月18日发布。

〔3〕 参见中国信息通信研究院知识产权中心:《世界知识产权组织发布〈世界知识产权指标〉报告》,载网易网,https://www.163.com/dy/article/GRCSABBP0552DNFX.html,2021年12月17日发布。

〔4〕 参见张朋辉:《中国多项知识产权申请量居世界首位》,载中国共产党新闻网,http://cpc.people.com.cn/n1/2021/1120/c64387－32287357.html,2021年11月20日发布。

让数量由 3.4 万次增长至 15.5 万次,2017 年全国仅涉及专利的技术合同就达到 1.5 万项,成交额超过 1400 亿元人民币。专利权融资额由 2009 年的 74.6 亿元增长到 2017 年的 720 亿元。全国商标转让数量由 7.22 万件增至 16.89 万件,2008 年至 2017 年,商标质押贷款金额由 51.19 亿元提高到 369 亿元。“十二五”时期,我国著作权融资总额达 136.48 亿元。在新一代移动通信、高铁、特高压输电、核电等一系列国民经济支柱产业和战略性新兴产业,形成并实施了一批核心知识产权,有效支撑了产业向高端迈进。地理标志产品的授予和保护成为促进现代农业发展、带动农民致富的重要载体,文化创意产业在版权保护下蓬勃发展,中国作品进入海外文化市场的步伐更快更稳。[1] 2017 年,中国知识产权使用费进出口总额达到了 333 亿美元,同比增长 32.6%。2018 年上半年,中国知识产权使用费贸易总额达到了 220 亿美元,同比增长 53.6%。中国科技部副部长李萌表示,中国近年来实施创新驱动发展战略,以更积极的姿态融入全球科技创新体系。国家知识产权局局长申长雨表示,“十三五”期间,中国知识产权使用费出口额连续五年保持两位数增长,2020 年达到 86.8 亿美元,年均增长 51.6%。专利、商标质押融资额由 848.5 亿美元提高到 2180 亿美元。[2] 中国国家知识产权局知识产权运用促进司司长雷筱云透露,2021 年前三季度,中国知识产权使用费进出口额接近 2800 亿元人民币,其中出口额增长迅速,增幅超过 27%。在专利、商标质押融资额上,2021 年 1 月至 10 月,中国全国专利、商标质押融资登记金额达到

---

〔1〕 参见《知识产权战略纲要实施十年,公众认知率升至 85.3%》,载光明网,https://m.gmw.cn/baijia/2018-06/06/29149311.html,2018 年 6 月 6 日发布。

〔2〕 参见《中国知识产权使用费出口额增长迅速》,载百度网“人民网官方账号”,https://baijiahao.baidu.com/s?id=1698053709814471525&wfr=spider&for=pc,2021 年 4 月 26 日发布。

2407.7 亿美元，同比增长 50.6%，已经超过 2020 年全年的总额。[1]

全球创新指数（Global Innovation Index，GII）[2]在不断提升。世界知识产权组织发布的《2017 年全球创新指数报告》显示，我国创新指数跃居全球第 22 位，是唯一进入 25 强的中等收入经济体。世界知识产权组织和美国康奈尔大学等机构 2018 年 7 月 10 日在纽约发布的《2018 年全球创新指数报告》显示，中国排名第 17 位，首次跻身全球创新指数 20 强。排名前 10 位的均为发达国家，其中瑞士、荷兰、瑞典、英国、新加坡、美国名列排行榜的前 6 位。中国 2018 年的排名为第 17 位，与 2017 年的第 22 位相比，排名前进了 5 位。世界知识产权组织发布的《2019 年全球创新指数报告》和《2020 年全球创新指数报告》显示，中国排名均在第 14 位[3]。《2021 年全球创新指数报告》显示中国今年全球创新指数榜单排名第 12 位，在全球参与排名的 129 个经济体中，中国从 2013 年排名第 35 位快速提升到 2021 年的第 12 位，8 年时间前进了 23 位。[4]

从全球来看，知识产权创造的重心正在自西向东转移，世界知识产权组织前总干事弗朗西斯·高锐也曾在 2012 年提出此观点。过去从事知识产权生产的主要是西方国家，其他国家主要是接受技术的外溢和扩散，此外更多的是产业的承接。西方国家进行产业结构调整和

---

〔1〕 参见《中国前三季知识产权使用费进出口额近 2800 亿元 出口额增幅逾 27%》，载百度网“中国新闻网官方账号”2021 年 12 月 8 日，https://baijiahao.baidu.com/s?id=1718576193372882516&wfr=spider&for=pc。

〔2〕 全球创新指数由世界知识产权组织、康奈尔大学等机构共同发布，是衡量一个经济体广泛的经济创新能力的指标。全球创新指数在 2007 年首次推出，每年发布一次。在全球创新指数评估中，“创新质量”是一个顶层指标，审查的是高校水平、科学出版物和国际专利申请量。

〔3〕 参见国家知识产权局：《中国知识产权保护状况》，载国家知识产权局官网 2021 年 7 月 18 日，https://www.cnipa.gov.cn/col/col91/index.html。

〔4〕 参见乔雪峰：《中国 2021 年全球创新指数榜单排名第 12 位》，载 https://baijiahao.baidu.com/s?id=1712017366309200595&wfr=spider&for=pc，2021 年 9 月 27 日发布。

发展方式转变,我们只是承接其转移的技术,创新主要还是发达国家的事情。近年来,我们看到了变化,知识产权创新正在慢慢地自西向东转移。[1] 中国知识产权蓬勃兴旺之势,正在一个又一个重要领域呈燎原之态。同时,中国在世界经济中的地位有了显著的提升,GDP总量在 2007 年超过了德国,在 2010 年又超越了日本,2020 年中国 GDP 约为美国的 72%,英国智库经济和商业研究中心(CEBR)和日本经济研究中心发布预测报告,新冠肺炎疫情的影响加速了中国赶超美国的速度,到 2028 年中国 GDP 有可能超越美国,跃居世界第一大经济体。

2021 年 3 月 11 日,十三届全国人大四次会议表决通过了《关于国民经济和社会发展第十四个五年规划和 2035 年远景目标纲要的决议》,"十四五"时期经济社会发展主要指标显示:到 2025 年每万人高价值发明专利拥有量 12 件。

2021 年 9 月 22 日,中共中央、国务院印发《知识产权强国建设纲要(2021—2035 年)》,为我国加快建设知识产权强国作出全面部署:到 2025 年,知识产权强国建设取得明显成效,知识产权保护更加严格,社会满意度达到并保持较高水平,知识产权市场价值进一步凸显,品牌竞争力大幅提升,专利密集型产业增加值占 GDP 比重达到 13%,版权产业增加值占 GDP 比重达到 7.5%,知识产权使用费年进出口总额达到 3500 亿元,每万人口高价值发明专利拥有量达到 12 件(上述指标均为预期性指标);到 2035 年,我国知识产权综合竞争力跻身世界前列,知识产权制度系统完备,知识产权促进创新创业蓬勃发展,全社会知识产权文化自觉基本形成,全方位、多层次参与知识产权全球治理的国际合作格局基本形成,中国特色、世界水平的知识产权强国基本建成。

自 2001 年中国加入世界贸易组织(WTO)并履行 TRIPS 协议以

---

〔1〕 参见田力普:《国内外知识产权最新形势分析》,载《知识产权》2014 年第 1 期。

来已逾20年整，中国知识产权经历了“从破茧到领飞”的蝶变，这恰恰给中国知识产权文化形成独特品格创造了条件。

二、全社会“正版”意识日益强烈

通过构建知识产权宣传体系、搭建宣传活动平台、推进各层级知识产权教育等，增强知识产权的社会影响，以中国特色社会主义文化的繁荣兴盛，凝聚起实现民族复兴的磅礴精神力量。2016年4月26日，在国家知识产权局开放日活动上，中国知识产权报社发布《2015年中国知识产权文化素养调查报告》。调查的对象覆盖我国31个省区市（未含我国港澳台地区），调查的群体主要为公务员、青少年，以及媒体、科研机构、企业的从业人员等，调查的方式采取入户、电话、网络等。此次调查总共回收有效问卷3.5077万份，分别从公众知识产权素养状况、认知情况、态度观念、行为选择4个维度开展调查。调查结果显示，2015年社会公众的知识产权综合素养指数为52.3，与2008年相比提高了10.2，增长24.2%，表明我国社会公众知识产权文化素养在逐步提升。2015年青少年的综合素养指数与2008年相比提升了6.7，显示出我国青少年对知识产权的认知度稳步提高。[1]

知识产权制度是迎合“中产阶级消费观”崛起，而带来的“技术大发展”的需要。“中产阶级”的大规模崛起意味着有一大批愿意为“正版”，“为技术创新埋单”的人在不断增加。2018年10月18日，瑞信研究院（Credit Suisse Research Institute）发布的《2018全球财富报告》显示，美国家庭财富正持续增长，而中国已取代日本，居全球财富等级的第二位。中国财富总额在本世纪增长了1300%，达到519万亿美元，是其他所有国家增速的2倍多。中国2009年在超高净值个人数量、2011年在总财富、2014年在百万富翁人数方面均超过了日本。不

---

〔1〕 参见国家知识产权局：《2015年中国知识产权文化素养调查报告》，载国家知识产权局官网2016年4月27日，http://www.sipo.gov.cn/zscqgz/1100898.htm。

过,数据表明,截至 2018 年年中,中国成年人的人均财富为4.781万美元,仍远低于日本的 22.724 万美元。此外,中位数财富也远远落后于日本(分别为 1.633 万美元和 10.386 万美元)。[1] 2018 年 11 月 2 日,经济学人智库(Economist Intelligence Unit,EIU)最新发布的报告显示,作为世界第二大经济体,中国将在 2030 年前迈入中等收入国家的行列,3/4 的中国人将成为中产,随着中国经济的崛起而诞生。

除了中国知识产权保护力度加大外,追求生活品质和道德情操的中产阶级的崛起是推动"正版"意识增强的重要原因。截至 2016 年年底,全国累计有 3.15 万家企业通过检查验收实现软件正版化。102 家中央企业总部全部实现软件正版化,97.36% 的下属企业实现软件正版化。70.15% 的金融机构实现软件正版化。这从根本上扭转了侵权软件、盗版影视作品猖獗的势头,显著改善了营商环境。外国在华专利申请持续增长,多家跨国企业在中国设立了研发中心。中国成为全球创新的重要一环,知识产权成为中国促进国际创新和贸易合作的重要桥梁。全社会知识产权意识明显提高,尊重和保护知识产权的社会风气日趋向好。社会公众对知识产权战略的认知率由 2008 年的 3.7% 提升至 2017 年的 85.3%。[2] 一个日益健康的知识产权社会环境逐渐形成。

第二节　知识产权文化滞后所造成的发展"瓶颈"

虽然中国知识产权事业已经取得了较大的进展,但作为"舶来品"

---

〔1〕 张国帅:《瑞信全球财富报告:中国已超日本跃居总财富第二名》,载新浪财经网,https://finance.sina.com.cn/stock/usstock/c/2018-10-23/doc-ihmuuiyw0547033.shtml。

〔2〕 参见蒋建科:《知识产权战略纲要实施十年,公众认知率大幅提升至 85.3%》,载澎湃网,https://m.thepaper.cn/newsDetail_forward_2176139,2018 年 6 月 6 日发布。

的知识产权在与中国本土文化结合的过程中，尚未实现完美融合。

中国现行知识产权法律制度是移植而来，属于“政府推进型”而不是“需求诱发型”的，而发达国家的知识产权法律制度则是需求诱发型的。因此，无论是国家层面还是个人层面，在面对知识产权时，在某种程度上存在游移不定的矛盾状态。知识产权保护战略的内外层面同样使其面临一系列悖论：提升国内的知识产权保护，就可能影响知识的公共享有与传播，但弱化国内的知识产权标准，也可能阻碍国内的技术创新与产业升级，更可能阻碍跨国贸易的深化；强化对国外知识产权的标准认定，就可能赋予跨国企业超高利润垄断，但如果不加强保护，就可能给参与全球贸易带来其他层面的损失。在传统的民族国家时代，知识产权只需要处理知识产权私人所有与知识公共领域之间的矛盾，在国际层面则依赖国民待遇与最惠国待遇原则做出相应互惠安排；但在当今的全球贸易一体化阶段，贸易议题已与知识产权和投资等议题紧密捆绑，如果不对知识产权作出保护承诺，就相当于自动放弃全球经济俱乐部的成员资格。[1] 因此，中国的知识产权在政府从上往下推行的过程中，始终扮演一个较为尴尬的角色，其在社会的推广并没有势如破竹的影响力量，整个社会的基底难以被一种正统的知识产权气息彻底熏陶。

与诸多其他权利相比，知识产权符号的社会张力明显不够。这种张力体现在国民的认知度和关心度、引导生活的影响力和决定力、权利维护的主动性和有效性等方面。

在本报告调研阶段，笔者在上海、深圳、乌鲁木齐、信阳这些具有代表性的特大城市、中型城市和微小城市，东部城市、西部城市，发达城市和欠发达城市进行问卷调研和访谈调研，在调研分布结构中对调研对象作了区域、性别、年龄、学历、户籍、渠道、职业、收入方面的均衡

---

〔1〕 参见余盛峰：《知识产权全球化：现代转向与法理反思》，载《政法论坛》2014 年第 6 期。

分布,对上述问题进行调研,并进行了相关分析。

一、知识产权符号的社会张力还不够

公众对知识产权及相关法律的具体内容了解程度还不够高。调查显示,调查对象对知识产权的基本含义了解程度总体较高,了解的占 86.3% ,对专利、商标、著作权的平均知晓率为 68.6% 。具体而言,在知识产权保护对象方面,集成电路布图设计及商业秘密的认知度低,公众对知识产权保护对象的概念范围不够清晰,对知识产权国内法及国际法的了解还比较模糊;对知识产权法律的认知较浅,仅有 51.9% 的人知道我国著作权法、专利法、商标法的颁布和修改时间;对于专利各类型的保护年限及诉讼时效上有42.8% 的人知晓,在专利的国内申请及国外保护问题上,仅有 38.6% 的人知晓,而在专利的权属问题上分辨度更低,绝大多数人不清楚;学历越高,对知识产权的认知程度越高,证明学校教育对市民的知识产权意识有较大帮助;月收入较高的,知识产权的认知程度也高,高收入人群能够接触到的知识产品更加丰富;公务员、民企和学生的认知程度较高,较低的是国企、本地农民,反映出国企对知识产权的宣传度还很不够;20 ~ 50 岁年龄段的知识产权认知度较高,50 岁以上的较低,这表明年轻人接受新鲜事物的能力强;男性的认知度较高,女性的认知度较低,因为知识产权相对比较抽象,男性对抽象思维的把握更强。

公众对知识产权了解途径比较单一。70% 以上的调查对象了解知识产权的途径是通过电视、网络、报纸等新闻媒体,10% 是通过在学校的学习和自己的资料查阅,而通过政府宣传的途径了解的较少。与知识产权密切相关的各类技术人员、管理人员及行政机关人员通过知识产权专业学习和业务实践的仅占 18.2% ,说明企业及机关单位相关技术及管理人员对知识产权的学习实践存在明显不足,知识产权人才培训工作仍很艰巨。

公众对自我知识产权保护意识还相对较弱。38.8% 的人在无意购买了侵权知识产品后选择放弃维权，其中选择积极维权的人中只有22.6%表示会选择以诉讼方式维权。对于知识产权权利人，只有48.2%的人表示在发现侵权行为后会投入大量精力用于维权，以期长期保护自己的利益，大部分人则因为维权成本过高而选择放弃维权。

二、民众普遍众意性侵权现象仍然突出

中国知识产权的发展主要凭借政府的公共力量推动和知识精英的思想先导活动，大多数民众对法律移植的关注是松散的，且是基于自身利益的关注来间接地对法律移植作出反应。公众普遍抱有对盗版、假冒等侵权行为的容忍态度因而大量存在侵权复制品的消费群体。在本土化进程中，物化的法律规范已经建立，但法律信仰尚未形成。

知识产权侵权成为“每日的面饼”〔1〕。当前在中国，各种形式的知识产权侵权是所有类型的法律侵权中最严重的一类，严重影响中国法律的权威。根据知识产权法保护对象的不同，知识产权侵权大致分为盗版、剽窃、强链、滥载、仿冒等。并且这些行为具有广泛的侵权产品消费群体基础，这些知识产权侵权现象几乎发生在每一个人身上、发生在每一秒钟内。它不是个别行为，而是群体行为；不是过失行为，而是故意行为；不是“失范”行为，而是“正当”行为。民众中普遍存在对盗版、剽窃、强链、滥载、仿冒等知识产权侵权行为的容忍态度以及存在大量的盗版制品和假冒商品的消费群体。而真正让这种侵权行为滋生、蔓延的不是制假售假而是买假用假。调查对象中88.2%以上的人买过侵权知识产品，购买数量在10种以上的占22.7%；75.8%以上的人知道自己购买的是盗版或假冒商标商品，而只有小部分人是因

〔1〕冯象、李一达：《知识产权的终结——“中国模式”之外的挑战》，载《文化纵横》2012年第3期。

为分辨不清而购买。同时,公众对网络知识产权保护知之甚少。就域名的使用问题而言,只有 38.2% 的人清楚,对于网络侵权行为,58.9% 的人表示没什么大不了。此外,公众对商业秘密重视不够。调查中发现,仅有 65.2% 的人认为公司的顾客或供应商名单属于商业秘密。学历越高,侵权行为反而越多。随着学历的增高,选择价格便宜因素的人数也逐渐上升,主要是因为学历高的人,对整个知识产品市场的了解更加熟悉和全面,能够有更多的渠道购买到侵权知识产品;知识产权意识与月收入的高低并不呈正相关,反映了知识产权意识的高低并不仅仅是经济问题,在普及法律知识的同时,更重要的是如何将知识产权的意识贯穿于整个社会运作中,使每个公民的知识产权意识贯穿于工作和生活中,形成一种知识产权文化。92.3% 的人购买侵权知识产品的原因还是因为它物美价廉,不购买侵权知识产品的原因也多集中在担心它的质量,而仅仅有 22.8% 的人认为购买侵权知识产品是一种不合法或不道德的行为。68.9% 以上的人认为目前政府打击市场假冒行为的效果比较明显,其中,随着学历、月收入增高,调查对象的选择变化明显逐渐下降。公众的知识产权意识仍然较弱,对无形财产的权利正当性认识不够。

新华社 2018 年 6 月 28 日报道,欧洲刑警组织(EUROPOL)和欧盟知识产权办公室(EUIPO)的联合报告《2017 年欧盟打击假冒和盗版的情况报告》[1]称,全球约 80% 假冒产品来自中国内地和香港地区。在这份长达 154 页的报告中,欧洲有关机构称,中国内地是全球最大的假货生产地,而中国香港地区则是最大的中转站,总共占据了全球 86% 的假货份额。同时,报告还把假货分为 10 种,产值从大到小分别为电子产品(887 亿欧元)、珠宝(300 亿欧元)、医用光学设备(214 亿欧元)、纺织品(203 亿欧元)、药品(119 亿欧元)、鞋子(97 亿

〔1〕《2017 年欧盟打击假冒和盗版的情况报告》, https://www.innovation4.cn/library/r15908。

欧元)、食物(87 亿欧元)、玩具(71 亿欧元)、皮革(63 亿欧元)和香水(38 亿欧元)。其中有 9 个子项目的首要产地是中国内地。唯一的例外是印度,他们在仿冒药的生产上成为世界第一。当然该报告对中国的指责是极不负责任的,其中数据的真实性和客观性有待进一步研究。治理侵权假冒问题是全球性难题,既有市场的因素,也有监管的问题,需要国际社会共同努力和执法合作。

中国为什么有生产假冒商品、甚至是高仿商品的能力?以假鞋为例,福建省莆田市从 2008 年开始逐渐成为假名牌鞋的集散地。莆田通过电商平台,将原本为海外代工的产业转向国内。莆田的造假已经形成完整的产业链,材质、说明、包装甚至质检卡都一样。承接 20 世纪 90 年代我国台湾地区产业转移的莆田,从材料加工到品牌代工,制鞋技术已经达到国际一流水平,但一直没有自己的产品品牌。我们发现一个规律,假货来源地往往是国际品牌代工厂密集的地方。因此,恰恰是"中国制造"形成的过程中,促成了假货产业链的形成。一个不容忽视的问题是法律同样也是一种商品,知识产权法治环境的不平衡必然会导致跨国公司因为本国的高昂知识产权法律成本促使这些生产商转向发展中国家,将其作为外包的最佳基地。盗版、假冒等群体性知识产权侵权问题不是中国独有的问题而是一个具有世界共性的问题。德国专利商标局局长沙德说,回顾历史,我们不难发现,产品剽窃几乎伴随整部工业发展史。30 年前,日本是世界首屈一指的仿造冠军,今天他们已经摘掉了这顶帽子;19 世纪的德国也是如此。当时德国最爱抄袭技术领先的英国产品,以至于到了 19 世纪中叶,英国人强令德国人在自己的产品上注明"made in Germany"的标志,但到了 19 世纪末叶,德国制造成了最好的质量说明。[1]

造成民众侵权的直接原因主要在于对经济成本和性价比的考虑,

---

[1] 参见李立:《法治中国 30 年报道——中国知识产权事业 30 年辉煌》,载法制日报网,http://www.legaldaily.com.cn/misc/2008-10/26/content_986360.htm。

消费者对国际品牌的强烈追捧和代工厂强大的生产能力促成了这一产业链的繁荣。另外，民众并不认为尊重他人的知识产权是一件重要的事情，而且在知识霸权横行的社会背景下，知识产品定价畸高，忽视民众的承受能力，现有知识产权保护是“富国粮食，穷国毒药”的利益认知，在一定程度上强化了发展中国家政府、业界以及民众对知识产权保护的负面印象，对此产生抵触或疑虑心理，疏离、排斥而非认同。[1]

三、知识产权产业驱动效能还不够明显

我国目前在知识产权领域存在专利创新资源的流失、“泡沫专利”、品牌丢失等问题，而这些问题导致的结果便是知识产权繁荣的背后是产业驱动效能的低下。“自主”知识产权虽然在不断增加，但由于基础的薄弱，知识产权还呈现碎片化状态，尚未形成体系。同时，知识产权的产业化应用尚不充分。

即使今天我们已经有与世界完全接轨的知识产权制度，但和发达国家在知识产权保护意识和利用上仍还有差距。2015 年 5 月 19 日，国务院正式印发的《中国制造 2025》中给当前中国制造业的评价是：“制造业大而不强，自主创新能力弱，关键核心技术与高端装备对外依存度高，以企业为主体的制造业创新体系不完善。”“中国制造”产品畅销全球，可是其自主知识产权含金量很低，在国际产业分工中总体还处于中低端水平，处于低附加值的产业链末端，产品设计研发的核心技术缺乏，中国甚至一度沦为西方发达国家的代加工工厂。一个结构完整的法律文本、一套可以与国际最新最高标准接轨的知识产权制度并不足以成为衡量一国知识产权有效实施的标准，而只有让市场主体学会如何利用这一制度才能实现真正意义上的知识产权保护。WIPO

---

〔1〕 参见朱雪忠、杨静：《中国知识产权话语策略研究：基于话语与秩序相互建构的视角》，载《中国软科学》2017 年第 5 期。

2018 年 12 月 3 日发布 WIPI 年度报告称中国的专利格局明显显示出更多大学和公共研究机构的身影，这与美国等世界知识产权强国企业主导专利格局的情形截然不同。外国企业在我国申请的发明专利已占全国总申请量庞大的比重，我国高新技术领域的创新空间被挤压。在合资合作中，一些外国公司对我国企业原有商标采取搁置、淡化、收购策略，使我国部分企业高知名度商标正在逐步淡出市场。我国以软件版权为核心的高科技版权产业起步较晚，研发能力不强。在加入世界贸易组织的新形势下，由于技术性贸易壁垒等引发的纠纷越来越多，国内企业出口贸易频频受阻。[1] 这些都是我国所面临的前所未有的挑战。《中国制造 2025》提出要在包括新一代信息技术产业、高档数控机床和机器人、航空航天装备、海洋工程装备及高技术船舶、先进轨道交通装备、节能与新能源汽车、电力装备、农机装备、新材料、生物医药及高性能医疗器械十个重点领域实现技术上的突破，达到知识产权创造和运用的无缝衔接与并驾齐驱。

中国知识产权发展过程中制度先行、观念滞后所造成的后果便是软实力与硬实力的严重脱节，这种现状亟待知识产权文化的全面完善，这种完善超脱了西方功利主义知识产权文化的重构、是摒弃了中国传统知识产权虚无主义的重构、是结合中国社会超越于知识产权文化国际共性的个性化的重构。而在进行知识产权文化重构之前，我们必须明确，我们需要一种什么性质的知识产权，这有必要对知识产权进行深刻的法理分析。

---

〔1〕《上海知识产权战略纲要》(2004～2010 年)。

第三章 中国知识产权文化重构的法理基础

以"知识产权"之名而形成的现行知识产权制度体系自诞生之初,便如一张"普洛透斯"似的脸,与皇权结合,它变成垄断特权;与自由主义结合,它变成自然私权。而随着时代的变迁,它在与国际资本和数字经济结合的过程中,又带上三重面纱。吴汉东先生也评价说:从价值目标和制度功能的多维角度出发,可以对知识产权的本质进行不同的描述:在私人层面,它是知识财产私有的权利形态;在国家层面,它是政府公共政策的制度选择;在国际层面,它是世界贸易体制的基本规则。[1] 本部分将从对知识产权概念的剖析入手,揭开这三重面纱。

第一节 知识产权概念梳理

一、知识产权的修辞

"知识产权"一词不是源自中国本土,而是一个"外来语"。17 世纪中叶法国学者卡普佐夫最早将一切来自知识活动领域的权利概括为"知识产权",此词后为比利时著名法学家皮卡第所发展,他将知识产权界定为一种特殊的根本不同于对物的所有权的权利范畴。该词

---

〔1〕 参见吴汉东:《知识产权本质的多维度解读》,载《中国法学》2006 年第 5 期。

对应的外文即德文中的“Gestiges Egentum”,法文中的“Propriété Intellectuale”,英文中的“Intellectual Property”,它在 18 世纪时才成为一个独立的概念。1967 年 WIPO 成立后,国际上开始明确通行使用“Intellectual property”一词。这一词在被翻译成中文的过程中,中国香港地区将其译为“智力产权”、中国台湾地区将其译为“智慧财产权”。日本在使用汉字表达时,将其译为“无体财产权”。20 世纪 50 年代我国的法学理论基本上都是学习苏联的,法学界通常使用源于苏联的“智力成果权”一词来统称著作权、专利权、商标权等这一类的民事权利。1986 年以后,由于《中华人民共和国民法通则》正式使用了“知识产权”一词,“知识产权”开始取代“智力成果权”,并为当今中国法学界所普遍采用。

知识产权的内涵通常以列举式和定义式两种方式呈现。

以列举式界定知识产权的最为典型的法律文件是《成立世界知识产权组织公约》(The Convention Establishing the World Intellectual Property Organization,以下简称《WIPO 公约》)和 TRIPS。《WIPO 公约》第Ⅷ条对知识产权的罗列有:①文学艺术和科学作品;②表演艺术家的演出、录音和广播;③人类在一切活动领域内的发明;④科学发现;⑤外观设计;⑥商标服务标记、商号名称和牌号;⑦限制不正当竞争;⑧以及在工业、科学、文学或艺术领域内对一切其他来自知识活动的权利。《WIPO 公约》列举的知识产权几乎涵盖了现在和将来可能出现的所有知识产权类别。中国已在 1980 年 3 月 3 日参加了 WIPO,同年 6 月 3 日成为该组织的正式成员国。TRIPS 适用的知识产权范围包括:①版权及相关权利;②商标;③地理标志;④专利;⑤工业设计;⑥集成电路的外观设计;⑦未经披露的信息(商业秘密)。与《WIPO公约》相比,TRIPS 所列举的知识产权类型更侧重于贸易的需求和新技术的发展。因此,一般来讲,广义的知识产权包括著作权、邻接权、商标权、商号权、商业秘密权、地理标记权、专利权、植物新品种权、集成电路布图设计权等权利。有学者认为,应将发明权、发现权列入知识产权范围；[1]另有学者认为，科学发现不宜作为知识产权的保护对象；[2]还有学者认为，该类发明权、发现权以及其他科技成果权是一种取得荣誉及获取奖励的权利，应归类于科技法之中。[3] 狭义的知识产权既涉及文学产权（著作权及与著作权有关的邻接权）、工业产权（专利权和商标权）、传统权利，也包含工业版权[4]这种新型权利。传统资源权是一种保护“传统知识”（智力创造源泉）的“新权利”，它虽然与现有知识产权有关但又与其有区别，对传统知识的保护可采取专门管理（公法）与权利保护（私法）相结合的法律模式。[5]

以定义来揭示知识产权的内涵具有一定的模糊性，其通常被界定为民事主体对创造性智力成果依法享有的权利，这里的“创造性智力成果”对目前知识产权所包含的主要权利即版权和工业产权（包含商标权、专利权、商业秘密、地理标志、限制不正当竞争等）的概括性存在一定的争议。作品和专利无疑属于人类的创造性智力成果，但工商业标记如商标、商号、地理标志甚至商业装潢是否是创造性智力成果就颇令人费解。20 世纪 90 年代中期以前，学者多将知识产权定义为人们对其创造性智力成果所依法享有的专有权利。[6] 20 世纪 90 年代中期以后，有学者认为，以知识产权名义统领的各项权利，并不都是基于智力创造成果产生的，因而需要对知识产权作出新的概括，其中代表性的观点主要有三种：(1) 知识产权是基于创造性智力成果和工商

---

〔1〕 参见刘春茂主编：《中国民法学·知识产权》，中国人民公安大学出版社 1997 年版，第 2~4 页。

〔2〕 参见刘春田主编：《知识产权法教程》，中国人民大学出版社 1995 年版，第 1、3 页。

〔3〕 参见吴汉东主编：《知识产权法》，中国政法大学出版社 1999 年版，第 2 页。

〔4〕 参见郑成思：《版权法》，中国人民大学出版社 1990 年版，第 3 页；郑胜利：《论集成电路布图设计保护法》，载《科技与法律》1992 年第 2 期。

〔5〕 参见龙文懋：《论传统知识财产权利的实现形式》，载国家知识产权局条法司主编：《专利法研究》(2004 年)，知识产权出版社 2004 年版，第 453~464 页。

〔6〕 参见郑成思主编：《知识产权法教程》，法律出版社 1993 年版，第 1 页。

业标记依法产生的权利的统称。[1] (2)知识产权是人们对于自己的智力活动创造的成果和经营管理活动中的标记、信誉所依法享有的权利。[2] (3)知识产权是民事主体依据法律的规定,支配其与智力活动有关的信息,享受其利益并排斥他人干涉的权利。[3]

如果仔细研究知识产权从诞生到发展的历史,我们便会发现,当初的专利、商标、版权合聚衍生出的知识产权概念在逻辑自洽上始终处于不断弥合的演变过程中。而且,随着时代的变迁,知识产权从内涵到外延,都处于扩张性变化之中。著作权客体经历了从传统的"印刷作品"到现代的"模拟作品"、再从"电子作品"到当代的"数字作品"与"网络作品"的演进过程。专利权客体从以往的工业技术发展到微生物、动植物品种,再发展到今天的基因技术。域名作为数字化经营标记,则成为商业标记领域最新的保护对象。新的知识财产对传统知识产权范围的突破,既表现在知识产权权项内容的拓展,如著作权领域出现的信息网络传播权、数据库作者权;也表现在新的财产权利的增加,如介乎著作权与工业产权之间的集成电路布图设计权、具有准专利性质的植物新品种权。商业方法更是在电子商务时代产生的新型专利。追根溯源,我们会发现,知识产权以"创造性智力劳动"为正当性的旗帜而竭尽全力地为处于优势的商业资本获得垄断开辟道路。

至于知识产权的"四性":无体性、专有性、时间性、地域性,其背后的逻辑理由是什么,需要我们分析和阐释。无体性衍生出永久性、共享性和传播性,专有性衍生出垄断性(有限垄断,如著作权的合理使用和专利权的强制许可),时间性是对专有性的限制(版权、专利和商标均存在法定保护期,超过保护期则进入共有领域,任何人均可无偿自由利用),地域性也是对专有性的限制(知识产权具有严格的领土性,其效力只限于本国境内)。界定知识产权的"四性"正在不断地被突

---

〔1〕 参见刘春田主编:《知识产权法教程》,中国人民大学出版社 1995 年版,第 1、3 页。

〔2〕 参见吴汉东主编:《知识产权法学》,北京大学出版社 1999 年版,第 1、12 页。

〔3〕 参见张玉敏主编:《知识产权法教程》,西南政法大学出版社 2001 年版,第 17 页。

破。专有性在不断地变强，而时间性和地域性却在不断地减弱。

二、知识与知识产权

知识是符合文明方向的，人类对物质世界以及精神世界探索的结果总和。

美国经济学家罗默和卢卡斯提出新经济增长理论，把知识积累视作经济增长的一个内生的独立因素，认为知识可以提高投资效益，知识积累是现代经济增长的源泉，而今世界经济增长主要依赖于知识的生产、扩散和应用。1996 年，经济合作与发展组织（Organization for Economic Co - operation and Development，OECD）发表了题为《以知识为基础的经济》的报告，该报告将知识经济定义为建立在知识的生产、分配和使用（消费）之上的经济。因此从某种角度来讲，这份报告是人类面向 21 世纪的发展宣言——人类的发展将更加倚重自己的知识和智能、知识经济将取代工业经济成为时代的主流。报告中将知识分为四大类：①知道是什么的知识（Know - what），主要是叙述事实方面的知识；②知道为什么的知识（Know - why），主要是自然原理和规律方面的知识；③知道怎么做的知识（Know - how），主要是指对某些事物的技能和能力；④知道是谁的知识（Know - who），主要是涉及谁知道和谁知道如何做某些事的知识。[1]

知识产权中的"知识"与知识经济中的"知识"倒是十分接近。工业经济推动了知识产权的产生，知识经济推动知识产权爆发式的增长。"知识产权"因"知识"而变得神圣。当然，由于翻译的不同，知识产权中的"知识"，与一般意义上的"知识"并不相同。

智力成果说（Intellectual creation）。该学说认为智力劳动所创作的成果，科学、技术、文化、艺术等领域智力活动创造的精神财富，是一

---

〔1〕 参见 OECD：《以知识为基础的经济》，https://wenku.baidu.com/view/ce3e7f76a417866fb84a8e13.html。

种独创性的知识。此种说法是传统知识产权赖以存在的基础。但知识产权并不囊括所有的独创性知识,而是仅仅列举了一部分直接与商业有关的智力成果,如文学、艺术、科技作品、发明、实用新型、外观设计以及商标,而不包括具有更高意义和更难创造特征的科学发现;且其对于认定智力成果独创性的标准也不统一,专利往往要求只有满足统一的鉴定标准才能获得权利,而文学艺术等创造只要具有唯一性便可自动生成权利,商标设计本身就是一种智力成果,但商标真正体现的是商标背后一系列的智力性经营活动,这种智力性经营性活动也不需要特殊的独创性,仅具有区别性便可通过注册获得权利。

信息说(Information)。WIPO 以及国外有关著述多认为知识产权的对象就是某一类信息。经济法学派的分析以此作为知识财产的属性。[1] 按照利奥塔的分析,在后现代社会(当代社会)到来以前,信息和知识的关系可以归纳为四个方面:第一,信息是属于有关原始和未经加工的事实和数据的知识;第二,信息是知识形成过程中最初的观察活动的成果,属于感性认识的范畴;第三,信息更多地包含着技术性的经验和知识;第四,信息在某种意义上表现了各种科学性的观念和表象的部分内容及形式,是科学理性知识的一个组成部分。而在后现代社会中知识则趋于信息化,其主要表现为知识的符号化或符码化。时代的改变,使信息和知识的关系发生了重大变化。信息原本从属于知识,仅仅是知识的一部分,是知识的一种媒介,而知识显然是本体,是由信息来表现的,知识是主动者,信息则是被动者。但到了当代社会,知识反而被信息主导和支配,出现了向信息的位移运动,知识的本来意义被信息取代并填充。[2] 信息说强调知识产权的对象只要是一

---

〔1〕 参见[美]威廉·M. 兰德斯、理查德·A. 波斯纳:《知识产权法的经济结构》,金海军译,北京大学出版社 2005 年版,第 10 ~ 11 页。

〔2〕 参见高宣扬:《后现代论》,中国人民大学出版社 2005 年版,第 153 ~ 154 页。转引自饶明辉:《当代西方知识产权理论的哲学反思》,吉林大学 2006 年博士学位论文,第6 ~ 7 页。

些特定的数据即可,信息说为知识产权的扩充铺平了道路,但同时也降低了知识产权的"创造性"光环,弱化了知识产权的正当性。林林总总的数据库和信息库被给予特殊的法律保护,独创性不再是知识受保护的必要条件,知识保护的内容也延及构成数据库的数据或材料本身。

信号说(Signal)。信号说认为无论是专利发明、商业标记还是作品,都体现为负载一定信息的信号集合。信息不能独立存在,它必须负载于载体即信号之上才能存在。因此,知识产权对象只能是信号,而不能是信息。[1] 信号说强调知识产权的对象必须以依附于载体的方式呈现。传统意义上的作品在传播和利用过程中必须固化在有形的载体之上,而数字技术的运用,直接导致作品信息的数字化,无论是语言作品还是音乐等其他作品均可用"0"和"1"等二进制数码来记述,使其在传播的时候往往可以直接通过网络传播到世界的每一个角落,因此,作品中的信息可以自由流通,作品与载体之间的关系开始淡化。

从上述分析可以看出,"知识产权"是指那些独立于某一特定物质载体而存在的思想、发明、发现、标记、图像、表达性作品(言语、视觉、音乐、戏剧)。简言之,即任何具有潜在价值的人为产品(广义地说,即"信息"),而无论该产品在实际中是否已经被"产权化",亦即被纳入一个财产权法律制度之中。[2] 知识产权之所以保护这些特定的"知识",主要是因为这些独特的"信息"的产生需要一定的成本和智慧,且其能为人类的福祉做出特有的贡献。

知识产品是对各类知识产权保护对象的新的概括,其种类主要有创造性成果、经营性标记与经营性资信,具有客观性、有用性和稀缺性

---

〔1〕 参见张俊浩主编:《民法学原理》,中国政法大学出版社 1997 年版,第 457、459 页。

〔2〕 参见[美]威廉·M. 兰德斯、理查德·A. 波斯纳:《知识产权法的经济结构》,金海军译,北京大学出版社 2005 年版,导论第 1 页。

等特征，是财产化的精神产品。[1] 知识被丢进知识产权的熔炉，锻造成知识产品，又经过商业资本的炙火的烘烤，转化成了知识商品。在这一转化过程中，资本所能带来的规模效应真正地给知识产权赋予了现实意义。然而，我们需要正确地把握“知识”的私人性与社会性。“知识”是人通过特有的思维劳动产生的，每一种由特定人所创造的“知识”从某种意义上来说将都属于这一特定人，是私人性的。然而，“知识”并不是独立的纯粹的碎片，“知识”是连续性的，人类所有的知识都是在他人的基础上创造的，知识是由人类共同创造的，知识也是连续人类的一个历史符号。因此，从这种意义上讲，知识只能是社会性的。任何将知识纯粹归属于私人的看法和做法，都是对全人类最大的欺骗和掠夺。[2] 被商业资本“包装”过的知识并不能被商家无限垄断而获暴利。与其说“知识产权”是人格不可缺少的部分，毋宁说“知识”是人格不可缺少的部分。“知识”之所以为人的最根本的标识，是因为“知识”决定着人的存在，决定着人的历史和未来，没有了知识，人无法生存，至少无法像“人”那样生存。从这种意义上来说，“知识”如空气一般对人不可缺少，如果利用人为的因素将人排除在“知识”之外，这潜伏着极大的不公正。知识产权正是在控制和垄断着这种“知识”，从某种程度上讲，知识产权的扩张正在剥夺某些人的生存权。如果我们认识不到这一点，我们就无法了解当下这种变异的知识产权的霸道和危险。

三、财产与知识产权

当仅仅在客体意义上使用“财产”的概念时，可以对财产的范围作广义、狭义的划分。梁慧星教授在整理英美法系财产法的立法体例，

---

〔1〕 参见吴汉东：《财产的非物质化革命与革命的非物质财产法》，载《中国社会科学》2003年第4期。

〔2〕 参见邹彩霞：《中国知识产权发展的困境与出路》，上海社会科学院出版社2013年版，第91~92页。

并探寻“Property”一词的词源后指出，英美法系国家在给“财产权”下定义时，采用的是狭义的“财产”概念，相当于大陆法系中“物”（有体物）的概念。他同时指出，大陆法系国家广泛采用的是广义的财产概念，在这一概念下，“财产”泛指一切能带来经济利益的事物。

在广义财产概念之下，财产范围随着人们认识能力的提高和商品经济的发展以及科学技术的进步，始终处于一种扩张的状态。无论是有体物还是无体物，都属于一般财产，而知识产权属于特殊财产。知识产权进入财产权的客体范畴后，由于它既不同于罗马法意义上的有体物和无体物，也不同于近代社会中新产生的有形物品如抽象化的有价证券，更不同于没有实物形态但依靠人的感觉器官可以直接感知的光、电等自然力，给人们造成很大的困惑。吴汉东教授认为，知识形态的精神产品不同于一般意义上的物，但同物一样其可以成为交换的标的；精神产品是内在精神的东西，但其可以通过一定形式的表达而取得外部的定在，即精神产品可以有“直接性”和“外在”的载体；依照物与精神相分离的理论，精神产品属于内部的精神的东西，不能简单地将其归类于“定在”的外部领域的物。[1]

财产权是能够获得经济利益，并且具有一般等价性的权利。财产的必要属性为有用性、稀缺性和可界定性（相对确定性）。知识产权并非传统意义上的“无形财产权”，知识产权在本质上是对知识产品的垄断性经营权，在内容上是没有权利客体的权利型财产，在形式上是具有收益可能的准财产，在运行中具有知识产权的流失即稀缺性降低的特点。[2] 知识产权制度与物权制度有着本质的差别，物权具有排他性（exclusive），而知识产权具有禁止性（preventive）。物权排除他人对物的占有、使用，而知识产权并不排除他人的使用，但禁止他人的模仿行为，禁止性是知识产权的独有属性。

---

〔1〕 参见吴汉东：《关于知识产权本体、主体与客体的重新认识——以财产所有权为比较研究对象》，载《法学评论》2000 年第 5 期。

〔2〕 参见龙文懋：《知识产权法哲学初论》，人民出版社 2003 年版，第 2 页。

四、知识产权中的科技与资本

推动科技的发展，是知识产权所标榜的一面旗帜。

知识产权发展的轨迹与科技发展的轨迹和资本主义发展的轨迹有两个交叉点，表面上看知识产权与科技发展的交叉点更明显，实际上知识产权发展的直接动因是资本推动的工业革命。恰如吴汉东先生所说，资产阶级一方面将科学技术作为物质武器，另一方面将私权制度作为法律武器。[1]

科技是激励主义的知识产权的重头戏。在激励主义那里，只有科技是带动经济飞速发展的列车，而知识产权给科技添上了利益的燃料，从这个角度看，知识产权保护是推动科技发展的直接变量。判断这一结论是否正确，需要从历史中寻找证据。综观中国科学技术发展史，中国古代显然没有知识产权保护，但是以“四大发明”为代表的科技成果享誉全球，中国近代以来科技的落后，有人认为是因为中国科技成果缺少知识产权制度的保护，这一推论是否有确切依据，还需进一步论证。再看欧洲科技发展史，古希腊把对科学的探索当作生命的本质和人生意义的一个方面，把知识的应用当作对知识的亵渎；古罗马时期也鲜见对科技的运用，但已逐渐打开科学知识的宝盒，如阿基米德原理等科学理论偶尔会用于军事及生活领域；中世纪时期，科技的发展主要追求对上帝的探索；科技真正走向应用是近代以来，文艺复兴促进了思想的启蒙，进而推动了科技的发展，但真正促进科技应用大爆发的是地理大发现、全球市场的开拓、工业革命的启动这一系列事件的发生。可以说科技的大量应用，以及科技在商业竞争中地位的提高，促进了知识产权的产生，这也是知识经济时代的重要特征。利益驱动开始成为科技进步的主要动力，而知识产权成为其获得利益的法律保障。然而，科技创新与人类进步并不能简单地画等号，因为

---

[1] 参见吴汉东：《知识产权法律构造与移植的文化解释》，载《中国法学》2007 年第 6 期。

“科技创新”被国家的霸权、政治家的野心、科学家的狂热和资本家的逐利绑架后，已经失去了纯真，越来越背离其探索自然、服务人类的初衷。另外，需要指出的是知识产权关注的是“技术”而非“科学”。钱兆华认为，科学与技术是两个内涵完全不同的概念，科学与思维方式密切相关，而技术则以经验为基础。以商业化为目的知识产权和技术在“实用”这一点上产生了交集。

资本是知识产权产生的直接推手。科技的运用主要存在于军事领域和经济领域。军事领域是一个特殊的禁区，其科技的应用并不直接由资本运作。经济领域则是资本玩转科技的最佳舞台，从版权和专利中洐生出的垄断性被资本看中，在生产商的推动之下，知识产权应运而生。随着科技创新同步性的不断加强，某一观念或技术发明不再是天才灵感的迸发，而是系统自主运作的产物，新的发现与发明将具有某种必然性。在这一同步化过程中，具有优势引导地位的不再是个人天才，而是资本的组织化力量。资本可以先于技术的必然性趋势做出提前预测，通过资本的动员与组织，引导技术趋势提前降临，通过事先的知识产权确认并加以圈占和巩固。当代知识产权不只是技术革命驱动的产物，也不只是法律自生自发秩序的展现，它还充分揭示了跨国资本与霸权主义国家主动塑造的力量。它所规范的并非是知识和信息的自由交换与共享，而是更表现为跨国商业资本与国家战略利益的复杂的法律博弈关系，并与 1980 年以后的新自由主义法律思潮形成了契合之势。[1]

五、知识产权中的创新和竞争

鼓励创新，不鼓励模仿与复制，是知识产权所标榜的另一面旗帜。

20 世纪初，美籍奥地利经济学家熊彼特在《经济发展理论》一书

---

〔1〕 参见余盛峰：《知识产权全球化：现代转向与法理反思》，载《政法论坛》2014 年第 6 期。

中首先提出了“创新理论”。在他看来,“创新”是在生产体系中引入生产要素和生产条件的新组合。20 世纪 50 年代以来,后人在其“创新理论”的基础上发展了技术创新理论和制度创新理论两个分支。前者认为,科学技术对经济发展的作用主要是通过技术创新实现的。后者认为技术性因素和制度性因素是经济增长的两大要素,而创新的制度是激励技术创新活动、推动经济增长的关键。[1]

吴汉东教授认为,知识产权的本质属性在于创新,一切知识产权的产生本质上都是创新的结果。著作权发生在文化创作领域,与文化创新、文化产业息息相关;专利权产生于技术应用领域,与科技创新、科技产业紧密相连;商标权则运作于工商经营领域,涉及商品销售、市场贸易等诸多问题。[2] 专利权制度保护的是新技术发明的第一次商业应用并获得经济效益,即保护的是“技术商品化”的创新成果;著作权制度保护的是各类作品的第一次出版并获得相关收益,可以将其视为保护的是“作品商品化”的创新结果;商标权制度保护的是以商业标志为载体、以商品声誉为内容的财产利益。商标标志本身可能不具有创新性,但其实际上保护的是这种标志作为商标的第一次运用以及第一个获得商标权的主体的利益,以及由此涉及的由于消费者对这种“第一次”的认同所获得的利益。[3]

当然,创新与知识产权是否画上了等号仍然需要论证。鼓励创新的知识产权制度需要区别对待。如果一种知识产权制度不能给一个国家带来利益,或者其带来的弊大于利时,在特定的知识产权文化背景下制度变迁就成为可能。比如荷兰在 1869 年废除了专利法后,其创新能力不仅没有下降反而大幅提升,但如果没有文化的强势支撑,

[1] 参见林炳辉:《知识产权制度在国家创新体系中的地位和作用》,载《知识产权》2001 年第 3 期。

[2] 参见吴汉东:《知识产权的多元属性及研究范式》,载《中国社会科学》2011 年第 5 期。

[3] 参见吴汉东:《知识产权法价值的中国语境解读》,载《中国法学》2013 年第 4 期。

这种极端化制度变迁的结果是不可想象的。[1] 美国主流经济学家 Fritz Machlup 在 1958 年进行的一次调研中认为:"专利制度对国家经济、社会发展没有益处,废除或保留专利制度不会产生任何影响(废除专利制度也不必然会改善经济状况)。"[2] 知识产权可能会改变创新的方向,但对于促进创新的总量,仍然是一种想象。

竞争是知识产权制度的另一本质。我们通常在网文的结尾看到这样的句式:"著作权归作者所有,商业转载请联系作者获得授权,非商业转载请注明出处。"这里将"商业行为"和"非商业行为"区分对待,在很大程度上说明了知识产权的存在意义就是为了商业竞争的便利,在这一点上,其与有形财产有很大的不同。知识产权制度的运作原理是权利人通过在技术上的在先优势获得竞争优势。竞争能够激发人的潜能使其得到最大限度的发挥。正如英国政府的一份白皮书所指出的那样,"竞争的胜负取决于我们能否充分利用自己独特的、有价值的和竞争对手难以模仿的资产,而这些资产就是我们所拥有的知识产权"[3]。

六、知识产权中的利益和垄断

知识生产的驱动力是需求和好奇心,知识产权生产的驱动力是实用和利益。

追求利益是人类进行社会活动的动因,因而利益是人类社会历史变迁的根本动力。权利最直接地体现为利益,利益被认为是法律背后的实质性因素。法律中的权利,实质上反映着法律所调整和确认的各

---

〔1〕 参见周洪涛、单晓光:《知识产权文化与知识产权制度关系研究——以知识产权制度的困境为视角》,载《科学学研究》2009 年第 1 期。

〔2〕 Fritz Machlup. An economic review o f the patentsystem [R]. Subcommittee on Patent, Trademark and Copyright of the Committee on the Judiciary, U. S. Senate, 1958, 15:21.

〔3〕 吴汉东:《知识产权的多元属性及研究范式》,载《中国社会科学》2011 年第 5 期。

种利益；义务的履行既是为了使权利得到保障也是获取利益的要求。[1] 根据马克斯·韦伯的研究，永不满足地追求物质利益的冲动，对享乐倾向的鄙视，以及以精确的算计为基础的理性，是发展资本主义的精神动因。马克斯·韦伯曾指出，注重“勤勉”“苦行”的新教伦理观念是导致“资本主义精神”产生的一个重要因素。他认为，新教徒为了证明自己是上帝的“选民”，便努力从事世俗商业活动以获得财富，因为一个人拥有财富的多寡是他是否被上帝“选中”的标志。于是，新教徒们打着“为增加上帝的荣耀”的旗号而不知疲倦地、争分夺秒地辛勤工作，不断地积累财富。[2] 孙国华先生认为，利益是主客体之间的一种关系，它表现为社会发展规律作用于主体而产生的不同的需要和满足这些需要的措施，反映着人与周围世界中对其发展有意义的事物和现象的积极关系，它使人与世界的关系具有了目的性，构成人们行为的内在动力。[3] 利益往往是隐藏在权利背后最根本的导因，所谓权利是对法律关系中双方利益关系的调整。然而，利益就其本性来说是盲目的、无止境的、片面的，它具有不法的功能。[4]

知识产权涉及的利益，主要是围绕发明者、作者等知识产品的创造者的知识产品的生产、传播和使用而产生的利益。这种利益既涉及知识产权人的私人利益，也涉及国家通过知识产权立法而需要实现的公共利益，特别是知识和信息的传播与使用中涉及的社会公共利益，在国际层面上还涉及本国在知识产权国际秩序中的利益。

知识产权法赋予知识产权人的专有权，在本质上是为了保护知识产权法需要承认和保护的利益。从法理学的角度说，知识财产成为知

---

〔1〕 参见冯晓青：《知识产权法利益平衡理论》，中国政法大学出版社 2006 年版，第 1 页。

〔2〕 参见［德］韦伯：《新教伦理与资本主义精神》，于晓、陈维纲译，三联书店 1987 年版，第 33、123 页。

〔3〕 参见孙国华主编：《法理学教程》，中国人民大学出版社 1994 年版，第 83 页。

〔4〕 参见《马克思恩格斯全集》（第 1 卷），人民出版社 1956 年版，第 179 页。转引自冯晓青：《知识产权法利益平衡理论》，中国政法大学出版社 2006 年版，第 15 页。

识产权法的调整对象除了需要商品经济和科学技术的发展这两个前提条件外，只有当知识财产体现的社会利益为法律所认可并需要由法律加以保护和调整时，知识财产才成为知识产权的保护客体。值得注意的是，知识产权将“盗版”所获得的所有非法收益都当作它的损失，而实际上，“盗版”所获得的市场，恰恰是“正版”所无法触及的平民大众。一个比较讽刺的社会现实是即便没有“盗版”，购买“盗版”的人群也不会去买所谓的“正版”，而是会选择更廉价的同类产品，因为正版超出了其购买能力，如一个工薪阶层极少会购买动辄过万元的名牌包。肃清盗版，并不会真正扩大正版的市场，而盗版的猖獗，反而会成为正版最好的宣传。微软（windows）操作系统之所以能垄断全球市场，与其铺天盖地的盗版软件的使用及普及不无关系，而微软早就意识到了这一点。真正让盗版主动消失的动力是国民购买力的提高，这有赖于国民收入的增长和知识产品价格的下降。

在知识产权法制框架内，每一个利益主体，包括知识产权人、知识产品的使用者和传播者等，都有权在知识产权的范围内寻求和获得最大化的利益，并且有权在知识产权法的限度内保护自己的正当利益不受侵犯和妨碍。当然，各个利益主体追求的价值目标不一样，并因此形成了利益追求的多样性。[1] 知识产权各利益主体之间的利益冲突是引发知识产权矛盾和冲突的最本质和最核心的原因。撇开知识产权最初设立的目的不谈，“知识产权”是维护“私益”的，从它将专有权授予知识产权人的那一刻起，它就为知识产权人开辟“私益”之路打开了城门。然而“知识”是纯属于“公益”的。这需要在考量知识产权制度规则时能够比较公平地平衡各利益主体之间的利益。

垄断是知识产权中基于利益之上的又一大争议焦点，知识产权保障利益实现的方式是垄断。知识产权起源于特权。版权起源于出版

---

〔1〕 参见邹彩霞：《中国知识产权发展的困境与出路》，上海社会科学院出版社 2013 年版，第 33、34 页。

特权,印刷商或出版商需要获得皇家特许的“许可证”才能印刷出版书籍;专利由封建王权以授权或钦赐的形式允许技术人员掌握;商标则起源于欧洲的行会制度[1],这种行会控制又被君主作为一种“特权”加以确认。虽然现代知识产权已经脱离了王权,但国家公权力对其不遗余力的干预,使知识产权有私权公权化的倾向。在封建特权向自然权利转化的过程中,特权中的垄断特性被保留了下来。

作为自然权利的知识产权因创造性劳动而获得正当性,但赋予其垄断,却超出权利本身所触及的范围。因此,作为补偿,知识产权在其制度建立之初,就存在着知识产权保护与限制的问题,即在保护创造者权利的基础上寻求个人利益与社会利益的平衡。1709 年英国《安娜法令》在规定保护作者权利的同时,又设定了一个“文学艺术的公共领域”(the public domain of literature)。这表明知识产权并非是绝对的财产私有权,它具有有条件的独占性、有限制的排他性和有期限的时间性等基本特征。[2]

没有合法的垄断就不会有足够的信息生产出来,但是有了合法的垄断又不会有太多的信息被使用。[3] 这句话描述了知识垄断与知识创新的关系,它表明知识垄断与知识创新呈倒“U”形关系。更深入一层,这句话描述的是利益刺激与知识创新的关系。垄断及其背后的经济利益会诱使或刺激社会为了追逐更多的利益而从事创新性活动,而这种创新性活动恰恰是立法者所构想的、能够极大程度地发挥人类的潜能、开发出更多的智慧成果、不断地为全人类创造更多卓越的物质产品和精神产品的活动。但在实践中,结果往往超越或偏离了立法者的构想,资本追逐利益的迫切往往背离知识产权法律精神的初衷。知

[1] 13 世纪时,欧洲大陆盛行各种行会,并要求在商品上打上行会认可的标记,从而起到区分生产者的作用,这已经具备了现代商标的内涵。

[2] 参见吴汉东:《知识产权法律构造与移植的文化解释》,载《中国法学》2007 年第 6 期。

[3] 参见[美]罗伯特·考特、托马斯·尤伦:《法和经济学》,张军等译,上海人民出版社、上海三联书店 1994 年版,第 185 页。

识产权政策与反垄断政策是同一枚硬币的两面,知识产权政策提供合理预期的事先激励,反垄断政策对阻碍和抑制竞争采取事后补救。[1]被自由经济所摒弃的垄断,在知识产权这里却获得了通行证,当然,这是由知识的无形性所导致的。结果,为了对付被赋予垄断的知识产权所产生的垄断,又得通过反垄断政策进行矫正。

七、知识产权的本质

知识产权本质上是一种特定主体所专有的财产权。制度经济学家康芒斯曾指出:“财产是有权控制稀少的或者预期会稀少的自然资源,归自己使用或者是给别人使用,如果别人付出代价。可是,财产的权利是政府或其他机构的集体活动,给予一个人一种专享的权利,可以不让别人使用那种预期稀少、对于专用会造成冲突的东西。”[2]由此可见,稀缺性是财产的一个重要因素,知识产权在变成财产的过程中,被赋予了稀缺性的品质。然而,作为信息的知识,具有无限的开放性,其本身并不具有天然的稀缺性。

现代知识产权的运作,一方面排斥了劳动维度,以此建立起知识财产/非财产的权利代码,从而实现对知识的稀缺性的精确控制;另一方面,劳动范畴又被保留下来,作为证明知识产权合理性的“寄生物”。它维持了劳动创造知识的表象,却也遮蔽了资本主义经济主导知识产权建构与演化的历史。[3] 这种将独占知识成果的道德诉求上升为自然权利而获得的正当性是不可靠的,因为自由模仿也是人的天性、是道德的,倘若将其同样上升为自然权利,劳动成果与自由模仿这两个

---

〔1〕 参见何隽:《全球化时代知识产权制度的走向:趋同、存异与变通》,载《比较法研究》2013 年第 6 期。

〔2〕 [美]康芒斯:《制度经济学》(上册),于树生译,商务印书馆 1962 年版,第 357 页。

〔3〕 参见余盛峰:《知识产权全球化:现代转向与法理反思》,载《政法论坛》2014 年第 6 期。

对立的自然权利孰重孰轻呢?[1]

由此看来,知识产权实际上保护的是知识产品背后的创造精神,使这些具有创造精神的人能够通过其获得有限的专有权所产生的获利的刺激从而不断做出新的创新,保有社会强大、持续的创造力,推动社会不断的进步,实现物质文化的繁荣。能直接带来商业利益的创造性知识是知识产权真正保护的对象。甚至能直接带来商业利益的非创造性知识都日益成为知识产权保护的对象,如数据。

另外,知识产权本质上要属于私权,但其对公权有强烈的依存性。知识产权虽然是私权,但其产生、内容、期限、救济与维持等都是由国家公权直接规定的,其规范具有明显的公法色彩。知识产权作为私权,其存在和流转无时无刻不需要以公权力为后盾来维持。权利人离开公权力就不可能实现对其权利的享有、利用和控制。因此,知识产权法中包含着大量的行政以及刑事等公法规范,这与一般的民商法是绝对不同的。[2] 这主要是因为,知识产权发生的契机是资本得以挣脱封建身份的牢笼而成就的自由资本主义的发展,资本主义激烈的竞争催生了知识垄断的需求。资本看中的是知识垄断而获得的利益,国家看中的是受知识垄断刺激而迸发的科技发展和知识创新。这个双重目的的实现依赖于私益与公益的平衡,这种平衡不会自然而然地发生,而是源于两种力量的对抗。私益的力量显而易见,而公益的力量藏在哪里却是需要发掘的。

---

〔1〕 参见和育东:《从权利到功利:知识产权扩张的逻辑转换》,载《知识产权》2014 年第 5 期。

〔2〕 参见冯文生:《知识产权国际私法基本问题研究》,载郑成思主编:《知识产权文丛》(第 4 卷),中国政法大学出版社 2000 年版,第 234 页。

第二节　作为财产权的知识产权

一、作为财产权的知识产权的核心是“私权”

吴汉东先生认为，在近代立法中，知识产权被描述为一种自然法上的权利。它基于创造者的智力活动而自然产生，摆脱封建特许束缚而法定存在，因而是符合正义的。反之，如果无视创造者权利的存在，他们的智力活动投入就无法得到补偿，其精神生产领域将陷入无序状态，整个社会也就无正义可言。[1] 这种解释便是以财产权为媒介，让创造者的智力活动与收益相关联，知识产权搭上财产权的“便车”获得了“私权”的法律保护，也顺便获得了财产权的专有性品质。

然而，知识产权保护的一切合理依据，无论是经济学依据还是道德依据，都涉及无形财产和有形财产的根本区别问题。有形财产，无论是动产还是不动产，都是由原子构成的、在任何特定时间只能占据一个空间的物体。它意味着对一个物体的占有具有必然的排他性——若我有，则你没有。实际上，这个西方的财产概念的核心在于赋予“所有人”对物品或土地的专用权。人们认为已经明确的土地或物品的所有权能够防止产生对财产的使用权、使用目的以及假如人们共同使用将导致财产过度使用的争议。无形财产不具有排他性的特点，假如我获悉了某个特定的信息，并告诉了你，你并没有剥夺我的所有权。相反，此时我们俩共同拥有这个信息。对无形财产的占有和使用在很大程度上具有非排他性这一事实，对知识产权理论至关重要，因为它意味着有形财产权的传统经济学理论不适用于知识产权。就自然状态而言，不存在对一种构思的过度使用或过度散布，也不存在

---

〔1〕 参见吴汉东：《知识产权法价值的中国语境解读》，载《中国法学》2013 年第 4 期。

争夺使用的危险。人人都能使用这个构思，这并不会使它贬值。[1]因此理论家求助于其他理论以证明构思专有权的合理性。

二、以“劳动论”、“人格论”和“契约论”为基础的自然权利理论的推演

（一）洛克“劳动”自然权利理论的推演

约翰·洛克（John Locke）的劳动理论的推演，即对资源施加了劳动的人就对此劳动成果享有自然财产权，智力成果的创造也属于一种智力劳动，因此劳动人对其创造的知识产品也享有自然财产权。

以洛克为代表的传统财产权理论可以分解为“先占、需求和劳动”三个要素：“首先，这块土地还不曾有人居住；其次，人们只能占有为维持自己的生存所必需的数量；最后，人们之占有这块土地不能凭一种空洞的仪式，而是要凭劳动与耕耘。这是在缺乏法理根据时，所有权能受到别人尊重的唯一标志。”[2]

洛克认为，财产权是一种与生俱来的天赋权利，尽管人类共同拥有地球的一切低级动物，但是每个人都拥有“个人”财产，除他本人之外，任何人都不能对其个人财产主张权利。但上帝只是把地上的一切给人类所共有，那么共有是如何转化为私有的呢？洛克认为，不是其他任何方式，而是劳动使人们对原来处于共有状态的一切拨归私用，从而产生了私有权。由于它的身体和双手的“劳动”归属于他个人，因此，无论什么物品，只要改变了它的自然形态，它就混合进了某种属于他的东西，从而使该物品成为了他的个人财产。由于该物品的自然形态已经被改变，劳动使该物品本身附着上了某种排除他人共有权的东西。因此该“劳动”无疑是“劳动者”的财产，只有劳动者本人有权享

---

〔1〕参见［美］罗伯特·P.墨杰斯等：《新技术时代的知识产权法》，齐筠等译，中国政法大学出版社2003年版，第1～2页。

〔2〕［法］卢梭：《社会契约论》，何兆武译，商务印书馆1980年版，第32页。转引自吴汉东：《法哲学家对知识产权法的哲学解读》，载《法商研究》2003年第5期。

有该被加入自己“劳动”的物品，但前提是必须留有足够多的同样的好东西给其他人所共有，同时不以浪费为限。[1]

洛克的财产权劳动理论引起了众多学者的探讨、批判以及反思、修正。对其的讨论主要集中于两个问题：一是“至少还留有足够的同样好的东西给其他人所共有”的先决条件；二是“劳动获得对该物品的所有权”的论点。

首先，假如劳动果实是有价值的，并且这种劳动赋予该劳动者对该价值的财产权，那么它就只能赋予该劳动者对它增加的那部分的财产权，而不是该生成产品的全部价值。诺齐克曾反驳：“有人将自己的番茄酱倒进大海，那他并不能主张对整个大海的所有权。”尽管估量起来会很困难，但是价值的两个部分需要进行区分，即一部分归于劳动作用的物品，另一部分归于劳动，前一部分仍属于公有财产，而后一部分才归于劳动者。

其次，如果生成物的财产权的价值与劳动者付出的努力不成正比，那么这些权利就不是合适的酬金。其中“努力”包括该劳动者为成就该结果所付出的劳动、为追求该结果而自愿承担的风险以及道德因素对选择该预期结果所起的作用。劳动者付出的劳动越大、自愿牺牲的东西越多，结果就越有价值，其应获得的报酬就越多。[2]

知识产权几百年来的发展历史总体上是一部权利的扩张史。远

---

〔1〕 洛克的财产权劳动学说主要做了三个伟大贡献：“其一，天赋权利的学说倡导一种权利本位，成为财产个人主义、所有权绝对思想的基石；其二，劳动价值学说为财产权找到了合法性基础，并确立了社会发展的核心价值；其三，扩张了人格权（创造物是自己人格的扩张），使财产权具有人格基础。”参见易继明：《评财产权劳动学说》，载《法学研究》2000 年第 3 期。

〔2〕 See Edwin C. Hettinger, *Justifying Intellectual Property*, 18 Phil. &Pub. Aff. 31 (1989), p. 41 – 42; Wendy J. Gordon, *A Property Rights in Self – Expression*: *Equality and Individualism in the Natural Law of Intellectual Property*", 102 *Yale L. J.* (1993); *Jeremy Waldron*, "*Enouth*! *and as Good Left for Others*, 29 Phil. Q. 319 (1979); John Perry Barlow, *The Economy of Ideas*, 203 Wired 84 (1994).

在洛克提出财产权的劳动学说之前,知识产权的诞生与早期的扩张已经在尊崇一个逻辑:"因为有劳动,所以要保护"。[1] 1559 年,詹克泼斯·爱考提斯(Jacobus Acontius)为了获得英国专利,他移居英国,在向伊丽莎白女王请求赐予他专利时说:"那些通过探索发现对公众有用的东西的人,应当收获其权利和劳动的果实,这是再诚实不过的了。"[2]1594 年,伽利略发明了一种"简便的提水灌溉土地的机器",在请求威尼斯总督授予他 20 年专利特权时他说:"这件发明是我费了艰辛劳动、付出巨额开支才发现的,因此使之成为公共财产并不合适"。[3]

然而,洛克的财产权理论应如何解释和适用于知识产权保护呢?"洛克会如何阐释专利权赋予的专有权,以禁止他人在 20 年内使用该被主张权利的发明呢? 假如洛克认为对土地和原材料的加工是'劳动',可以证明生成产品的所有权的合理性,那么他一定会认为对新思想的创造——'额头上的汗水'——同样值得保护。"[4]洛克的财产权理论是以"有足够多的物品"为前提,而这种假设对有形财产权而言已不复存在,而对作为无形财产权的知识产权却可以满足"有足够多的知识"的条件。知识产品同样也是人们体力劳动和脑力劳动的产物。根据洛克的逻辑,既然知识产品是劳动的产物,而劳动是人自身的自然外在延伸,人的天赋权利中又包括人对自身的所有权,所以人理所当然地应对知识产品享有财产权。英美法系深受洛克思想的影响,其

---

〔1〕 和育东:《从权利到功利:知识产权扩张的逻辑转换》,载《知识产权》2014 年第 5 期。

〔2〕 Christopher May & Susan K. Sell, *Intellectual Property Rights*, A Critical History, (*Boulder London*: *Lynne Rienner Publishers*, 2006), 80. 转引自和育东:《从权利到功利:知识产权扩张的逻辑转换》,载《知识产权》2014 年第 5 期。

〔3〕 Giles Sutherland Rich, *The* "*Exclusive Right*" *Since Aristotle*, The Federal Circuit Bar Journal, 14 Fed. Cir. B. J. 217, 218 (2004/2005). 转引自和育东:《从权利到功利:知识产权扩张的逻辑转换》,载《知识产权》2014 年第 5 期。

〔4〕 [美]罗伯特·P. 墨杰斯等:《新技术时代的知识产权法》,齐筠等译,中国政法大学出版社 2003 年版,第 3 页。

更加强调对知识产品生产者财产权利的保护。人们的共识是法律应当为智力劳动者的创造性成果(智慧创作物)提供保护,禁止其他人盗用。智力劳动者对其投入时间和精力创作的成果应享有权利,并有权从中获得相应的利益。该理论源自人权理念,一方面表现为"自然权利主张权",另一方面表现为"获得报酬主张权"。知识产权自然权利是基于自然法原则产生并受保护的权利。在此意义上,任何人的思想都是一种自然权利。

但洛克的理论对知识产权正当性的解释能力仍然存在问题。洛克的财产权劳动理论是以上帝将地球上的一切给予人类共有为前提,而且这种共有状态是一种自然共有状态,完全没有人类劳动生产过的痕迹。然而,在无形的知识产品世界里,从来都不存在也不可能存在这样一个状态,因为知识产品从来都是智力劳动的产物,而且在知识产品的创造过程中,后人总是站在前人的肩膀上,或多或少地利用前人的劳动成果,因而其不可能是一个自然挖掘的简单过程。即使存在这样的自然共有状态,他人也不可能通过占有取得该知识产品的所有权,因为知识产品没有任何物理形态,其他人根本不可能知道该人已经挖掘出了某种知识产品,然后通过同样的挖掘找到同样的知识产品。[1] 另外,洛克的理论的先在条件不可能实现,因为在特定的知识产权领域,一旦某人获得了某项知识产权,就排除了其他任何人再获得同一项知识产权的可能性。这里的问题体现出知识产品与有形物品的区别,有形物品可以有很多同种物品,分别为不同的人在其上设置专有权,而知识产品只有一个人即它的创作人才可以在其上设置专有权,不可能再有同种知识产品设置这样的专有权。

由财产法在土地上建立的财产权制度非常有用,使稀缺资源能够得到更加合理的利用;而由智慧创作物产生的知识产权与由土地产生的财产权有很大的不同。建立知识产权制度的目的不在于保护稀缺

---

〔1〕 参见李扬等:《知识产权基础理论和前沿问题》,法律出版社 2004 年版,第 42 页。

资源或者促进稀缺资源的有效利用，而在于精心设计一种创造稀缺资源的制度。在这种意义上，知识产权法就不能与土地财产法相提并论。此外，使智慧创作物成为稀缺资源不仅需要巨大的社会成本，而且这还会造成资源的浪费或者无效益的使用。

（二）黑格尔“自由意志”人格理论的推演

黑格尔以“绝对理念”作为基础，将财产权纳入其整个客观唯心主义的哲学体系中加以论述，并将自由意志转化为人格，从而创立了财产权的“自由意志”人格理论。人格论的前提是要获得适当的个人发展——对外部环境中的某些资源拥有控制权，而这种控制权的必要保障形式就是财产权。黑格尔认为人只有通过与外界某种事物发生财产关系才能成为真正的自我。

黑格尔认为，人有权把他的意志体现在任何物中，使该物成为我的东西；人具有这种权利作为他的实体性的目的，因为物在自身中不具有这种目的，而是从我的意志中获得它的规定和灵魂。[1] 我们大多数人几乎把自己拥有的物品当作自己的一部分。这些物品与人格密切联系在一起，因为它们是我们在这个世界上构成个人连续性的方式的一部分。与人一样，这些物品可能千差万别，但是其也具备某些共同特征。人们可以通过因偶然失去物品而痛苦的程度来考量某人与该物品的关系的密切程度。根据这一观点，假如失去物品给某人造成了无法弥合的伤痛，那么该物品与此人的关系就非常特殊。而那些可以被其他具有同等市场价格的商品完全替代的物品，不是人格论下的“个人财产”。一个人拥有的、并感觉是自身延续体的一部分的所有离散的物品，在一定程度上，都是个人财产。

黑格尔的财产权“自由意志”人格理论又是如何被用来证成知识产权的呢？

---

〔1〕 参见［德］黑格尔：《法哲学原理》，范扬、张企泰译，商务印书馆 1961 年版，第 50 页。

知识产品是人类思维的产物,也可以说是黑格尔"自由意志"的产物,其被烙上了人的精神和整个人格,是人格的一部分,而人的自由意志和整个人格作为其存在的本体是不能被放弃和转让的,那么当然就要为知识产品赋予权利,即知识产权。大陆法系更加注重对知识产权生产者的精神权利的保护,这显然也是受到了黑格尔学说的熏陶。

人格理论较多地用于阐释版权,因为文学创作看起来是与人格关系更密切的一种知识产权。但是,作者"身份"一词,具有太强的灵活性、偶然性和社会性,因此我们应该谨慎识别那些与特定作者关系非常密切的创造性作品,而不考虑作者的人格。基于该观点,一切作品也都是合力的产物。将连贯的语篇割裂成分散的单位,每个单位由特定的作者拥有或与该作者有着密切联系,这在逻辑上是一种不连贯的行为,与其说它易受到要求承认固有"人格"主张的影响,倒不如说它更容易受被称为作者群的公共势力的影响。假如作者身份只是一个不成熟的概念,那么版权法将毫无意义。此外,知识产权中的"人格"投资可能会因所争议的知识产权种类和所有人为开发该知识产权所花费的时间和付出的努力的不同而有很大不同。例如,一部花费了作者几年心血写成的小说,可能比公司的客户名单价值大,法律应该鉴于这种区别给更加"个人"的作品以更多的保护吗?[1]

当然,黑格尔的"自由意志"人格理论宣扬绝对的人类中心主义,他所主张的"主体可以将自由意志体现在任何客观事物中,从而使该客观事物成为自己的财产"的观点并不符合现代整体利益要求,如果

---

[1] See Neil W. Netanel, *Copyright Alienability Restrictions and the Enhancement of Author Autonomy: A Normative Evaluation*, 24 Rutgers L. J. , p. 347 (1993); Steven Cherensky, *Comment, A Penny for Their Thoughts: Employee - Inventors, Preinvention Assignment Agreements, Property, and Personhood*, 81 Cal. L. Rev. 595, p. 641 (1993); Justin Hughes, *The Philosophy of Intellectual Property*, 77 Georgetown L. J. 287, p. 350 - 530 (1988); Stephen J. Schnably, *Property and Pragmatism: A Critique of Radin's Therty of Property and Personhool*, 45 Stan. L. Rev. , p. 347 (1993); Margaret Jane. Radin, *Market - Inalienability*, 100 Harv. L. Rev. , p. 1849 (1987).

任其发展乃至变成现实，后果将不堪设想。在知识产权领域，将知识信息无限制地私有财产化的后果很可能是取消人们的言论自由，妨碍信息的自由流通，而且每个人都有自由意志，如果都因自己的自由意志外加于知识产品而产生知识产权，则会出现荒诞无稽、混乱无比的场面。黑格尔"自由意志"人格理论将人类的强势地位夸大到无以复加的地步，这种过激的理论也逐渐不能解释公共利益的许多问题，当下，其所起的作用也越来越小，但却为知识产权人格权提供了理论支撑。以贾斯丁·胡夫斯（Justin Hughes）和杰里米·瓦尔登（Jeremy Waldron）为代表的人格理论便认为知识产品的创造离不开人类的智慧、思想和情感，因而其包含了更多的思想属性，出于捍卫人格的需要和对人的尊重，法律应当保护知识产权不得被他人滥用。

（三）卢梭的财产权"社会契约"公意理论的推演

卢梭认为在占有事实成立的基础上还需要以社会契约为基础、以社会公意为依据产生财产权。按照自然法的原则，人们要在完全平等的基础上自愿结合，通过社会契约建立国家，制定法律以便保护每个人的天赋权利，包括自由、生命与财产。他具体描述了人类形成社会契约进入国家状态后的财产制度："人类由于社会契约而丧失的，乃是他的天然的自由以及对于他所企图的和所能得到的一切东西的那种无限权利；而他所获得的，乃是社会的自由以及对于他所享有的一切东西的所有权。"[1]

卢梭所设定社会契约是这样的：每个人都把自己全部奉献出来，所以对于所有人的条件便是同等的，而条件对于所有的人既然都是同等的，便没有人想要使它成为别人的负担了；转让既然是毫无保留的，那么联合体也就会尽其可能地完美，而每个结合者也就不再有什么要

---

〔1〕参见［法］让－雅克·卢梭：《社会契约论》（第3版），何兆武译，商务印书馆2003年版，第27～30页。

求了;每个人既然是向全体奉献自己,那么他就并没有向任何人奉献自己;而且既然从任何一个结合者那里,人们都可以获得自己本身所让渡给他的同样的权利,那么人们就得到了自己所丧失的一切东西的等价物以及更大的力量来保全自己的所有。[1] 既然公意具有决定社会状态下一切事物合法性的力量,那么其也就决定了私有财产权的合法性。社会契约使不稳定的事实占有状态变成稳定的财产权。

对于知识产权而言,财产权社会契约理论为其提供了一个合法性解释。知识产权的本质特性在于其客体的非物质性,而客体的非物质性决定了知识产品一旦脱离了生产者的保密控制范围,则任何人都有可能通过学习而占有它,这对知识产品生产者来说充满了危险性。如果没有一种机制保护知识产品创造者能够控制其知识产品的复制和传播,则其劳动将化作乌有。大家通过制定社会契约,即拟制出知识产权,通过确认知识产品创造者的劳动,赋予了其一定时期内对该知识产品的独占、复制、传播等权利,从而保障知识产品创作者对自己创作成果的享受。

卢梭的财产权“社会契约”理论也可以解释与知识产权相关的各种国际条约的订立,但是它却无法解释发展中国家对知识产权的抵制,因为社会契约的假设前提,即“每个人都毫无保留地全部奉献自己给全体”是不存在的,因为“全部奉献”的只是发展中国家,而不是发达国家。这项理论在实践中最大的问题就是缺少“平等”的前提,尤其是“大科学”时代的出现,像牛顿、爱因斯坦这种纯粹依靠个人的学术探索而形成的原创性基础研究模式已经不复存在,科技研究只能寄生于雄厚的资本之上,平等的知识产权社会契约已无形成可能。

---

〔1〕 参见[法]卢梭:《社会契约论》(第3版),何兆武译,商务印书馆2003年版,第27~30页。

第三节　作为公共政策的知识产权

一、作为公共政策的知识产权的核心是“刺激创新”

当商品经济替代农业经济成为社会发展的主要模式时，技术创新便成为经济发展的主要推动力。知识产权的授予作为一项公共政策被提起，这给知识产权的创造者带来了巨大的激励，促使其愿意投入到知识产权的创造互动中，努力为社会创造出丰富而有价值的知识产品，从而使社会公众能够充分利用这些知识产品，促进社会总福利或社会净福利的最大化，最终造就整个社会的繁荣与进步。对于知识产权做出的这一安排，是有效率的，是能够满足社会收益率的最大化的。因而，知识产权是正当的。[1]

发明与创作需要资源投入，即作者或发明者投入的时间、设备、模型、供应等。就市场经济而言，个人不会对发明和创造进行投资，除非这样做的期望收益超过成本，即他们能合理地预期他们会获利于这种努力。要获利于作者的新构思或新作品，创作者就必须能把它以一种价格卖掉，或将它用于某种能使其获得市场竞争优势的方面。但是构思难以被控制。即使是创作人自己能够使用构思，他因该构思获得的回报也仅限于其竞争者还未发现该构思的程度。因此，一个以保密的方式获得价值的创作者一直生活在秘密被发现和披露的危险中。竞争者可以盗窃其构思或从其前雇员那里获悉，他们也可以通过观察创作者的生产过程或研究已出售的产品发现，他们还可以靠自己的巧遇或在出版物中发现，这都会导致构思无可挽回地失去其秘密性。欲出售构思的创作者的境遇甚至会更为艰难。要出卖信息就必须向他人披露该信息。但信息一旦被向少数人以外的人披露，就极难再被控制。

---

〔1〕　参见饶明辉：《当代西方知识产权理论的哲学反思》，吉林大学2006年博士学位论文。

信息具有“公共物品”的特点，即可以被许多人使用，却不会有任何损耗。假如我们推定散布信息几乎无须任何代价，那么就将证明实际上不可能使信息费保持在与写作成本相当的水平。如果作者为了弥补写作的部分开支而高于信息的发行费收费，那么竞争者会迅速以更低的价格提供这本书。竞争将使该书的价格趋于边际成本。在这样的竞争市场上，作者将无法弥补写书的固定成本。如此一来，作者就会因为他们从事的职业不赚钱而被迫转行，其结果必然是具有公共产品特点的书籍以及其他创造作品的匮乏。公共产品所特有的易于“搭便车”的现象对知识产品的创作造成了困扰。然而，赋予作者和发明人使用其构思的专有权，允许知识产权人制定的价格高于复制该作品的边际成本，必然会限制那些构思的传播，从而不能使更多的人受益。因此，知识产权似乎与自由竞争相冲突，它限制竞争者复制或模仿前人创造构思的智力努力成果的资格，使知识产权人能够收取专用费或者以诸如控制其成果在以后的产品中应用的方式限制竞争。由于知识产权将社会成本加于公众身上，因此，根据公共物品的特点，只有在它们从总体上看确实激励作者创作了足够多的新作品并抵销了那些支出的时候，才能证明知识产权的合理性。知识产权保护对社会的普遍伤害就在于它提高了人们获得产品的代价，并且限制他人从事进一步的研发。

提高经济效率的关键在于在提供经济激励的社会利益和限制知识传播的社会代价之间进行平衡。既要保证创新者能够以合理的手段获得足够的利润，以补偿研发的投入，同时还要平衡因垄断价格而损失的激励利益和因此造成的传播限制。另外，技术的发展是一个逐渐进化的过程，与技术的传播过程有着密不可分的联系。对第一代发明的过度保护可能会影响以后的发展进程，进而破坏了加强知识产权保护的本来的激励社会创造、增强公共福利的目的。此外，除了由知识产权对个人创作进行刺激之外，仍然存在众多的组织机构为解决创造构思和信息中固有的公共产品的问题而直接由政府提供研究资金或补贴等进行激励。但是知识产权在研究资源分配方面有更多的优势，市场成为创作的发动机，分散的顾客创造的产品需求能够使创作产品的方向多元化、社会化、市场化。[1] 作为公共政策，出于“刺激创新”的目的，知识产权赋予知识创造者以合理的专有权，同时出于平衡知识传播的公益目的，这种垄断性私益的刺激必须控制在合理范围内。

二、“功利主义”的政治哲学彰显知识产权的“公权化”色彩

很显然，“刺激创新”的公共政策源于“功利主义”激励理论。边沁是最早明确提出功利主义原理的政治学家。他的“幸福最大化原理”或“快乐主义原理”认为，按照看来势必增大或减小利益有关者之幸福的倾向，亦即促进或妨碍此种幸福的倾向，来赞成或反对任何一项行动。这里的“行动”不仅是私人的每项行动，还包括政府的每项措施。这样，政府所出台的政策、措施和制度，统统被纳入功利主义的考量。[2] 知识产权制度便是这样的“行动”，它被预设能够最大限度地增进社会福利，促进社会进步，因而具有正当性。

在美国，保护知识产权的主要理论基础是功利主义或激励理论，它及时有效地弥补了大陆法系“劳动论”所凸显的理论缺陷。

1769 年英国的“米勒诉泰勒”案，是较早的体现自然权利与功利主义冲突的案例。曼斯费尔德(Mansfield)法官认为：“作者从其天才及劳动中收获金钱利润是公正的。”但主张功利主义知识产权观的法官威尔斯(Willes)法官则认为版权保护是对作者的激励，而不是作者

---

〔1〕 See Kenneth J. Arrow, *Economic Welfare and the Allocation of Resources for Invention*, *in the Rate and Direction of Inventive Activity: Economic and Social Factors*, 609, Natl. Bureau of Economic Research ed, p. 614 – 616 (1962); W. Nordhaus, *Invention*, *Growth*, *and Welfare: A Theoretical Technological Change*, p. 3 – 784 Harvard law review, 9169 (1962).

〔2〕 参见[英]边沁：《道德与立法原理导论》，时殷弘译，商务印书馆 2000 年版，第 58 页。

的自然权利,因此不存在所谓无期限的复制权。“制定版权法是创设了权利,而不是确认已经存在的权利。”[1] 在专利法领域,功利主义战胜自然权利、限制权利客体范围的两项标志性制度变革是实质审查制与创造性。1836 年美国《专利法》从注册制改为审查制,深刻地影响了专利制度的进化。从时代背景看,这一变化与自然权利意识形态在美国的衰落不无关联。在法国,从《宪法》到《民法典》,再到《专利法》,都体现了自然权利的思想光环,1791 年《专利法》明确宣称专利权是发明者的天赋人权,因此其长期拒绝专利发明内容的实质审查制度。但是,法国 1844 年《专利法》的修改删除了前言中关于专利自然权利理论的内容,1978 年引入了实质审查制度, 这标志着自然权利理论在法国专利法领域的淡出。[2]

基于功利主义的推演,知识产权领域产生三种理论基础:

1. 经济激励理论

知识产权制度的基础是“政治权衡”(political expediency)而不是人权理论,因此,建立知识产权制度就是通过经济利益激励人们的创造热情,激励智力劳动者积极进行智力创造活动。如果没有这样的激励机制,人们就不愿意将大量的时间和精力用于创造活动。经济激励的效用还在于给人们施惠的每一种激励在整体上都将为社会带来某种利益,给智慧创作物提供知识产权保护为社会所带来的利益就是为社会全体成员增添精神和物质两方面的财富。

2. 增强竞争理论

这也是一项“政治权衡”理论,是指通过建立知识产权制度来增强竞争,促进工业发展,增进社会福利。知识的联合消费与廉价再生之

---

〔1〕 Wheaton V. Peters,33 U. S. (8 Pet.) p. 590 (1834).

〔2〕 See Nobuhiro Nakayama, Industrial Property Law [M]. Koubundou Publishers, 2000, p. 32 – 33. available at http://www. iip. or. jp/e/e_publication/nakayama/index. html, 2010 – 5 – 10 visited. 转引自和育东:《从权利到功利:知识产权扩张的逻辑转换》,载《知识产权》2014 年第 5 期。

事实意味着它具有某种公共产品属性,这种公共产品通常被称为“可扩张的”或者“非竞争的”公共产品。这种公共产品与普通的公共产品不同,思想的创作者可以借助知识产权排除他人为生产经营目的使用其思想。人们相信,附载于产品或者服务上的思想的竞争性能够激励智力劳动者更有效地利用稀缺资源,或者开发新产品,使竞争更加富有成效。同时,其他生产经营者为了实现有效竞争,就必须创造出更高明的技术。这样的良性竞争,促进了社会的快速发展。

3. 利益补偿理论

该理论认为,创作作品的发起人、作品的创作者需要为作品的创作进行投资,要承担相应的经济风险,因此,应授予他们对其创作和经营的作品一定期限的独占权,使他们有机会收回其投资成本,并获得相应的利益回报。该理论成立的基础是:授予作品的创作者一定期限的独占权,就是对他们投资和付出的一种利益补偿,这样他们才会有动力和热情冒着经济风险进行这种投资。假如法律不能为投资者和作品的创作者对其通过投资所产生的成果授予独占权,那么根据自然人趋利避害的本能,将不会有人甘愿冒此风险进行这样的投资,从而可能导致智力开发市场之源的枯竭。一旦出现这种现象,就会导致两种结果:一是剽窃者可能获得不当利益(这种不当利益有时可能非常巨大);二是投资者或者创作者进行类似投资的激情受到严重伤害,从而使公众失去获得更多好作品的机会。[1] 对于利益补偿,可以有多种方式,一是给予创造者一次性奖励补偿,然后让知识产品进入公共领域,中华人民共和国成立之初便采用这种方式,其缺陷是奖励资金的来源及数额的确定有难度,同时也难以适应市场经济的竞争;二是授予创作者一定的垄断专有权,再通过商品化过程,让创作者从市场中获得利益补偿,但这种方式同样也存在缺陷,即垄断的程度难以把

---

〔1〕 参见曹新明:《知识产权法哲学理论反思——以重构知识产权制度为视角》,载《法制与社会发展》2004 年第 6 期。

握，过度的垄断会限制竞争以及知识的传播。

当知识产权作为一项刺激创造、调控经济的公共政策被提起时，便不再是一种纯粹的私权，而是类似经济法调整的具有公权化色彩的的特权。创造者的精神权利是知识产权的一项重要内容，尤其是著作权，一般包括署名权、发表权、修改权和保护作品完整权等内容。但知识产权资本化却侧重于知识产权中的财产性权利，关注的是社会总体福利和公众利益，个体福利并不占据重要地位，其中的精神性权利被忽视。〔1〕 因此，功利主义不能独立满足知识产权的需要，与自然权利联盟，是功利主义所选择的路径。

第四节　作为企业管理战略的知识产权

一、作为企业管理战略的知识产权的核心是“垄断”和“竞争”

企业知识产权战略是指企业为获取与保持市场竞争优势，运用知识产权制度对知识产权进行确权、保护与运用，从而谋取最佳经济效益的策略和手段。从经济学的角度看，知识产品在经济学上是资源，在法律上是财产。知识产品的有用性和稀缺性决定了知识产品能投入生产领域转化为有形的物质产品，产生一定的经济效益。越来越多的企业发现，想在市场竞争中取得优势地位，知识产权这种无形资产的地位越来越重要，尤其是自主知识产权的获得。在市场经济条件下，企业的核心竞争力最终落脚到技术和品牌上来，而技术和品牌即是无形资产中的知识产权。〔2〕 企业一旦获得了知识产权，便希望通过知识产权的垄断特性，超越和抑制其他同类企业的发展。

“知识产权资本化”的实质是资本由权利形态转变为价值形态的

---

〔1〕 参见苏喆、郝思谋：《知识产权资本化悖论解析及其矫正》，载《贵州社会科学》2014 年第 2 期。

〔2〕 参见吴汉东：《知识产权的多元属性及研究范式》，载《中国社会科学》2011 年第 5 期。

过程。[1] 知识产权资本化为知识产权使用者注入了市场竞争的力量源泉,知识产权资本化优化了经营者的资源配置。知识产权资本化令市场经济主体获得智力优势,通过知识产权资本化促进生产方式的革新,以技术进步推动经济增长,以商誉推动知名度的提高,从而实现市场经济主体在市场竞争中的不败地位。[2] 企业的技术优势依赖于专利权。企业在某个技术获取专利后,以其为基本专利,将有关改进技术及外围技术均申请专利,由此构造一个由基本技术和相关技术相联结的专利网,形成企业的强势技术。企业的经营优势依赖于商标权。现代市场消费的一个重要特点是从产品消费转向为品牌消费。企业必须通过商标制度来维持自己品牌的独特性,不断提高品牌的知名度、美誉度和忠诚度,形成企业的强势品牌。[3] 我们会发现版权是文化产业竞争的王牌,而专利和商标则是生产企业竞争的武器。为了实现竞争的优势,企业会不遗余力地获得并垄断知识产权,并限制或超越竞争对手的知识产权。

随着物联网、大数据、云计算、人工智能的兴起,从知识信息化到信息数字化再到数字商品化的连续变迁过程,将“知识”不断转变为带有资本相关性及诠释潜能的“信息”。以信息为核心的知识产权成为竞争中的撒手锏,如果能获得知识的垄断,就能将撒手锏的威力持续下去。

世界正构筑起人与物的全面数字化、信息化与交互化网络,“知识创新”现在需要的是更多的“实验”,以及与“研发”相联系的庞大的生产、营销、金融与法律网络,而未必需要真正的“发明”。[4] 马克思所

---

〔1〕 参见苏喆、郝思谋:《知识产权资本化悖论解析及其矫正》,载《贵州社会科学》2014 年第 2 期。

〔2〕 参见刘春霖:《知识产权资本化研究》,法律出版社 2010 年版,第 66 页。

〔3〕 参见吴汉东:《知识产权的多元属性及研究范式》,载《中国社会科学》2011 年第 5 期。

〔4〕 参见余盛峰:《知识产权全球化:现代转向与法理反思》,载《政法论坛》2014 年第 6 期。

批判的资本剥削劳动的法权逻辑不再重要，现在重要的是借助知识产权法律技术攫取核心的资本利益。21 世纪知识产权也重新界定了竞争与垄断的关系，譬如，专利制度就已深刻改变市场准入与市场结构的条件，跨国企业竞争已变成昂贵的法律游戏。这种知识/权力机制不再建立于分散的印刷著作权与机器专利权的基础上，而是通过跨国巨头企业的知识产权战略组合与战略储备池的方式展开。垄断也不必再通过资本所有权剥削无产阶级劳动的途径进行，而是通过高低端市场的区分性分销体系，通过保护性专利以及加密信息的代码排除技术，特别是通过全球法律的规则主导权来进行。[1] 因此企业的知识产权战略也突破了行业和国别的限制，甚至超越了经济领域的限制而与政治领域绑定，在企业管理中发挥越来越重要的作用。

二、“套路”超越“创新”的企业知识产权战略

对于企业而言，技术进步越来越成为经济增长的重要原因。亚当·斯密、李嘉图等古典经济学家认为经济是否增产最终取决于投入要素的质量和数量。在资本、劳动力和土地这三种要素中，资本特别是人力资本效率的提高与技术进步有密切联系。工业经济时代，经济增长主要是“劳动力投入驱动型”和“资本投入驱动型”，技术进步的作用并没有其他要素突出。20 世纪中期，英国经济学家哈罗德(Harrod)与美国经济学家多马(Domar)提出了现代主流经济学中的第一个经济增长理论模型——哈罗德 - 多马模型(Harrod - Domar model)。该模型可表示为 $G = S/V$，其中，G 为产出增长率，S 为储蓄率，V 为资本产出比。在该模型中，技术进步成为经济增长的第四个外生给定参数，哈罗德 1948 年将技术进步精确地定义为劳动生产率的增长，这样的技术进步被称为哈罗德中性技术进步。1956 年，麻省

---

〔1〕 参见余盛峰：《知识产权全球化：现代转向与法理反思》，载《政法论坛》2014 年第 6 期。

理工学院(MIT)的教授罗伯特·索洛发表了一篇关于经济增长理论的论文,提出了经济增长的新古典主义增长模型。该模型可以表示为 Y = A(t)F(K,L),其中 Y 为产出,K 为资本,L 为劳动力,t 为时间,A 为技术,F 表示特定函数。该模型将给定一定技术条件下的总量成长函数中资本、劳动和总产出之间的比例关系变成了经济增长模型的内生变量,与哈罗德 - 多马模型中技术进步仅表现为劳动生产率相比,技术成为影响产出的一个自变量,技术进步对经济增长的作用开始得到真正体现。在索洛模型的基础上,经济学家们继续沿着将生产率的变化内生化的方向发展,讨论专门的模型以解释古典增长模型中的"技术"因素如何发生变化。20 世纪 80 年代,罗默建立了一个知识内生生产的模型,该模型的关键在于,知识积累对于知识生产的正的外在性产生了知识的内生增长,促进了经济的长期增长。罗默认为,知识溢出对于解释经济增长是不可缺少的,知识溢出可以提高投资的边际收益,而不像新古典经济模型所预测的那样出现投资边际收益递减的情况,因而其能够长期恒定地提高经济增长率。[1] 围绕着技术进步的专利,成为企业知识产权战略的基点,由此展开的专利战略及商标战略需遵循一定的套路,才能让这一专利及而后形成的专利池真正发挥放大且持续的功效。

2006 年著名咨询公司波士顿咨询(The Boston Consulting Group,BCG)的高级副总裁兼董事麦维德在北京发布了一份名为《为中国企业度身定制:创新和知识产权战略的构建》的报告。报告指出,虽然目前中国企业已经显著加大了对研发和创新的投入,但是对创新的保护力度仍远远不够。BCG 成立了知识产权战略专项组,对众多企业的相关情况进行了调查。调查认为,一个国家的企业在知识产权方面大体要经历 5 个发展阶段:第一阶段主要以出口技术含量较低的产品为主

---

〔1〕 参见李伟、毕丽芳:《企业知识产权能力提升对自主创新的现实意义》,载《商业时代》2009 年第 21 期。

导,靠的是廉价劳动力和低成本原材料;第二阶段通过加大研发投资,推动了技术含量较高的产品的出口;第三阶段遭遇发达国家企业的知识产权壁垒,被迫付出高昂的代价;第四阶段吸取教训,加大在收购、自主开发和管理知识产权方面的投资力度;第五阶段则开始享受知识产权的互惠互利,有的企业甚至可以通过知识产权获取竞争优势。[1] BCG 明确指出,企业在知识经济时代所要遵循的竞争过程及套路,创新本身远远不能帮其获取竞争的优势地位,那么要如何通过突破知识产权壁垒,在爬到知识产权产业链的上游时再设定知识产权壁垒进行垄断,从而获取知识产权的高额利润呢?

跨国公司构建知识产权壁垒的主要做法集中在知识产权的创造、运用、保护、管理这四个环节。首先,跨国公司进行知识产权的"圈地运动",目的是给竞争对手设置障碍。其次,对竞争对手进行专利许可,与具有知识产权优势的跨国公司组建专利联盟,形成利益集团共同排挤竞争对手。此外,跨国公司还实施专利技术标准化的策略,通过设置技术标准障碍来控制竞争对手。再次,通过滥用知识产权,排挤和限制竞争对手,主要表现在滥发警告函、拒绝许可、搭售、价格歧视、掠夺性定价等方面上。通过知识产权侵权诉讼,既可以获得高额赔偿,又能增加竞争对手的侵权成本、毁坏竞争对手的市场声誉、拖垮竞争对手。最后,在实施产权管理方面,跨国公司在一些关键技术领域申请专利后,通常将专利在国外进行产业化,或者将"专利内部化",仅在本公司内部使用。这些行为都是为了给竞争对手设置知识产权障碍,达到控制竞争对手,占领市场优势之目的。跨国公司不但以自己的利益是国家的利益之名,通过各种方式影响本国知识产权制度的建立,还以保护知识产权为由,对其他国家的政府施加影响。[2] "套

[1] 参见《波士顿咨询发布最新报告　中国企业亟待构建知识产权战略》,载搜狐财经网,http://business.sohu.com/20060413/n242781023.shtml。

[2] 参见胡神松:《知识产权法律全球化的政治经济学分析》,载《知识产权》2015 年第 2 期。

路”不仅没有止步于经济领域,更染指政治领域和法律领域。跨国企业的知识资本化组合及其衍生形式,通过企业并购、战略联盟、相互持股、互相授权的方式,圈占大量核心知识产权,跨国信息巨头重新划定了信息全球垄断的势力范围。它们形成集体行动联盟,建立私人政策与律师事务所网络,游说各国政策制定者,慷慨资助知识产权法律学者与政策专家,并借助大众传媒向公众灌输知识产权霸权文化。[1]全球化时代的到来,国际贸易的发展,将企业间的竞争转变成国家间的竞争,企业开始与国家共谋,通过不断突破知识产权法律的限度,将贸易与知识产权绑定,构建起全球的知识产权生态链,利用其生态链高端的优势地位坐享高额利润。知识产权就是跨国大公司利用国家法律机器,甚至全球、跨全球化的一个法律机器来实现自己的利益的最佳工具。

麦维德给中国企业开出的药方是:与其他企业合作以获得知识产权准入;并购外资企业以购买知识产权;加强对内部创新和研发的投资,创造知识产权;参与标准设定的工作以确保知识产权使用的平衡。此外,中国企业还应制订详细的行动计划:第一步是确定自己在知识产权发展五个阶段中的位置;第二步是确定在关键的技术和市场上自己知识产权的地位;第三步是学习先进的企业管理知识产权的方法;第四步是制定一项与企业战略紧密挂钩的知识产权战略。2008 年到 2018 年,中国企业便是通过中外合资等方式,跻身世界知识产权市场。用了 10 年的时间,步步为营、稳步推进,华为获得 5G 标准的制定权,撕开了国外知识产权壁垒的一个小小的裂口,然而华为也遭受到了最残酷的围追堵截。

---

〔1〕 参见余盛峰:《知识产权全球化:现代转向与法理反思》,载《政法论坛》2014 年第 6 期。

第五节 作为国家利益争夺利器的知识产权

一、作为国家利益争夺利器的知识产权的核心是“遏制”

在知识商品化和资本化之后,知识产权早已不是个人的知识产权,而是企业的知识产权;在知识国际化和全球化之后,知识产权早已不是企业的知识产权,而是国家的知识产权。20 世纪中后期以降,全球化和知识经济所带来的分配方式与控制力的变迁令知识产权成为一国内部乃至国际舞台最具利益纷争与政治争议的命题。西方主流话语仍然以其强大而隐蔽的解释力量规训着知识产权国际保护秩序的生成与演变,但其正面临着各种挑战和质疑,知识产权国际秩序的演化处于纷扰、复杂的环境之中。[1] 知识产权强国运用知识产权武器“遏制”知识产权弱国是目前国际贸易领域最流行的做法。

国与国之间存在巨大的技术差距,这种差距导致各个国家在参与国际竞争时的竞争力是不同的。“握有技术优势”的国家在国际竞争中占有绝对的优势,牢牢掌控着产业链中最能获得财富的部分,且他们恰巧也是现有知识产权制度的奠基者和最坚实的拥护者。处于“技术劣势”的国家则很明显在产业链中获利最少而承受的损害最多,他们恰恰是最不愿意遵守现有知识产权制度安排的。美国在发展之初,在其不握有技术优势的时候,曾是西欧先进工业技术最大的“山寨国”,亦可谓最大的“侵权国”,是当时对国际知识产权保护最为不利的国家。现有的知识产权制度不过是“握有技术优势”的国家对“技术劣势”的国家保持技术优势和竞争优势的手段而已。每个国家都有发展经济的强烈愿望,谁也不想在产业链的低端苦苦挣扎,永远受拥有技

---

〔1〕 参见朱雪忠、杨静:《中国知识产权话语策略研究:基于话语与秩序相互建构的视角》,载《中国软科学》2017 年第 5 期。

术优势的国家的技术“剥削”。[1] 英国知识产权委员会指出：知识产权体系能够成为提升本土科技能力的一个重要因素，特别是在那些已建立起科技基础结构的国家中。但是对于大多数发展中国家而言，由于其自主创新能力不足，保护知识产权实际上只是保护了外国（主要是发达国家）的知识产权，增加了本国创新的成本。[2] 知识产权现在已经变成一门法律生意。国际经济旧秩序依靠以不合理的国际分工为基础的国际生产体系、以不平等交换关系为特征的国际贸易体系、为少数国际金融垄断资本所控制的国际金融货币体系和受少数发达国家控制与制约的知识产权体系得以稳固建立。

从国家制造业社会（national manufacturing society）向全球信息化秩序（global information order）的转型，充分揭示出当代法律正在经历的深刻演变。[3] 国际知识产权保护体系的建立，使法律超出了国家意志的范围，带上了浓厚的超国家色彩，重新阐释了法律的本质。具有较强知识产权实力的国家不仅希望改善国际贸易制度以出口其知识产权产品，还希望从中获得因知识产权垄断地位而带来的额外收益。与之相对，知识产权实力较弱的国家则更希望通过不加入国际知识产权保护体系而从知识产品中获得最大收益，这样就可以在该国境内自由使用和模仿该知识产权产品，进而将这些产品向外出口与该产品的原有知识产权权利人竞争。[4] 美国著名未来学家阿尔文·托夫

---

〔1〕 参见冯象、李一达：《知识产权的终结——“中国模式”之外的挑战》，载《文化纵横》2012 年第 3 期。

〔2〕 参见吴汉东：《知识产权的多元属性及研究范式》，载《中国社会科学》2011 年第 5 期。

〔3〕 参见余盛峰：《知识产权全球化：现代转向与法理反思》，载《政法论坛》2014 年第 6 期。

〔4〕 See Meir P. Pugatch, *Political Economy of Intellectual Property Policy – Making: Theory and Practice—An Observation from a Realistic (and Slightly Cynical) Perspective*, in New Directions in Copyright Law 95, 100 (Fiona Macmillan ed., Edward Elgar Publishing 2007). 转引自何隽：《全球化时代知识产权制度的走向：趋同、存异与变通》，载《比较法研究》2013 年第 6 期。

勒(Alvin Tomer)指出:“知识的权力正在代替财富的权力成为主宰世界的力量。”对于美国来讲,其迫切需要重建霸权体制,维持其霸权地位,而科学技术政策和知识产权法律是其维持霸权地位的重要保障,所以美国一直力争保持其科技创新的最高水平,并建立科技垄断体制。基于以上背景,知识产权制度也许会成为美国实现新霸权的强大源动力和催化剂。[1] 在科研上处于领先地位的发达国家利用种种方法让知识产权保护标准符合他们的利益;而后发达国家为了降低遭受贸易报复的风险,被迫严格依照保护标准不断修改本国的法律。“遏制”和“反遏制”在不断升级的知识产权的包围和突围中展开较量,发达国家通过不断扩张知识产权来设置更多的壁垒,而后发国家只有在风云变幻的世界经济转型中占领知识产权空白的先机。

二、“知识产权全球化”是国家利益争夺的基本路径

“全球化”概念是美国经济学家提奥多尔·拉维特(Theodore Levitt)在 1983 年《市场的全球化》一文中率先提出的[2],其原意是指经济全球化,后来逐步扩展到其他方面。所谓全球化,可以理解为以经济全球化为核心,涉及政治、法律、科技、文化、社会生活等各个领域的全球化。全球化世界经济体系能够为国家开辟世界性的贸易市场,在 WTO 框架下,各国之间的贸易往来会更少地受到来自主权国家的各种关税壁垒的阻碍,国际投资和技术转让也变得更加的便捷和容易,只有加入这种新的经济圈,才能实现国家经济的良性发展,才能通过频繁的对外经济交流刺激本国的商品经济、带动本国的工业发展、丰富本国的产品市场,因此经济全球化无论对发达国家还是发展中国家来说都具有极大的挑战与诱惑。全球市场的开放,既是出路,也是趋

[1] 参见唐昊:《从知识产权到知识霸权——知识产权过度扩张所导致的国际体系危机》,载《广东社会科学》2006 年第 5 期。

[2] See Theodore Levitt, *The Globalization of Markets*, Harvard Business Review, May /June, 1983.

势。然而，进入全球化世界经济体系的过程，必然伴随受制于以美国为首的全球化世界经济体系中的核心国家，而这些国家在面临世界日益激烈的经济竞争时，也必然会采取一种有利于其本国的世界规则。

科学技术的飞速发展为这些处在后工业社会的资本主义强国开创出了一个新的保持称霸的砝码，即知识产权，它们利用知识产权为本国带来巨额财富，通过大力发展高科技，垄断产业核心技术，拉大其与发展中国家之间的数字鸿沟，以获取高额的知识附加值，实现法律霸权。例如美国正在利用其知识产权强国的优势，通过制造贸易壁垒来实现自己的政治经济利益，实现其建立新霸权地位的意图。美国要求各国加强对知识产权保护，以“知识产权是私权”为借口，拒绝向国际体系提供免费的知识产品。美国还利用知识产权增加其他国家的国际义务，运用自身的知识产权优势打压和遏制其他国家的发展来维护其霸权地位。20 世纪 50 年代，美国提供 2500 万美元开启了一场“法律发展”的运动，资助亚洲、美洲、非洲近 50 个国家进行法律改革，其实质目的就是实现美国的法律霸权主义。然而，这时的法律干预还是以间接的方式。而随着 20 世纪 90 年代全球化运动的展开，知识产权得以冲破国家边界的樊篱，“知识产权全球化”运动在发达国家和发展中国家的拉锯战中展开。

传统上，知识产权立法属于国内事务。如果没有外来干涉，各国必然以促进知识产品在本国更好地生产和传播为目标，独立地进行知识产权立法的价值判断和制度取舍。然而，随着全球化的加剧，各国政府对本国知识产权法律的制定和实施的控制力度已大为降低。事实上，在很多场合，国际立法已取代基于国内价值评估的法律制定，成为知识产权立法领域的主导模式。[1] 知识产权全球化的基本路径

〔1〕 See Peter K. Yu, *Five Disharmonizing Trends in the International Intellectual Property Regime*, *in Intellectual Property and Information Wealth*: *Issues and Practices in the Digital Age*, supra note 5, at 88 – 89. 转引自何隽：《全球化时代知识产权制度的走向：趋同、存异与变通》，载《比较法研究》2013 年第 6 期。

是:诞生于完成工业化运动的西方国家的知识产权通过国际条约推行其标准,在知识产权的疆域,全球化的脚步从未停止。最早的知识产权公约是 1883 年的《保护工业产权巴黎公约》(以下简称《巴黎公约》),其诞生于工业革命取得瞩目成就之时,见证了两次世界大战前近代欧洲作为世界文明中心的历史。而后利用 WIPO 全球化的组织力量将知识产权与国际经济和国际政治绑定,通过多边谈判、磋商和妥协去实现和满足不同国家在知识产权贸易中的利益需求。当今最具影响力的知识产权国际立法为 1994 年的 TRIPS,其订立于信息革命方兴未艾之际,巩固了冷战结束后美国单边主导的世界经济格局。科技进步带来了市场扩张,竞争优势促进了制度推广,各国知识产权立法史无前例地走向一致。[1] 增加了知识产权内容的 WTO,方便了发达国家利用高附加值产业从发展中国家的低附加值产业谋取高额利润,维持其低劳动时间、高工资收入的国民生态系统。

WIPO 是联合国所属的 15 个专门机构之一,专门管理知识产权,负责管理 20 多个知识产权国际条约。在 TRIPS 生效之前,除了国际劳工组织、联合国教科文组织也参与某些知识产权事务管理之外,WIPO 几乎包揽所有的知识产权国际管理事宜。在 1883 年,国际上缔结了《巴黎公约》,并形成了"巴黎联盟";1886 年,又缔结了《保护文学艺术作品伯尔尼公约》(以下简称《伯尔尼公约》),并形成"伯尔尼联盟"。《巴黎公约》和《伯尔尼公约》都仅规定了有限的实质性条款,允许成员根据其自身利益决定相关法律和政策。这两个公约都承认并保留成员在社会和文化上的差异空间。此后,管理这两个公约的联盟分别形成了两个"国际局"。1893 年,两个国际局合并,形成后来的"保护知识产权联合国际局"。1967 年,在斯德哥尔摩修订上述两个公约时,其成员国缔结了《建立世界知识产权组织公约》。1970 年该

---

〔1〕 参见何隽:《全球化时代知识产权制度的走向:趋同、存异与变通》,载《比较法研究》2013 年第 6 期。

公约生效时，原“保护知识产权联合国际局”的全部职能转移给了WIPO。1974年，WIPO成为联合国系统中的一个专门机构。当今世界上，除个别国家外，绝大多数国家已经建立了知识产权保护制度，并已加入WIPO。[1] 在一个世纪左右的时间里，世界各国主要靠WIPO管理的这些多边国际条约来协调各国之间差距很大的知识产权制度，减少国际交往中的知识产权纠纷。作为国际公约，它对于国内法并没有绝对的干预和控制作用。

TRIPS是在GATT化身为WTO[2]的过程中形成的，WTO把知识产权与货物买卖和服务贸易并列，并作为该组织的三大支柱。在发起乌拉圭回合谈判的埃斯特角宣言中，对于知识产权保护就特别强调了“拟定关于国际假冒产品的多边规则”。直到1990年乌拉圭回合中期评审时，发达国家在农产品和纺织品贸易上作出大幅让步，来换取并补偿发展中国家因被纳入知识产权体系而遭受的损失，并接受了发展中国家“不把知识产权措施变成合法的贸易障碍”的主张。[3] TRIPS既是发展中国家得以参加国际贸易的先决条件，也是发达国家维系其贸易优势的法律工具。[4] TRIPS的签署意味着知识产权被正式纳入WTO框架，这在事实上起到了强化知识产权国际保护的作用。此后，发达国家就可以利用贸易制裁措施来强制实施知识产权保护，强迫收取知识产权许可费。[5] TRIPS是第一个涵盖了绝大多数知识

---

〔1〕 参见郑成思：《20世纪知识产权法学研究回顾》，载《河南省政法管理干部学院学报》2000年第1期。

〔2〕 WTO于1994年4月15日在摩洛哥的马拉喀什市举行的关贸总协定乌拉圭回合部长会议决定成立更具全球性的世界贸易组织，以取代成立于1947年的关贸总协定。WTO是当代最重要的国际经济组织，有“经济联合国”之称。

〔3〕 参见赵维田：《世贸组织（WTO）的法律制度》，吉林人民出版社2000年版，第397页。转引自曹世华：《后TRIPS时代知识产权前沿问题研究》，中国科学技术大学出版社2006年版，第334页。

〔4〕 参见吴汉东：《知识产权本质的多维度解读》，载《中国法学》2006年第5期。

〔5〕 参见何隽：《全球化时代知识产权制度的走向：趋同、存异与变通》，载《比较法研究》2013年第6期。

产权类型的多边条约,既包括实体性规定,也包括程序性规定,国民待遇原则主要通过在特定事项上创造最低法律标准来控制域内法。[1]这些规定构成了 WTO 成员必须达到的最低标准,除了在个别问题上允许最不发达国家延缓施行之外,所有成员均不得有任何保留,全方位地提高了全世界知识产权保护的水准。TRIPS 作为 WTO 的基本法律文件,对知识产权国际保护作了新的制度安排,是迄今为止知识产权保护范围最广、保护标准最高的国际公约,堪称"知识产权保护的法典"。[2]

TRIPS 也是第一个对知识产权执法标准及执法程序做出规范的条约,对侵犯知识产权行为的民事责任、刑事责任以及保护知识产权的边境措施、临时措施等都作了明确的规定。最为重要的是,它引入了 WTO 争端解决机制,用于解决各成员国之间产生的知识产权纠纷。过去的知识产权条约对参加国在立法或执法上违反条约的行为并无相应的制裁条款,TRIPS 则将违反协议规定直接与单边及多边经济制裁挂钩。TRIPS 为国际知识产权法律制度添加了新的内容,由原来的 WIPO 管理国际条约的单一模式,转变为二者同时调整甚至取代 WIPO 的地位成为协调各国知识产权制度的最重要的标准。由于 TRIPS 直接与贸易相联系,因而与 WIPO 相比,其更容易得到各国的充分重视,而且在推动高标准、高水平的知识产权国际保护问题上,TRIPS 更有效、更直接、更有权威性。尽管 WTO 和 TRIPS 不可能完全取代 WIPO 的作用,但是其成为各成员方协调知识产权制度的依据和开展合作、解决纠纷的主要场所却是毋庸置疑的事实。可以说,国际

---

[1] See Raymond T. Nimmer & Patricia Ann Krauthaus, *Globalisation of Law in Intellectual Property and Related Commercial Contexts*, in Science, Law & Society: A Special Issue of Law in Context 80 (Christopher Arup ed., La Trobe University Press 1992). 转引自何隽:《全球化时代知识产权制度的走向:趋同、存异与变通》,载《比较法研究》2013 年第 6 期。

[2] 参见曹建明、贺小勇:《世界贸易组织》,法律出版社 1999 年版,第 312 页。

知识产权法律制度的重心已经从 WIPO 管理的众多国际条约转变为 TRIPS。

同时,TRIPS 调整了知识产权国际保护理论,改变了知识产权国际保护与国内保护这两种保护方式之间的关系。在原有的知识产权国际保护理论体系中,程序性条款是其必要的组成部分。TRIPS 则将详细的知识产权法律执行措施规定在这一部分,而这些内容在过去都是由各国的国内法来规定的。同时,对于成员方不履行 TRIPS 义务的行为,有关当事方有权通过磋商以及 WTO 争端解决机构寻求解决。对于违反 TRIPS 义务又拒不执行最终裁决或改进建议的成员方,有关当事方还可以要求获得对该成员方采取相应的报复措施的授权。此外,根据《建立世界贸易组织的马拉喀什协议》的要求,WTO 的成员方应当努力修改其国内法,以使其国内法的规定与 TRIPS 相符。这就增强了 TRIPS 所反映出来的上述变化,不仅使 TRIPS 在涉及知识产权问题的运作中实现了国际法优先于国内法,而且也使知识产权保护按照国内法实施的传统规则让位于按照国际法实施的新规则。[1] WTO 的"与贸易有关的知识产权协议理事会"负责管理 TRIPS,近年来其也在知识产权国际事务方面发挥着越来越重要的作用。当然,TRIPS 的合理性和适当性也在不断遭受质疑,因为在 WTO 协商中,拥有较大市场份额的国家对决策有重要影响,他们实质上可被称为决策制定者,而那些市场份额较小的国家只是决策接受者。[2] TRIPS 是一种明显向发达国家倾斜的国际知识产权体制,其结果是发展中国家的智力产品被搁在了公共领域,而发达国家的智力产品却被紧紧的掌握在私人

---

〔1〕 参见曹志平:《TRIPS 与知识产权国际保护新体系》,载《世界知识产权》1998 年第 6 期,第 48 页。转引自曹世华:《后 TRIPS 时代知识产权前沿问题研究》,中国科学技术大学出版社 2006 年版,第 332 页。

〔2〕 参见[英]戴维·赫尔德、安东尼·麦克格鲁:《治理全球化:权力、权威与全球治理》,曹荣湘等译,社会科学文献出版社 2004 年版,第 12 页。

公司手中。[1] 谈判主体的不平等地位直接影响决策结果的公正性。在 TRIPS 最终文本于 1994 年定稿时,印度尼西亚代表指出,遵守 TRIPS 是发展中国家对发达国家的最大让步,要求后者要着眼于提供相关技术支持,而不是进行法律骚扰(legal harassment)。[2] WTO 的关注对象是贸易,因此 TRIPS 更倾向于将知识产权当成一种商品。TRIPS 的很多条款使知识产权丧失了其应有的文化价值,没有将知识产权作为教育和未来科技发展的基石,或者作为社会福祉来看待。[3] 知识产权保护不过是全球市场上国内规制措施的一种延伸。在 TRIPS 之前已具备完善专利制度的富裕国家,总体上都将从中受益。一个尚未被证明的假设是,TRIPS 将损失强加给了那些被迫使用该制度的贫穷的发展中国家,它们被迫承担缴纳专利使用费的损失。尽管发展中国家将希望寄托于这些付出能带来额外的创新价值,但希望能否实现却具有巨大的不确定性。同时,还没有任何证据能够证明,实施 TRIPS 给富裕国家带来的收益超过了贫穷国家承受的损失。因此,也没有依据证实 TRIPS 已经或者将要增加世界福祉。[4] 知识产权制度作为法律全球化中首屈一指的领域,TRIPS 利用最低保护标准、国

---

〔1〕 See Anupam Chander, *Madhavi Sunder*, The Romance of the Public Domain, 92, Calif. L. Rev. p. 1348 – 1353.

〔2〕 The GATT Uruguay Round: A Negotiating History (1986 – 1994) Volume IV: The End Game(Part I) 574(Terence P. Stewart ed., Kluwer Law International 1999). 转引自何隽:《全球化时代知识产权制度的走向:趋同、存异与变通》,载《比较法研究》2013 年第 6 期。

〔3〕 Graeme B. Dinwoodie & Rochelle C. Drefuss, *Enhancing Global Innovation Policy: The Role of WIPO and Its Conventions in Interpreting the TRIPS Agreement*, in Research Handbook on the Protection of Intellectual Property under WTO Rules 110, 115(Carlos M. Correa ed., Edward Elgar Publishing 2010). 转引自何隽:《全球化时代知识产权制度的走向:趋同、存异与变通》,载《比较法研究》2013 年第 6 期。

〔4〕 Brian Hindley, *The TRIPS Agreement: The Damage to the WTO*, in The Intellectual Property Debate: Perspectives from Law, Economics and Political Economy 33, 40 – 41(Meir Perez Pugatch ed., Edward Elgar Publishing 2006). 转引自何隽:《全球化时代知识产权制度的走向:趋同、存异与变通》,载《比较法研究》2013 年第 6 期。

民待遇和最惠国待遇实现了对成员知识产权制度统一适用的模式。作为知识产权制度在全球范围内达到一体化的关键,TRIPS 被认为其给世界最大的知识产权输出国(美国)带来了巨大的收益,发展中国家在贸易强权的压制下被迫放弃反抗转而接受。[1] 直到今天,虽然已不能以任何直接方式使 TRIPS 消亡,但对其漏洞的弥补,对其模糊语言的替代性解释,以及或许最为重要的对全球知识产权继续扩张的有效反对仍在进行。[2]

除了利用 TRIPS 外,美国、欧盟、日本等国还利用 WIPO 推动各国知识产权制度进一步协调、统一,使其向发达国家的标准看齐。WIPO 于 1996 年缔结了两个互联网版权条约,以强化数字时代的版权保护;于 2000 年缔结了《专利法条约》,以统一各国授予专利权的形式和程序性条件;2006 年又进行《实体专利法条约》的制定,以统一各国授予专利权的实质性条件。进一步强化知识产权保护,压缩 TRIPS 留给各国的自由选择空间。发达国家还推动了"世界专利"的进程,逐渐吞噬各国独立授予专利权的自由,消解各国针对同样的发明可以自行决定是否授予专利权以及授予具体何种保护范围的专利权的决定权。"世界专利"是指由一个国际组织或某几个国家的专利局统一授予专利权,在世界各国均能生效,各国不再进行审批,这种"世界专利"制度显然对发展中国家不利。早在 20 世纪末,就有学者提出了建立全球性专利制度的新设想:以三大专利局(美国专利局、欧洲专利局、日本特许厅)为基础,建立专利网络即 WEB 网站,建立协作检索审查制度,其他专利局充分承认它们的审批结果,从而使专利制度的用户费用降低、专利授权质量改进、专利信息的传播进一步改善、专利审批的周期

---

〔1〕 参见[澳]彼得·达沃豪斯:《信息封建主义》,刘雪涛译,知识产权出版社 2005 年版,第10~12 页。

〔2〕 参见[美]苏姗·K. 塞尔:《私权、公法——知识产权的全球化》,董刚、周超译,中国人民大学出版社 2008 年版,第 118 页。

缩短。[1] 日本特许厅在其“2005 年专利政策”之“知识产权全球化政策”中亦明确了通向“世界专利”的三个步骤:签订专利条约,实现实质性和程序性要求的协调;促进与发展中国家的合作,帮助发展中国家切实保护知识产权;促进专利申请的全球化。这些方案在近几年都已经有了实质性推进。[2] “世界专利”的推行,直接打开了各国知识产权法律的阀门。

进入 21 世纪之后,ACTA[3]与 TPP[4]的谈判日趋频繁、激烈。ACTA 的制定完全将发展中国家排除在外,由发达国家主导,建立打击大规模知识产权侵权行为的新国际标准。2011 年 10 月 1 日,美国、欧盟、日本、澳大利亚、加拿大、韩国、新西兰、新加坡、瑞士、墨西哥、摩洛哥等代表在日本东京签订 ACTA,2013 年 5 月 1 日前任何国家均可签字加入。ACTA 将假冒和盗版作为打击重点,打击的对象既包括直接侵权者也包括间接侵权者,打击的行为既包括直接追求经济利益的

---

〔1〕 参见[美]沃伦·鲍威:《世界经济自由化及一体化与知识产权国际化的关系》,载《面向 21 世纪知识产权保护制度国际研讨会文集》,1998 年 10 月于北京。

〔2〕 参见刘华:《知识产权制度的理性与绩效分析》,中国社会科学出版社 2004 年版,第 90 页。

〔3〕 反仿冒贸易协议(Anti – Counterfeiting Trade Agreement,ACTA),2010 年 10 月 3 日,包括欧盟成员国和美国在内的近 40 个国家代表经过 2 日谈判,未能就一项旨在保护知识产权的国际协议达成全面一致,但与会者就主要原则达成初步协议。这项名为《反假冒贸易协议》的国际协议旨在减少版权和商标盗用行为,以保护知识产权。

〔4〕 跨太平洋伙伴关系协定(Trans – Pacific Partnership Agreement,TPP),也被称作“经济北约”,是目前重要的国际多边经济谈判组织,前身是跨太平洋战略经济伙伴关系协定(Trans – Pacific Strategic Economic Partnership Agreement,P4),是由亚太经济合作会议成员国中的新西兰、新加坡、智利和文莱四国发起,从 2002 年开始酝酿的一组多边关系的自由贸易协定,原名亚太自由贸易区,旨在促进亚太地区的贸易自由化。2016 年 2 月 4 日,美国、日本、澳大利亚、文莱、加拿大、智利、马来西亚、墨西哥、新西兰、秘鲁、新加坡和越南 12 个国家在奥克兰正式签署了《跨太平洋伙伴关系协定》(TPP)协议。2017 年 1 月,美国总统特朗普宣布退出《跨太平洋伙伴关系协定》后,2017 年 11 月 TPP 更新名称为“全面且先进的 TPP”(Comprehensive Progressive Trans – Pacific Partnership,CPTPP),2021 年 2 月英国申请加入 TPP,2021 年 9 月中国申请加入。

侵权行为，也包括不以经济利益为直接或间接目的的侵权行为，执法标准和执法措施大大提高，将国际知识产权的中心由实体权利向执法实践转移。与 ACTA 不同，TPP 的制定者既包括发达国家也包括发展中国家。TPP 中设有专门规定知识产权的章节，谈判内容详尽具体，代表了当今世界知识产权保护发展的最新方向，昭示知识产权国际保护将得到加强。TPP 知识产权内容谈判是美国将知识产权保护与贸易政策相结合并试图进行国际推广的最新例证和尝试。该文本中的知识产权内容范围和类别比较广泛，基本上涵盖了知识产权国际保护可能出现的所有问题，为建立区域性乃至全球性知识产权积极保护标准提供了文本和范例。由此看出，以美国为主的发达国家已不再满足于 WTO 所提供的保护。在知识产权领域，除了追求超 TRIPS 待遇外，发达国家试图通过建立新的多边贸易协定进一步在全球范围内提高知识产权保护标准，控制各国相关领域的立法，进而在全球市场上实现其双重收益，即一方面通过自由贸易降低劳动力密集型产品的价格，另一方面通过加强知识产权保护提高知识密集型产品的价格。[1]

全球知识霸权实际上是发达国家凭借其经济、科技实力上的优势，将符合自身利益的知识产权制度纳入知识产权国际条约，并强加给全世界，还处处压制其他国家知识产权的发展。所谓敦促发展中国家知识产权发展不过是敦促发展中国家以更完备的知识产权保护制度去保护发达国家的知识产权，暗地里还处处压制发展中国家开发、申请自有的知识产权，通过向发展中国家进行技术转让从而获得高附加值。知识产权已经超越其保护和促进知识的初衷，演变成了一种经济竞争的手段。知识霸权是美国等西方国家软权力的基础，是其建立世界经济新秩序的重要手段，美国哈佛大学教授、前助理国务卿Joseph

---

〔1〕 参见何隽：《全球化时代知识产权制度的走向：趋同、存异与变通》，载《比较法研究》2013 年第 6 期。

S. Nye 认为,“软权力和硬权力一样重要,如果一个国家可以使它的权力在别的国家眼里看来是正当的,其在实现预期愿望时阻力便会减少;如其文化与意识形态是有吸引力的,其他国家就会更愿意追随;如其可以建立与其他社会相一致的国际惯例,则此种国际惯例就不太可能被改变;如其可以建立一系列使其他国家希望开辟或限制它们的行为的组织,并且这种方式也是占主导地位国家所希望的,硬权力运作的巨大成本就会被节省”。[1] 由此可知,发达国家正是通过知识产权法律控制发展中国家的各种资源与其发展进程,这并非是发展中国家为了抗拒一体适用的知识产权保护标准而对发达国家的凭空诬陷。[2]

全球化正在催生另一种形态的帝国体制:互联网是“信息帝国主义”,WTO 是“市场帝国主义”,国际货币基金组织(International Monetary Fund,IMF)是“金融帝国主义”,而联合国是“政治外交的帝国主义”。贝克对此作出了自己的判断:全世界面临社会认同解体、价值利益冲突、主体组织对立、国家立场对峙、生态环境被破坏等不确定因素,这些危机与发展遍布全球,形成对人类生存的新威胁。[3] 任何国际组织与国际论坛都是利益交换的场所,全球化所带来的机遇取决于我们如何参与全球化进程。发展中国家希望通过知识产权保护融入国际社会的经济法律秩序,并充分享受由世界文明和科技发展所带来的收益,反对过度保护和“合法”垄断所带来的技术壁垒和“数字鸿沟”,主张知识产权法应当从维护人权的立场出发更好地促进人类社会的发展,更为合理地分配知识产权资源;发达国家基于对其现有优

---

〔1〕 See Joseph S. Nye, *Soft Power*, Foreign Policy, Fall 167(1990). 转引自王冠玺、李筱苹:《我国知识产权法律与国家发展政策的整合》,载《法学研究》2005 年第 6 期。

〔2〕 参见王冠玺、李筱苹:《我国知识产权法律与国家发展政策的整合》,载《法学研究》2005 年第 6 期。

〔3〕 参见薛晓源、刘国良:《全球风险世界:现在与未来——德国著名社会学家、风险社会理论创始人乌尔里希·贝克教授访谈录》,载《马克思主义与现实》2005 年第 1 期。

势地位的维护，更多时候是利用现有的知识产权规则体系，将其技术、文化优势通过知识产权演绎为国际市场的竞争优势，因此其多从私权神圣的角度强调知识产权创造理论和财产理论的正当性和优先性。可以说，发展中国家对知识产权人权意义的关注与发达国家对知识产权私权属性的倚重形成了相对鲜明的价值取向差异。[1]

在发达国家与发展中国家之间形成的非对称性“总交易”贸易模式中，由知识产权所构筑的高标准法律城墙也可能会绞杀发展中国家的产业升级，并利用知识产权垄断形成一种“合法”的殖民剥削形态。知识产权的财产权神圣之维，正与表达自由、隐私权、健康与药物获得权这些人权标准形成冲突之势。[2] 知识产权在发达国家与发展中国家发展的严重不均衡性，决定了发达国家必然会利用其在经济、科技方面的优势，力求在制定知识产权制度的国际协调和保护规则方面占据主导地位，以有效维护其国家利益。国际知识产权法律制度体系在规则正义上就表现出与合理性渐行渐远，发生“异化”，其注重的是对知识产权的垄断而不是传播，其根本目的已经不再是鼓励创新，而是维护发达国家尤其是其跨国公司对知识的垄断权利。表面上使用民主、平等的谈判和协商，暗地里却通过以经济霸权相威胁的手段将发达国家的标准强加给发展中国家，造成二者实质上的不平等。发达国家以牺牲发展中国家的发展和参与全球竞争的能力为代价最大化地谋求自身的暴利。只要发达国家在制定知识产权国际协调和保护规则上的“话语权”优势不被根本性动摇、发展中国家的利益没有可靠保障的局面得不到改善，那么国际知识产权法律制度的发展前景将不会是令人鼓舞的。

---

〔1〕 参见吴汉东：《知识产权法价值的中国语境解读》，载《中国法学》2013 年第 4 期。

〔2〕 参见余盛峰：《知识产权全球化：现代转向与法理反思》，载《政法论坛》2014 年第 6 期。

第六节 知识产权法理的综合梳理及总结

一、知识产权逻辑转型的基本路径

保护私人财产的哲学理论基础已经不加区别地、牢固地根植于人类社会的各种文化中,私人财产被视为改造自然的劳动成果、进行发现的动力、人格的重要组成部分以及有序经济制度的基础。[1] 而搭上财产权“便车”的知识产权从诞生之日起,便在不断地修补其基础理论逻辑上的缺陷。古典知识产权是在财产权理论基础之上推演出来的,而现代知识产权在法律制度工具下有独立的自动发展轨迹,当代知识产权在后 TRIPS 时代裹挟着互联网和数字化的冲击打破了原有的垄断方式而正在催生新的知识产权方式。

在知识产权发展的数百年历史中,知识产权得以从封建特许权中蜕变成为私权,得益于西方近代自由主义的兴起。近代知识产权立法使这种权利从公法领域进入私法领域,由特许专有权转变为法律规定的可转让的知识财产权,这是自罗马法实施以来财产领域的一场非物质化革命。[2] 《安娜法令》摒弃了封建特许出版与封建图书审查制度,深刻地体现了促进作品传播、保障思想自由的法律价值。[3] 自然权利的理论为知识产权的诞生托起了“正义”的光环,“作者从其天才及劳动中收获金钱利润是公正的”[4]。虽然不具有排他性,但知识产权承接了有形财产权的专有权;当自然权利理论遭遇知识产权爆发式

---

〔1〕 参见[美]罗伯特·P. 墨杰斯等:《新技术时代的知识产权法》,齐筠等译,中国政法大学出版社 2003 年版,第 1 ~2 页。

〔2〕 参见吴汉东:《财产的非物质化革命与革命的非物质财产法》,载《中国社会科学》2003 年第 4 期。

〔3〕 参见吴汉东:《著作权合理使用制度研究》,中国政法大学出版社 2005 年版,第 84 ~86 页。

〔4〕 1769 年英国的“米勒诉泰勒”案中曼斯费尔德(Mansfield)法官的主张。

增长的瓶颈时，功利主义理论应运而生。功利主义不再关注所有作者的知识创造劳动，而是基于刺激创新的需要，只给予那些有特殊贡献的“知识”专有权，这便可以理解为什么 1836 年美国专利法的修改把注册制改回到审查制，作为自然权利的专利权已不复存在，那些未通过审查的“天才思想”被抛诸脑后。基于出版技术及出版商经营权限制的特点，著作权并没有遭遇专利权那样的“瓶颈”，其“一旦发表，即获权利”的自然权利理论并没有被根本性撼动，因为作者利益其实并不是版权真正关心的对象，出版商利益才是版权的真正目的所在。已经经过出版渠道的筛选，已发表而未出版的作品在版权中的意义是微乎其微的。但随着数字时代的到来，版权遭遇的冲击是暴风骤雨式的，发表方式的多元化、复制方式的便捷化使得版权保护日益艰难，版权效力不断加强，最终会引发版权颠覆性的变革。在知识产权国际化及全球化的过程中，每一次知识产权的扩张性侵蚀，自然权利理论都充当了开路先锋的角色。然而，“财产法发展史上从不曾出现过保护对象没有确定的边界、全赖定义进行指称的财产”，作为一种边界不确定的权利，知识产权实际上暗藏了私权领域无限扩张的可能性，对其的法律保护与对有形财产的法律保护不同。[1] 这种无限扩张是极其扭曲的。

自然权利理论和功利主义理论在推动知识产权发展的过程中看似此消彼长、实则相互杂糅，共同为资本扩张所需求的那种知识产权服务。自然权利理论主要依据的是洛克的劳动理论、黑格尔的人格理论和卢梭的社会契约理论，洛克的劳动理论为主流理论；功利主义理论主要依据的是边沁的利益刺激和幸福最大化理论。自然权利理论认为，当知识产权不能提供保护时，由反不正当竞争法提供兜底保护，因此商标法、专利法和著作权法“好比浮在海面上的三座冰山，反不正

---

〔1〕 参见朱雪忠、杨静：《中国知识产权话语策略研究：基于话语与秩序相互建构的视角》，载《中国软科学》2017 年第 5 期。

当竞争法则是拖着冰山的海水”,即所谓的“冰山论”;功利主义认为,知识产权不予保护的即属于公有领域,人人有模仿的自由,知识产权“仅仅是公有领域中受到保护的几块飞地”,即所谓的“飞地论”。[1]自然权利将知识产权当作“私权”来对待,而功利主义则侧重于将知识产权当作一种公共政策来运作。17 世纪至 19 世纪中期为自然权利理论占主流的古典知识产权时期;19 世纪中期后的一个多世纪,是功利主义占主流的现代知识产权时期,欧洲的反专利运动几乎使专利制度夭折,法国式的知识产权自然权利论日渐式微,在美国的功利主义知识产权理论进逼下才使《巴黎公约》成功签署,推动了欧洲工业产权制度的发展;20 世纪 70 年代新自然权利重新占据主流,为知识产权的急速扩张铺平了道路。在现代资本主义条件下,知识与信息的价值不再依据创造性主体的智力贡献进行衡量,而是根据社会系统的功能化运作结果以及不同系统间结构耦合的具体状况而定。知识经历了从“智识”到“信息”再到“沟通”的蜕变,彻底摆脱了私人/行会式的控制,实现了运作上的闭合,进入了法律系统自主连续运作的轨道。[2]

可见,在不同历史时期、不同领域,自然权利与功利主义都曾扮演知识产权生存与扩张的辩护士,只是在逻辑进路上存在明显差异。[3]知识产权最初是借助自然权利理论获得保护的,但由于自然权利理论会造成权利确认的困难,其便又转而寻求功利主义理论的庇护,当功利主义限定了知识产权的范围时,扩张的需求又促使自然权利理论复苏。在知识产权扩张上,自然权利理论认为任何付出了劳动而获得的产业利益,都应当给予权利保护;功利主义则认为,只有到了不扩张知

---

〔1〕 参见和育东:《从权利到功利:知识产权扩张的逻辑转换》,载《知识产权》2014 年第 5 期。

〔2〕 参见余盛峰:《知识产权全球化:现代转向与法理反思》,载《政法论坛》2014 年第 6 期。

〔3〕 参见和育东:《从权利到功利:知识产权扩张的逻辑转换》,载《知识产权》2014 年第 5 期。

识产权的客体范围及效力就无法更好地激励智力成果的产出时,才应给予相应的扩张。[1] 然而,在知识产权全球化的过程中,其已经不再依赖理论基础的路径,而是通过少数发达国家公开甚至秘密签订的国际条约制定知识产权国际规则,并用全球贸易市场作诱饵,引诱甚至逼迫发达国家遵循高标准的知识产权国际规则。随着信息技术的发展,知识产权逐渐演变成信息产权,信息资本主义的到来催生了知识产权的变异。古典知识产权的"大师杰作"(masterwork)变成了当代知识产权的"索引符号"(indexicality)。[2]

如果说有形财产制度确定了对自然资源的圈占和瓜分,那么无形财产制度确定了对人文资源的圈占和瓜分。前一种圈占和瓜分的历史则以战争的方式扩展,而后一种圈占和瓜分的历史则是以法律规则主导权的掌控和延伸的方式扩展。知识产权作为财产权是合理的,但获得了一个知识产权,便限制别人再自行拥有同种知识产权却是不合理的。但基于知识产权的易复制性,很难断定别人的知识产权是否为基于剽窃所得的,因此,制度上授予先在的知识产权以垄断,并以地域性和时间性加以限定,只是这种限定由于全球化时代的到来,被无形化解,使垄断性被无限放大,打破了知识产权原有的平衡。这种失衡的状态,要么需要另外的制度来进行弥补,要么只能面对无休止的"盗版"无可奈何。一台电脑只能卖一次且会不断折旧损耗,而一个 windows 系统却可以卖亿万次却未有丝毫消耗,这就是有形财产和知识财产在投资回报上的巨大差异。有形财产的排他性赋予其专有性,无形财产的非排他性决定其只能享有有限的专有性,这种专有性不再是自然权利而是功利刺激,超越"有限"的专有性,既不公平也无法实现,这种"有限",仅能够实现足够的刺激,即在弥补知识产权人的创作成本基础上的"有限"利润,所以,归根结底,对知识产权的回报率的"合

[1] 参见和育东:《从权利到功利:知识产权扩张的逻辑转换》,载《知识产权》2014 年第 5 期。

[2] 余盛峰:《知识产权全球化:现代转向与法理反思》,载《政法论坛》2014 年第 6 期。

理控制”是解决这一问题的关键所在。由于法律授权的“垄断”,在知识产权商品化的过程中产生的知识产品无法通过有效竞争受市场供求关系的影响,知识产权的定价需要有杠杆控制。从法律的本意来说,知识产权变成牟取暴利的工具,远超法律的想象。

知识产权经历过几次转型,由封建垄断,转到个人私权,再转到企业垄断和国家垄断。但知识产权的理论基础却杂糅了财产权的私权正当性去为超级经济帝国高额利润的牟取铺平道路。理想的知识产权的定位应当是分享和共赢而不是垄断和遏制,但分享绝对不是剽窃和盗版。传统知识产权已经走向了死胡同,正如冯象先生所说,“知识产权已经终结”[1]。

二、知识产权理论基础的内在矛盾[2]

虽然知识产权历经自然权利、功利主义、新自然权利等多次逻辑转型,似乎获得表面上的逻辑自洽,巧妙地遮蔽了发达国家在知识产权扩张中的野心和诡计,但这种杂糅的理论基础仍然充满诸多矛盾。

(一)知识产品本身的非排他性与知识产权垄断的排他性之间的矛盾

知识产品本身的非排他性存在两重含义:其一,同一知识产品可以由很多人同时或不同时创造,创造人之间并不需互通;其二,同一知识产品可以由很多人同时使用,使用人相互之间并不受影响。但是知识产权垄断的排他性阻滞了知识产品本身的非排他性。首先,它授权知识产权权利人唯一的占有、使用、许可其知识产品的权利,如果他人要与其分享这些知识产品必须得到其许可并向其支付费用。其次,它授予知识产权权利人禁止他人再创造和使用与其相同或相似的知识

---

[1] 冯象、李一达:《知识产权的终结——“中国模式”之外的挑战》,载《文化纵横》2012 年第 3 期。

[2] 参见邹彩霞:《知识产权的十大矛盾》,载《湖南社会科学》2016 年第 5 期。

产品的权利，保有其垄断地位。然而，人类的思维活动同自然与社会一样具有一定的规律性和连续性，依赖于思维所存在的社会环境，反思人类文明的进程，同域同时代、同域异时代、异域同时代及异域异时代的人类思维均会呈现不同程度的耦合。同样，在知识创造方面，同时代人类思维所创造的知识产品必然带有许多同质性，不同时代人类思维所创造的知识产品必然带有许多同迹性。这种矛盾还因为保护期的尴尬而加剧，保护期从表面上看是对知识产权的限制，但实际上在日新月异的技术变革中知识产品本身的生命力往往在保护期之前就已消解殆尽。因此，知识产权在获得各种保护的同时，必须清醒地认识到这一点，合理地为人类的"不谋而合"提供适度的生存空间。

（二）知识产权的公共利益目的与私权保护路径的冲突

保护私人财产的哲学理论基础已经牢固地根植于我们的文化中，私人财产被视为改造自然的劳动成果、进行发现的动力、人格的重要组成部分以及有序经济制度的基础。知识产权却始终徘徊在私权和公共领域之间，因为知识产权实现了作为全人类积累的共同财富的知识的再创造和再分配。知识产权制度是架设在知识与财产或者智慧与财富之间的一座桥梁，根据法律规定将知识转化为财产或将智慧转化为财富。

知识产权包含两种使命，一是尊重知识创作者的劳动和人格；二是提供一种激励效应以促进物质文化和精神文化的繁荣，以达到人类共同"善"的福祉，在这其中，知识产权具有政策性法律和公理性法律双重角色。因而，知识产权制度建立的初衷是通过对个人利益的刺激来实现公共利益，如美国宪法中的知识产权条款"通过确保作者和发明者对其创作和发明的有限期的保护来促进科学和有用艺术的进步"。然而知识产权中的基本矛盾却是知识产权的专有性与社会公众对知识产品的合理需求的公共利益之间的矛盾。以知识产权确立为界点，其后的所有人都要对涉及他人知识产权的相同或类似的知识产品负担义务，这实际上把知识这种公共产品人为性地垄断。需要指出的是，知识产权是少数人的权利，因为能创造和拥有知识产权的人较少，而在知识产权资本化之后，只有拥有资本的人才有能力去创造“社会认可”的知识产权，也只有拥有资本的人才有权力控制和引导哪些知识产权是“社会认可”的知识产权，因为实际上，它们在控制着消费群体的消费取向。

知识产权自身无法克服这种矛盾。传统的自由竞争哲学强调个人利益的自由增量会推向公共利益，而欠缺独立的公共利益维度。显然，知识产权制度创设之初所依存的自由经济秩序发生了变化，而知识产权制度本身却漠视这种变化，试图保持原来的姿态。同时，知识产权要建立在私人利益与公共利益相互制衡的基础上，如果在知识产权法内部设立“权利滥用禁止请求权”来解决矛盾，这实质上是把反垄断法和反不正当竞争法的原则引入知识产权法内部，仍不能从根本上解决知识生产整体效率与个人效率相矛盾带来的问题。如果采用扩大“合理使用范围”的方式来解决这个问题，实际上其在与知识产权的博弈中步履维艰。因此，法律体系发展的路径恰是在知识产权之外不断增加垄断法、反不正当竞争法、信息公开法、消费者保护法和一系列政策等“外科手术”来诊治知识产权自身无法克服的这种矛盾。

（三）知识产权权利个人享受与知识产权责任社会承担之间的矛盾

任何权利都是伴随一定的义务而存在的。在创设知识产权机制的时候，我们同样没有忘记给权利人苛以一定的责任。促使知识产品的广泛传播就是其中之一。知识产权诞生之初的“促进知识传播”的初衷逐渐被欠缺“是否可以传播、怎样传播”等强制性操作细节的弹性条款所泯灭，知识产权人在此种状况下转向限制知识的传播，以此垄断知识产品市场，获得高额垄断利润。

具有非排他性的知识产品具有公共产品的特性。通常公共产品都是由政府通过国家行为来提供,并承担相应的公共责任,而在知识产品领域,这种公共产品由私人部门生产,并享有相关垄断利益,但对其应承担的公共责任却没有进行具体规定,个人创新高效率常常导致社会创新低效率。这体现出了知识产权个人享有与知识产权责任社会承担之间的矛盾。

新古典经济学派将知识产品完全当作商品来对待。作为隶属于市场并服从市场分配的知识产品,知识产权就变成对现有的知识产品进行直接投资的工具而远非是引导创新和传播的重要手段。这就导致本来是建立在激励主义基础上被视为是有限制授权的知识产权,却成为一个服从于分配效率的享有广泛性财产权利的体制。在知识产权私权利益的驱动下,一大批知识产权人完全背叛了维护公共利益的责任和价值精神。尤其是在药品专利与人类生命健康发生冲突的领域,这种知识产权所体现出的正当性瑕疵备受指责。权利人这种只顾享有权利而逃避公共责任的做法必须受到合理的限制和调整。

(四)知识产权权利的享有的表象与资本控制和垄断知识资源的本质的矛盾

知识的创造者与知识的利用者常常处于一种分离的状态。知识的创造者往往并不是真正利用其知识进行获益的主体,真正的获益主体是不能忽视的知识利用者即拥有运作资本的商家。资本可以轻易地控制知识,形成垄断,因为资本就是知识创造激励的幕后提供者,资本运用极低的成本换取知识专有权以获得更大的利润。以利润为唯一考量的知识利用者只会关注经济利益,而不像知识的创造者那样也关注非经济利益,知识产权制度的制定应当保留知识的灵魂与美,避免知识产权最高贵的部分被不断削弱。知识的创造者与知识的利用者的分离可能会产生知识本来意图、性质和功能扭曲的隐患,这种扭曲对人类的共同福祉并无益处。知识创造者并不必然地享有知识产权全部收益,而仅能享有一小部分知识产权收益,在知识产品转化为知识商品、知识产权转化为物权的过程中,其转化在此的增值功能被过度放大了,这一转化在某种程度上被掩盖了,用知识的高价值性掩盖了低成本转化的商品的低价值性,从而为商家从中牟利找到了合适的借口,知识产权是从知识到利润,从创作者到商家的最恰当的媒介。

在知识的创造者背后还隐藏着一个特殊的角色,那就是资本对知识资源的实际控制和垄断。因此,知识产权表面上由知识产权权利人所享有,并保护知识创造者从中获得利益,但本质上是资本控制和垄断着知识资源,资本控制着知识产品的产生领域、市场定价、更新速度、发展的未来走向等。这产生知识产权权利的享有的表象与资本控制和垄断知识资源的本质之间的矛盾。资本通过对知识控制,控制着世界。资本隐藏性地以知识为崇高的掩护进行扩张技巧,资本以控制和垄断物质资源转变为控制和垄断知识资源高速积聚财富。而这其中存在的最大危害就是,资本关心的是利润,知识创造者关心的是科学或人类精神,二者的结合或本末倒置可能会造成知识价值的背离及最终迷失。世界范围内对应用技术的推崇和对基础科学的忽视恰恰是这种背离及迷失的突出表现,科学逐渐缺乏"神圣"的光环。

(五)知识产权中的国家公权力与个人私权利并行的本质

知识产权作为一种私权出现,但在知识经济时代的国家经济利益的角逐中,知识产权在国际间关系的角色不再是单纯私权,逐渐增加了公权化的色彩,而知识产权战略也演变成国家经济战略,知识产权纠纷也逐渐演变成以保护私权为名的国家利益之争,发达国家也力借知识产权实现其经济霸权和政治霸权。国家本不应过多干涉的私权一旦拥有了国家权力这个强大后盾,便打破了私权的原有的自由理念和保护方式,对整个私法体系的公平正义造成巨大的冲击。因此,在制度设计时,蕴含于私权之上的自由便应当由于国家公权力的介入而适当地克减。

（六）知识的主观性与相对客观性的矛盾以及无限性与相对有限性的矛盾

知识产权的对象，即知识，属于无体物，是由不依赖于物质载体的词句所传达出来的"虚在"（subsistence），但其被物质化为词句并渗入人的头脑中，经由文化的力量，形成一种可以改变客观世界的因素。作为人类思维的产物，知识具有明显的主观性。然而，知识同样常常只是对客观世界的一种表达甚至是描述性表达，客观世界的客观性以及人的智力和生活背景的相似性，导致主观的知识实际上是相对客观的，其本身就存在相似可能性和相对单一性，因此知识并不是绝对无限的，在某一个时间段是相对有限的。

知识产权保护的一个前提是知识是主观的、多元的、无限的、特殊的，而从上我们发现知识的多元性与知识的相对一元性并存，知识的主观性与知识的相对客观性并存，知识的无限性与相对有限性并存，知识的特殊性与知识的相对普遍性并存。

基于这个矛盾，我们要清醒地认识知识产权，不能无限地放大知识产权所谓的新颖性和创造性，从而过度赋予其垄断性。

（七）知识产权对知识发展兼具激励性和抑制性的冲突

激励性和抑制性的冲突一方面体现在对商业领域知识创造的激励抑制了非商业领域的知识创造。"知识产权法完全市场化的制度导向致使着眼于短期利益的创新行为（渐进性创新）几乎取代根本性创新成为我国创新主体的主要追求；与知识产权相关的法律制度、经济制度和管理制度的完善缺乏协调一致的系统配置；政府干预和企业的知识产权战略实践中不能有效吸取先进的理论、方法和技巧，这一切都构成了对知识产权制度运行绩效的消极影响。”[1]知识产权的发展引导知识创造以追逐利益为唯一目标，以实用主义为主导的知识产权破坏了知识系统的均衡发展，使人类认识世界和改造世界的路径变得狭窄和扭曲，无法利用思想表达和人性发展本身来开发人类的智慧。我们发现，当今的社会，人们更多地将精力投入能够马上带来经济利益的时髦知识领域，漠视或抛弃那些需要更多积淀和等待的更加宝贵的基础知识领域，让知识逐渐丧失根基，使知识处于扎堆竞争式而非传承式的泡沫发展状态。

激励性和抑制性冲突的另一方面体现在以垄断性利益激励知识被创造的同时也抑制了其他人创造知识。知识产权通过刺激来促使更多知识产品被创造和利用，但又因垄断导致不能有足够多的人可以通过接触、学习、汲取旧知识而不断创造出新知识，同时旧知识为了保证其“新”也会抑制新知识被创造，至少抑制他人新知识的创造。这引发知识产权效益的整体性问题，即“法律把个别主体行为的评价视角从行为主体延展到整个社会。换言之，即将个别主体行为置于整个社会利益中加以认识而得到的肯定的评价。在传统的私有权神圣的法律理念的支配下，法律对个别主体的财产权及其派生的行为保护过于宽泛，以至于较少考虑个别主体的外部性，亦不理会个别主体损害资源的财产权滥用行为。然而，在社会整体利益至上的情况下，这些个别主体行为则被法律给予否定评价，受到限制或被纠正”[2]。

可见，知识产权一方面对知识发展进行刺激，另一方面又不自主地陷入抑制知识产权的困境，这种刺激和抑制的冲突影响了知识产权效益的整体性。“知识产权法需要妥善解决‘没有合法的垄断就不会有太多的信息被生产，但有了合法的垄断又不会使太多的信息被使

---

〔1〕 刘华：《知识产权制度的理性与绩效分析》，中国社会科学出版社 2004 年版，内容摘要第 1 页。

〔2〕 欧阳明程：《整体效益：市场经济条件下经济法的主导价值取向》，载《法商研究（中南政法学院学报）》1997 年第 1 期。

用'这样一个信息产权理论中的著名悖论。"[1]因此,在设计知识产权制度时不能将知识产权作为知识增长的唯一手段,应恰当处理知识产权的个人私权和社会公共文化发展媒介的双重属性。

(八)知识商品的市场性与交易价格的非市场性的危害

知识产品本身是可共享的,只是出于保护知识产权人投资的需要,我们才人为地制造了与知识产品接近的稀缺,通过赋予权利人对知识产品接近的垄断权使权利人得以向使用者收取比边际成本高很多的费用。但是,这种费用的收取不是没有界限的,它在满足权利人收回投资成本并获得合理回报的同时,还应满足在促进知识产权最大化传播的前提下对其给出一个合理的定价。否则,若知识产品费用太高而使公众无力购买,则知识产权设立的终极目的,即最大化公众对知识产品消费需求的愿望就无法实现,知识产权的整体目标也将落空。因此,对知识产品进行合理定价就构成了权利人与社会公众之间利益平衡的一个重要内容。

在自由竞争市场上,商品由于供求关系的影响,其价格具有明显的市场性。而知识产权及其知识商品却因其专有性而产生垄断价格,造成定价的随意性。知识本身与物态商品不同,其价值衡量更加复杂。同时,知识商品化后所造成的垄断导致作为公共产品的知识仍然处于高需求状态,而厂商将知识的高附加值直接转化为知识商品的高附加值,知识商品处于垄断状态下的无限复制性结合其高需求性,从而产生了高额利润。因此,在知识产权框架内,一方面应当扩大合理使用范围,另一方面应当合理规范知识商品的价格定位。

(九)知识产权的地域性特征与全球性扩张的冲突

知识产权在创设之初曾用地域性来限制垄断特权,这既实现了对

[1] 冯晓青:《知识产权法利益平衡理论》,中国政法大学出版社2006年版,前言第2页。

知识产权人利益的有效保护从而激励发明创造，同时也保障其他地域或国家能够在低成本下利用先进科技成果从而实现世界经济全面快速的发展。随着知识经济时代的到来，资产阶级越来越意识到知识产权垄断的好处，而随着世界文化和科技交流不断加强，知识产权专有权范围的迅速扩大，知识产权也跃升为影响一国经济利益的重要参数，在国家权力的影响下日益突破原有地域性的限制，成为全球性的知识产权，扩大了对知识产权人的保护范围，但也压缩了知识产权相对人的创造空间。知识产权的垄断性被保留了下来，地域性却遭到了突破，对权利平衡而言，地域性突破的同时应当削弱垄断性，二者的协调和均衡应当保持相应的水平。

（十）知识的民族性使命与知识产权的世界性扩张的冲突

在知识产权的推动下，知识逐渐转化为经济因素浓重的知识商品，严重削弱了知识塑造、积淀和传承民族性的独特文化的功能。这种民族性与世界性的冲突，不仅反映了知识产权法律层面的表面问题，也透视出全球性结构中大国角逐的政治层面的深层问题。

如果我们还不能正确地认识这一点，而是一味地追捧“知识产权兴国”，那么我们可能会在经济领域有暂时的增长，但在精神层面却会永久地空虚。

作为一个人造物，知识产权其实是一个充满矛盾的结合体，有些矛盾是自始即有的，有些矛盾是日渐积生的，各种矛盾间还相互杂糅、共生互动。在制度创制和实施之初它可能能够与当时的时代背景相适应，从而对社会起到比较大的作用，然而在当前全球化和信息化时代，这些矛盾冲突似乎变得不可调和，知识产权存在异化的危险，它在促使知识创造不断繁荣的同时，可能也会突破制度本身的初衷，变成难以被制度制定者控制的具有侵害性的东西。演变和异化的知识产权如果不及时地被纠正和调整，就会日渐成为一个扭曲的权利，这导致原本正义的知识产权不断面临非正义的危险，这种对知识产权相对人或知识产权弱国的非正义一旦过度，知识产权制度本身的合理性便会遭到质疑。

三、知识产权私权本质的理性回归

自然权利理论和功利主义理论作为知识产权的基础理论都存在缺陷，自然权利理论认为任何付出了劳动而获得的产业利益，都应当给予权利保护；功利主义则认为，只有到了不扩张知识产权的客体范围及效力就无法更好地激励智力成果的产出时，才应给予相应的扩张。如果说自然权利理论赋予知识产权的正当性是先验的、向过去寻找依据，其认为有劳动或经济利益就应当享有权利，功利主义哲学则是后果主义的、向未来寻找依据，其认为倘若不用财产权来激励就无法产出相应的知识成果，认为知识产权法的目标应当是“在符合激励创新的前提下给予的保护越少越好”。[1] 自然权利理论在诉诸道德情感上更胜一筹，但它的循环论证经不起推敲；功利主义容易陷入道德劣势，但它的逻辑略胜一筹。[2] 资本在借助知识产权扩张时，结合了自然权利的道德情感和功利主义的论证逻辑，巧妙地规避了这两种理论所遭受的质疑。然而，这样的理论是经不起推敲的。

知识产权在当下社会的变异使传统知识产权理论面临不能解释、不能成为证明知识产权正当性的有利依据的局面，因此，有必要依据当下的社会形势，对知识产权价值进行合理定位。这便要重新审视知识产权制度的宗旨，即保护创造者的合法权益和促进知识产品的广泛传播。这一制度的基本功能是：调整创造者行使“专有权利”与促进知识广泛传播之间的矛盾，协调创造者、传播者与使用者三者利益的关

---

〔1〕 See Mark A. Lemley, *Property, Intellectual Property, and Free Riding*, Texas Law Review, 83 Tex. L. Rev. 1031, 1031 (2005).

〔2〕 参见和育东：《从权利到功利：知识产权扩张的逻辑转换》，载《知识产权》2014 年第 5 期。

系。[1] 围绕"知识"所产生的"知识权利"的内容要远远超过知识产权,知识产权只是众多知识权利的一种。因此,在对待"知识"问题的时候,我们绝不能仅仅看到知识产权,绝不能仅仅看到知识产权人的利益。我们应该更全面地看待知识权利,这种知识权利包括创造知识的权利、接触知识的权利、认识知识的权利、学习知识的权利和改造知识的权利。如果我们仅仅狭隘地用知识产权代替知识权利,则我们的世界里就只有知识的专横,没有知识的和平,只有知识的浅薄,没有知识的宏大,只有知识的瓜分,没有知识的共享。[2]

知识产权保护的适度与合理问题始终是围绕着"私益"和"公益"之间的平衡展开的,是知识产权法的一个关键性问题。[3] 现代知识产权以"英雄天才论"和"额头出汗论"掩盖了资本操纵知识产权运作的事实。虽然在知识产权体系内设置了"思想/表达二分法""合理使用制度""首次销售原则""权利穷竭原则""强制许可制度"来平衡知识私有垄断和共有领域的冲突,但知识产权的过度膨胀却消解了这些限制,公有领域的知识资源不断地被圈占,包括民间文学艺术、地方性传统知识、传统生物资源这些发展中国家古老文明的智慧结晶,它们原本属于公共领域,却在现代知识产权制度的阴谋中,成为资本主导的知识产权圈占的对象。

如果仅仅从知识产权是一种天赋的"自然财产权"的方面来看的话,知识产权就没有法律上正义凛然的独占权,因为每个人都可以利用自己的天赋去作出并利用自己的创造,而不需要理会这种创造是否与他人已经获得的知识产权的类似创造相冲突,除非有证据证明这种创造完全是"偷窃"他人的智慧而作出的。由此看来,知识产权也是一种"独占特权"。知识的创造过程不是一个偶然,而是一个必然,因为

〔1〕 参见吴汉东、李瑞登:《中国知识产权法学研究30年》,载《法商研究》2010年第3期。

〔2〕 参见邹彩霞:《中国知识产权发展的困境与出路——法理学视角的理论反思与现实研究》,上海社会科学院2013年版,第94~95页。

〔3〕 参见冯晓青:《知识产权法利益平衡理论》,中国政法大学出版社2006年版,第64页。

自然是有规律的、社会是有规律的、人的思维也是有规律的，而知识的创造也必然是一个规律性的发展道路，知识产权人实际上不仅在剥夺他人使用知识的权利，而且也在剥夺他人创造知识的权利。只有在剥夺的同时，适当地予以回馈和弥补，才能实现正义。借“独占特权”之名的知识产权不得借“天赋权利”来为自己笼罩上神圣不可侵犯的光环，而是要承担更多附加于特权之上的社会责任。

知识产权本身包含着多元目的和终极目的。在知识产权的多元目的中最突出的就是保护创作者能够从自己的创作中收回成本、获取收益；保护创作者的创作不受他人模仿和剽窃；促进知识的传播，使国民能够受到良好的教育；促进技术的革新，刺激经济快速发展；丰富社会文化，满足人们的需要；等等。而知识产权的终极目的则是通过人们无限度的创作，促进知识和文化的繁荣以及全世界人民福祉的实现，使人们有更好的物质产品和精神产品。

基于知识产权的多元目的和终极目的，知识产权本质上应当回归为一种更加开放、自由、共享的“私权”。知识产权是自然权利和独占特权的结合体。作为自然权利的知识产权类别以“创造性智慧劳动”为权利识别依据，科学发现、传统知识、商业秘密等都应当包含在内。作为自然权利的知识产权不具有排他性，但具有永久性。作为自然权利的知识产权不仅是财产权也是人格权。作为独占特权的知识产权类别以列举式的“权利法定主义”确定，严格限制权利类别的扩张。作为独占特权的知识产权具有排他性和垄断性，但其也具有期限性，期限性以更加科学合理的成本—收益的功利主义经济学公式计算得出。作为独占特权的知识产权仅仅针对文化产业、工业产业、信息产业等商业领域的竞争行为出于经济调控的需要而由公权力通过审查而设定。当独占特权因期限届满而消失时，权利人仍享有自然权利。但当独占权过大而与更高级的人权相冲突时，这种独占权就应当被免除。知识产权应当采用自然权利和独占特权二元体，通过自然权利保障知识的自由创造、分享与传播，通过独占特权在有限的商业竞争范围内保障商品化的知识通过有限垄断获得利益。将知识分层化，保留大部分知识于公共领域任由所有人自由汲取，实现人类知识的总积累，少部分商品化的知识由市场推动生成，经过国家管理部门审查并登记后进入知识市场自由交换，并建立良性的公共领域返流机制，保障知识获得更充分的利用。

第四章 中国知识产权文化重构的模式探索

第一节 西方知识产权文化

一、西方知识产权的历史发展脉络及规律

(一)西方知识产权的诞生与成熟

在法律制度的历史上,知识产权是罗马法实施以来“财产非物质化革命”制度创新的成果,也是西方国家三百多年来不断发展成长的“制度文明典范”。[1] 14 世纪至 17 世纪,西欧资产阶级发动文艺复兴运动,以复兴古典学术和艺术为口号,反对蒙昧主义和宗教神学,继承、利用古希腊的科学文化,倡导以人文主义为中心的新思想。[2] 洛克、休谟、斯密和哈耶克主张的个人主义方法论,涉及哲学、政治学、经济学、法学等一系列领域。17 世纪到 19 世纪,是西方国家知识产权法律相继建立和形成的时期。西方国家知识产权法的产生,经历了从中世纪末期“封建特许权”至资本主义初期“私人财产权”长达数百年的孕育。[3] 知识产权保护秩序肇始于 17 世纪末英国关于无形财产保护

---

〔1〕 参见吴汉东:《知识产权法律构造与移植的文化解释》,载《中国法学》2007 年第 6 期。

〔2〕 参见王哲:《西方政治法律学说史》,北京大学出版社 1988 年版,第 85 ~ 86 页。

〔3〕 参见吴汉东:《知识产权法律构造与移植的文化解释》,载《中国法学》2007 年第 6 期。

方式的论争，商人集团创设了“作者”“权利人”“消费者”等浪漫措辞，推进权力话语，最终以立法的模式确立了对智力成果的私权保护，并固化了商人的利益。此种模式成为全球知识产权生产与流通秩序的版本，其理念和架构一直延续至今。[1]

然而，知识产权一开始并不是作为一个统一的法律领域来发展的，专利、版权、商标先后在不同的时间和不同的地点产生，各自在不同的法律领域独立发展，相同的连接是商品经济和商业利益。

专利法经历了一条从皇权授权、君主钦赐到颁布成文法的道路。[2] 中世纪的西欧最早出现专利的雏形。在英国和意大利的城邦均出现过以君主名义授予工艺师、建筑师或其他技工在纺织、印染、建筑等方面的“独其专利”。14 世纪，英国国王给予在本国的外国技工以垄断权利，但其根本目的是避免外国的制造作坊将在英国使用的先进技术转移走，鼓励他们将新技术传授给本国的工人。这种垄断权利以证书的形式授予，证书被称为拉丁语“Patent”，意思是“公开”，后“Patent”一词作为专利的含义沿用至今。但这样的特许权只是特例，并未以法律形式存在，故不能当作制度诞生的标志，充其量只能算作知识产权制度的萌芽。1474 年，威尼斯颁布了世界上第一部最接近现代专利制度的法律：《发明人法》，该法规定“任何人在本城市制造了前所未有的、新而精巧的机械装置，一旦改进趋于完善至能够使用，即应向市政机关登记；本城其他任何人在 10 年内未经许可，不得制造与该装置相同或相似的产品，如有制造者，上述发明人有权在本城任何机关告发，该机关可令侵权者赔偿一百金币，并将该装置立即销毁”。这部专利法虽具有现代专利法的某些特点和因素，但还是相当简单和粗糙，且带有浓厚的封建特权色彩。1623 年英国的《垄断法规》是近代专利保护的起点，该法废除了英国国王已经授予的所有垄断权，并且

---

〔1〕 参见朱雪忠、杨静：《中国知识产权话语策略研究：基于话语与秩序相互建构的视角》，载《中国软科学》2017 年第 5 期。

〔2〕 参见郑国辉主编：《知识产权法学》，中国政法大学出版社 2010 年版，第 30 页。

禁止国王今后再授予这种垄断权,只准许国王对新产品的第一个真正发明人授予垄断权,这才真正将发明人和垄断权联系起来。继英国之后,美国于 1790 年、法国于 1791 年、荷兰于 1817 年、德国于 1877 年、日本于 1885 年先后颁布了本国的专利法。

版权肇始于印刷术的发明,其经历了一条从保护翻印权再到作者权到作者权兼精神权利的道路。[1] 随着造纸术和印刷术由东方传到西方,翻印权在欧洲很快得到重视。1450 年德国人在古登堡进行的金属活字印刷技术获得成功,印刷术很快传遍西欧各国,印刷使图书复制变得更加容易、迅速且廉价,知识得以在下层民众中迅速传播,也给印刷商开辟了一个巨大的图书市场。在活字印刷术推行初期,教会为了履行传播教义的使命,需要大范围印制发行《圣经》,曾对活字印刷术给予大力支持和资助,然而为了维持宗教垄断,他们开始严禁滥用活字印刷术这一“神赠技术”,从 1485 年到 1489 年,欧洲出版审查范围从活字印刷术发源地蔓延到全欧洲。同时书籍市场迅猛发展,为满足书商的要求,各国统治者开始实行以特权为形式的印刷垄断制度。[2] 1469 年,威尼斯共和国授予印刷商冯·施贝叶(Johann Speyer)在威尼斯地区为期五年的印刷书籍排他权,是西方第一个由统治政权颁发的保护印刷特权的特许令。法国于 1507 年、英国于 1534 年都颁发过禁止他人随便翻印的特许令。这个时期主要保护书商特权。1581 年,德国一个艺术家获得了纽伦堡地方仲裁院关于保护其艺术作品不被复制的禁令,这才是现代意义上著作权的开始。1709 年,世界上第一部著作权法《安娜法令》[3]诞生,实现了从保护印刷者到保护作者的重大转变。法国在 1777 年路易十六时期曾颁布过 6 项出版方

---

〔1〕 参见郑国辉主编:《知识产权法学》,中国政法大学出版社 2010 年版,第 32 页。

〔2〕 参见周艳敏、宋慧献:《古登堡之后:从印刷特权到现代版权》,载《出版发行研究》2008 年第 9 期。

〔3〕 原名为《为鼓励知识创作而授予作者及购买者就其已印刷成册的图书在一定时期内之权利的法》。

面的法令,确认作者有权出版和销售自己的作品。1791 年颁布的《表演权法》,1793 年颁布的《作者权法》开始关注作者的精神权利,著作权法成为名副其实的保护作者权利的法律。在美国,1783 年康涅狄格州在专栏作家罗恩·韦伯斯特(Ron Webster)的倡导下,制定了美洲第一个版权法;1790 年,国会在宪法的授权下正式颁布了《联邦著作权法》。

商标法经历了从行会保护到成文法颁布的道路。[1] 商标起源于贸易的发展,在西方最早起源于西班牙,游牧部落把烙印打在自己的牲畜身上以作区分。古希腊、古罗马时期,商品以不同的方式予以标识。13 世纪欧洲行会开始盛行,特定的印章作为制造者和行会对商品所作的特殊标记并逐渐演变为图形商标,同样也需要君主通过特权加以确认。现代意义上的商标肇始于市场竞争机制已经日趋完备的 19 世纪,此时商标已成为资本家进行竞争、垄断和牟利的重要手段。虽然 1618 年英国首先处理了商标侵权纠纷,但法国首先于 1803 年制定了《关于工厂、制造场和作坊的法律》,这是世界上第一部含有保护商标规定的法律,最早的商标成文法应当是法国 1809 年的《备案商标保护法令》。1875 年法国又颁布了确立全面注册商标保护制度的《工业、商业和服务商标法》,确定了商标注册原则。英国于 1862 年颁布了《商标标记法》,1885 年颁布了《商标注册法》,1905 年通过新的商标法,逐渐确立了商标制度。美国在 1870 年制定了《联邦商标条例》,1881 年又颁布了新商标法,并根据需要做了大量修改。19 世纪后期,主要资本主义国家都先后颁布了自己国家的商标法。

总的来说,英国于 1623 年制定了世界上第一部专利法(《垄断法规》),1709 年制定了第一部著作权法(《安娜法令》),法国于 1857 年制定了第一部商标法(《关于以使用原则和不审查原则为内容的制造标记和商标的法律》),是具有近代意义的知识产权制度的开端。知识

---

[1] 参见郑国辉主编:《知识产权法学》,中国政法大学出版社 2010 年版,第 31 页。

的商品化是知识产权诞生的重要推手。在与商品生产直接有关的科学技术发明领域出现了专利权；在商品交换活动中起着重要作用的商品标记范畴出现了商标权；在文学艺术作品以商品形式进入市场的过程中出现了著作权。这些法律形式最后又被概括为知识产权。[1] 随着资本主义制度在西方社会的确立，各主要资本主义国家自18、19世纪以来先后开始了知识产权立法活动，知识产权法律移植是西方各国基于自身发展需要而主动接受的，其中最具代表性的有：美国于1790年、法国于1793年、德国于1837年先后制定版权法；美国于1790年、法国于1791年、德国于1877年先后制定的专利法；英国于1875年、美国于1870年、德国于1874年先后颁布的商标法等。知识产权在欧美诸国的法律移植过程中，源出地和移植地具有相同或相似的文化传统。略有不同的是在版权领域，英国著作权法奉行"商业著作权"学说，是将相关立法构筑在"财产价值观"的基础之上的版权体系。而法国和德国则将"人格价值观"作为其著作权立法的思想基础，从而建立了与英国不同的作者权体系。[2] 这些都是当时西方国家社会变革和法律制度变迁的自发性结果。

（二）西方知识产权的全球化

知识产权国际保护制度，兴起于19世纪80年代，现已成为国际经济、文化、科技、贸易中的一种法律秩序。它以《保护工业产权的巴黎公约》（1883年）、《保护文学艺术作品伯尔尼公约》（1886年）、《与贸易有关的知识产权协定》（1994年）等代表性的国际公约基本形式，以WIPO、WTO等相关国际组织为协调机构，对各国知识产权制度进行协调，从而在知识产权保护领域形成国际性的法律规则与秩序。当今世界上，除个别国家外，绝大多数国家已经建立了知识产权保护制

〔1〕 参见吴汉东：《论知识产权一体化的国家治理体系——关于立法模式、管理体制与司法体系的研究》，载《知识产权》2017年第6期。

〔2〕 参见吴汉东：《知识产权法律构造与移植的文化解释》，载《中国法学》2007年第6期。

度，并已参加了 WIPO 和签署了 TRIPS。[1] 知识产权国际保护制度的形成，标志着知识产权立法步入新的历史阶段，即各国独自产生的知识产权制度，在知识产权国际保护的框架下，逐渐走上国际化、一体化、全球化的道路。[2]

知识产权的全球化主要是以美国为首的发达国家在贸易扩张中的推动。20 世纪 60 年代以后，国际经济衰退，美国的国际贸易连续多年出现逆差，这被归咎于美国的知识产权在世界范围内没有得到应有的保护，美国的科技优势不能转化成经济优势，反而被其他国家大量的、无限的使用。典型的例子就是日本把美国的技术大量地移植过去加以利用，转变成工业化的产品后，再返销到美国去，日本就发展得很快。1974 年美国修改国内贸易法，开始注意知识产权问题，后来提出了“301 条款”[3]，

---

〔1〕 参见郑成思：《知识产权法：新世纪初的若干研究重点》，法律出版社 2004 年版，绪论第 3 页。

〔2〕 参见吴汉东主编：《知识产权国际保护制度研究》，知识产权出版社 2007 年版，第 1 页。

〔3〕 “301 条款”是美国《1974 年贸易法》第 301 条的俗称，一般而言，“301 条款”是美国贸易法中有关对外国立法或行政上违反协定、损害美国利益的行为采取单边行动的立法授权条款。当有任何利害关系人申诉外国的做法损害了美国在贸易协定下的利益或其他不公正、不合理的歧视性行为给美国商业造成负担或障碍时，美国贸易代表办公室（Office of the United States Trade Representative，USTR）可进行调查，决定采取撤消贸易减让或优惠条件等制裁措施。美国贸易代表办公室也可根据上述情况决定是否自行启动调查。该条款授予美国总统对外国影响美国商业的“不合理”和“不公平”的进口加以限制和采用广泛报复措施的权力。所谓“不公平”指不符合国际法或与贸易协定规定的义务不一致；“不合理”则指凡严重损害美国商业利益即为“不合理”。

1988 年形成了“特别 301 条款”[1]，把知识产权问题纳入美国贸易法当中，把国外对美国知识产权保护的好坏，与美国的对外政策捆在一起。20 世纪 80 年代，辉瑞公司的 CEO 被任命为里根政府的贸易政策委员会下属的知识产权委员会的主席，知识产权委员会囊括了全球最大的十五家企业的 CEO，他们认为企业在国外发展面临的最大问题就是知识产权问题，几次修改《巴黎公约》和《伯尔尼公约》，但是效果不是很好，因为这两个公约都没有设置解决纠纷、争端的机制。辉瑞公司 CEO 的助手是知识产权方面的律师，他联合这十五家企业的 CEO 通过努力，想办法将知识产权的谈判放到了 GATT 的谈判议事日程上面去。[2] GATT 的第七轮谈判东京回合，美国和欧洲一些发达国家首先提出知识产权。1986 年，以瑞士为代表的 20 多个发达国家，在第八轮乌拉圭谈判会议还没有正式开始之前，就提出要把知识产权问题放入第八轮谈判的议案。而且美国代表明确表示：如果不谈知识产权问题，美国就不参加这次会议。最后这个议题放入了第八轮谈判，导致了 WTO 的产生，形成了 WTO 的“一揽子”协议，TRIPS 出炉。所谓 WTO 和 TRIPS，从某种意义上讲，是美国把他的国内贸易法当中的“特别 301 条款”，扩大成了一个国际组织、一个国际公约。[3]

知识产权不仅在地域上实现了不断扩张，也在内容上实现了不断

---

〔1〕“特别 301 条款”是广义的“301 条款”的一种，该条款始见于美国《1974 年贸易法》第 182 条，《1988 年综合贸易与竞争法》第 1303 条对其内容做了增补。“特别 301 条款”专门针对那些美国认为对知识产权没有提供充分有效保护的国家和地区。美国贸易代表办公室每年发布“特别 301 评估报告”，全面评价与美国有贸易关系的国家的知识产权保护情况，并视其存在问题的程度，分别列入“重点国家”、“重点观察国家”“一般观察国家”以及“306 条款监督国家”。对于被美国贸易代表办公室列入“重点国家”的公告后 30 天内对其展开 6 ~ 9 个月的调查并进行谈判，迫使该国采取相应措施检讨和修正其政策，否则美国将采取贸易报复措施予以制裁；一旦被列入“306 条款监督国家”，美国可不经过调查自行发动贸易报复；而被列入“重点观察国家”“一般观察国家”则不会立即面临报复措施或要求磋商。

〔2〕参见强世功等：《知识产权与法律移植》，载《读书》2004 年第 8 期。

〔3〕参见强世功等：《知识产权与法律移植》，载《读书》2004 年第 8 期。

扩张。知识产权国际保护制度现在正处于知识经济的崭新时代。当代知识产权的国际保护，不仅凸显出现行制度的改革（如基因专利、网络版权、网络商标），而且面临崭新制度的突破（如传统知识、遗传资源）。[1] 这种内容上的扩张并没有停歇，而是随着竞争发展的需要，呈现掠夺性扩张之势。

（三）西方知识产权的规律性发展路径

知识产权在西方的产生、传播和发展是一条自生自发的路径，这条自然而然的路径能够更加清晰地看清知识产权的本来面目，知识产权产生的动力是什么，传播的方向是什么，传播的规律是什么？知识产权的发展规律主要有几下几种：

第一，知识产权并非原生性权利，而是商品经济繁荣到一定程度的产物。财产权的历史已有数千年，而知识产权的历史不过数百年。财产权作为一种自然权利，几乎与人类文明同步，因为财产权直接与生存权相连。而知识产权同样作为一种自然权利被提起，是商品经济发展的结果，准确地说是知识商品化的结果。17 世纪在英国萌发了专利主要是因为技术成为新兴工业的主要动力，18 世纪在英国萌发了版权主要是因为古登堡印刷术推动了图书市场的开辟，而 19 世纪在法国萌发了商标主要是因为欧洲殖民扩张导致的世界市场的形成。

第二，知识产权都是由封建特权转变而来。无论是专利、版权还是商标，最初都是封建君王在商人集团的要求下授予的特权，这种特权的形成有赖于封建君王与商人集团的双方利益的耦合，商人集团企图通过特权垄断而获得利益，封建君王则希望通过有限特权实现更好的控制。

第三，知识产权都宣称从保护商人利益转向保护创作者利益，而

---

〔1〕 参见吴汉东主编：《知识产权国际保护制度研究》，知识产权出版社 2007 年版，第 12 页。

实际上利益关系最密切的还是商人利益。专利的发明人往往并不具备将专利商品化的能力，虽然创作者能获得丰厚的专利转让费，但商人将其商品化后所获得的利益却呈现几何级放大。版权更加明显，版权最初就是保护出版商利益的，在作者权被提起后，知识产权便能通过"智力创造"这个正义凛然的旗帜有效遮蔽出版商的巨额垄断利益。

第四，知识产权基本上是在工业化程度较高的国家中率先产生。知识产权是工业社会的产物，提前进入资本主义生产方式的国家最先具备知识产权诞生的土壤。

第五，每个国家在知识产权方面都有自己的独特优势。从知识产权发展的历史来看，不同知识产权类型诞生在不同的国家，这是由该国的知识文化传统决定的。

第六，知识产权必然会突破国内化而实现国际化。知识产权推动了知识经济的生成，而知识经济的发展必然会促使以知识产权为前锋的资本开发更大的市场，在资本扩张的同时，知识产权突破地域性的影响，最终走向国际化道路。

二、西方知识产权文化形成的过程及特质

西方文化有三大组成部分：希腊哲学、罗马法学和基督教，西方知识产权文化是从基于西方文化而形成的人文精神、科学精神和私权观念中抽离而生，是一个自然演化过程，"它历经了文艺复兴（Renaissance）、宗教改革（Religion Reform）、罗马法复兴（Recoverty of Rome Law）'三 R'运动和资产阶级革命几百年的文化准备。个人主义、自由主义、理性精神是西方知识产权的文化基础"。[1]

西方知识产权文化是一种崇尚科学探索的文化。从 14 世纪至 16 世纪西欧资产阶级所发动的文艺复兴运动，以复兴古典学术和艺术为口号，反对蒙昧主义和宗教神学，继承、利用古希腊的科学文化，倡导

〔1〕 吴汉东：《知识产权法律构造与移植的文化解释》，载《中国法学》2007 年第 6 期。

以人文主义为中心的新思想。这一新文化价值观激励人们改造现世，研究自然，重视实际有用的知识。[1] 古希腊以来对自然的无限探索，推动了科学的发展，而这种探索精神的延展，便体现为生活实用新领域的技术革新，以专利为核心的知识产权秉承了这种探索精神。

西方知识产权文化是一种追求知识创新的文化。在现代知识产权法产生以前，西方对待知识的态度也滥觞于本土文化。柏拉图在《理想国》中说过，知识是一切能力中最强的能力。到了工业革命前后，知识的价值日益凸显，占有知识就等于占有财富，获取更多的发明创造就等于获取更多的竞争优势。于是，厘清知识的所有权、归属权已成为获取财富和利益的重要前提。基于这种考虑，人们迫切需要国家立法、需要政府出面整合制度、建立规则、完善法律。

西方知识产权文化是一种追求人格独立的文化。欧洲长达三百年的文艺复兴运动的指导思想是人文主义。人文主义思潮主张尊重做人的尊严和价值、主张个人价值和利益的实现、强调人改变世界的能力。这些良好的理念奠定了西方知识产权文化的思想基础，推动了实现知识产权"由封建特许权向资本主义财产权嬗变的历史过程"[2]，实现了封建王权向个人私权的转变，撬动社会运转的不再是庞大的神圣王权，而是独立的神圣私权。

西方知识产权文化是一种精致利己主义的文化。梅因在《古代法》一书中就古代法到近代法的转变提出过两个基本判断，一是从身份到契约，二是从家庭到个人。近代思想家将个人本位的确立，称为"人的发现""人的解放"。近代私法关系的基础，一是基于宗法家庭解体而形成的平等性的人身关系，二是基于自然经济式微而形成的互

---

〔1〕 参见吴汉东：《当代中国知识产权文化的构建》，载《华中师范大学学报(人文社会科学版)》2009 年第 2 期。

〔2〕 向利：《吴汉东纵论知识产权文化建设》，载《中国知识产权报》2011 年 12 月 9 日，第 4 版。

换性的商品关系。[1] 被解放的个体在互换的商品经济中将“私文化”发挥到极致，最大限度地实现商业利润，推动资本的野蛮生长成为知识产权的神圣使命。

西方知识产权文化是一种强调个体竞争的文化。人格独立的标配是尊重个人权利，人与人之间的界限泾渭分明，这种前提推动了契约精神的建立和个体竞争的凸显。个体试图利用知识产权中垄断所带来的利润创造竞争优势。

西方知识产权文化是一种尊崇法治精神的文化。人格独立的标配是尊重个人权利，法律是保障个人权利的最有效武器。人们认为法律是神圣的，令人敬畏，任何人对法律的违反都是对个人权利的威胁，都将受到法律制裁。人们对知识产权的侵犯几乎采取零容忍态度，对于严厉打击抄袭和盗版。

三、西方知识产权文化显现的缺陷及诟病

著名经济学家弗里德里奇·哈耶克（Friedrich August Hayek）是新自由主义的代表人物，是西方现代知识产权的批判者，他将知识产权的产生归罪于国家的强制推行。在哈耶克看来，知识产权制度是一个由国家刻意设计、由外部强加的外生性秩序（exogenously order）之失败典型。他认为，知识产权作为国家强加的“外生性规则”，是制造人为垄断的罪魁祸首，只有取消知识产权，才能使市场恢复良性竞争。[2] 在互联网技术提供的架构支撑下，由资本力量与代码监控技术结合形成的法律控制和利润攫取手段，已经对传统知识产权的法律生态系统形成破坏。[3] 地域性和类型化被不断突破之后，公共领域

---

〔1〕 参见吴汉东：《知识产权法律构造与移植的文化解释》，载《中国法学》2007年第6期。

〔2〕 参见余盛峰：《知识产权全球化：现代转向与法理反思》，载《政法论坛》2014年第6期。

〔3〕 参见余盛峰：《知识产权全球化：现代转向与法理反思》，载《政法论坛》2014年第6期。

被不断侵蚀,异化的知识产权打破了原有公益和私利之间的平衡,也失去其诞生之初的正当性。

西方知识产权是经济主体参与竞争的利器,企业注册商标、申请专利的目的并非是鼓励创新,而是想通过知识产权的占有乃至“跑马圈地”提升市场竞争力,甚至垄断市场。知识产权制度的本质特征是激励竞争、保护垄断。[1] 如果说有形财产制度确定了对自然资源的圈占和瓜分,则无形财产制度确定了对人文资源的圈占和瓜分。前一种圈占和瓜分的历史以战争的方式扩展,而后一种圈占和瓜分的历史是以法律规则主导权的掌控和延展的方式扩展。

西方知识产权的全球化加剧了知识产权制度的变异,知识产权由“鼓励创新”变为“知识殖民”。当前世界知识产权权利分布模式是西方发达国家权利数量巨大,而发展中国家权利数量极少的模式。发展中国家同西方发达国家的知识产权在数量和质量上差距悬殊。世界专利的97%掌握在发达国家手中,在发展中国家能够享用到这些人类文明成果之前,他们已经被发达国家越抛越远。西方知识产权文化所形成的文化共同体组成一个利益同盟圈,他们利用国际组织,设定知识产权议题,将西方知识产权制度符号化,并利用发展中国家对知识产权制度的陌生和劣势,通过知识产权编码将属于西方和不属于西方的知识转换为知识产权,再以此来限制发展中国家对“知识”的使用,从集成电路布图、植物新品种,到遗传资源、商业方法等,西方国家在不断挖掘和侵占全世界知识公共领域的资源,使之变为私有,将精致利己主义发挥到极致。发达国家再利用全球贸易体系,通过外包形成世界产业链,这样就成功地把知识产权变成抽水机,源源不断地把发展中国家的自然资源、环境资源和人力资源转换而成的财富抽到发达国家,知识产权变成“富国的养料和穷国的毒药”。

知识产权所导致的利益分配的不均衡,对一国的知识产权弱势群

---

[1] 参见马维野:《论知识产权强国的文化土壤》,载《中国科学院院刊》2016年第9期。

体和世界的知识产权弱势国家都产生巨大的影响。同时在不同的领域是否要适用同一规范也是个问题：在关系到人权和公共利益的医药、水利和基础设施建设等领域，对知识产权的过度保护往往会引发不良后果，甚至社会性危机，对知识产权的保护不应越过保护基本人权的底线，至少是当知识产权侵犯了生存权、健康权、发展权等基本人权时，这种知识产权就理所应当予以让位。

第二节　中国传统文化与现代知识产权文化的背离与契合

哈佛大学法学院安守廉教授在其著作《偷书不算偷：中华文明中的知识产权》中认为从中国至今人们知识产权意识淡薄的事实，可推知中国自古就未曾有过知识产权（尤其是版权）的保护；中国古代有过的，仅仅是"帝国控制观念传播的努力"[1]。而郑成思教授则反驳说："在'孔乙己'这一特例中，其窃书确是为了出售换钱，可以说是某种程度的'商业目的'。而大多数情况下古代及今天的个别知识分子偷书自认为'不算偷'，主要是为了自己去阅读，并非出于商业目的。"[2]安守廉教授对中国传统文化的解读给中国知识产权的落后烙上了"根"上的原罪，然而其对中国传统文化的误解却是消解了中国的文化自信，他制造了西方文化优越而东方文化落后的错觉，影响了中国知识产权发展的独立性和自主性。然而，就中国传统文化而言，它既可能成为中国发展知识产权制度的一个主要障碍，但同时也是中国知识产权法律制度的价值源泉。

一、中国传统文化中的私权抑制和科技忽略

中国传统文化里保守中庸、隐忍循古、重义轻利、权力崇拜的观念

---

〔1〕 梁治平：《法律的文化解释》，三联书店1998年版，第256页。

〔2〕 郑成思：《版权法》，中国人民大学出版社1997年版，第21页。

与知识产权文化中崇尚创新、鼓励竞争、追逐私利和私权至上的观念是悖逆的。

（一）私权抑制和重义轻利

中国传统文化总体上呈现公法文化极端发达和私法文化极度落后的特征，张中秋先生将其归结为价值上的团体本位、规范上的义务主导、社会治理中的人治精神和纠纷解决上的无讼倾向等。[1]

中国传统文化是泯灭个体的圈子文化。西方崇尚自我，中国崇尚圈子，西方追求个人利益，中国追求圈子利益，西方人将自我与其他所有人区别开来，中国人在圈子中可以牺牲自我。中国传统文化以个体农业为基础，以宗法家庭为单位，以伦理纲常为核心。在这种文化土壤中，人的主体性无法得到应有的肯定。个人既要依附于国家，还必须依附于家庭。以儒家文化为核心的中国传统文化，主张的"不是以公民为基本单位的个人权利本位，而是以家庭为单位的人伦义务本位。"[2]礼作为人的日常生活的行为准则，其实质是否定个性的，否定私权的，它极力实现人伦体系的和谐，这是与个人的创造力、思索力和革新精神是相背离的。因此，礼"不可能成为权利的保障，更不能成为自由的尺度"。[3] 此外，"民可使由之，不可使知之"的愚民思想和"犹禁擅镌"的文化专制政策，将庶民置于受统治者绝对支配的地位，其结果是扼杀了个人的思想自由，更不可能认同将知识据为私有。

中国传统文化是摒弃私利的士者文化。传统知识分子认为著书立说是"代圣人立言""为往圣继绝学、为万世开太平"的神圣事业，不是谋求物质利益的工具，也就是说他们关注的是著作的社会效益而不

---

〔1〕 参见张中秋：《中西法律文化比较研究》，南京大学出版社1999年版。

〔2〕 吴汉东：《知识产权法律构造与移植的文化解释》，载《中国法学》2007年第6期。

〔3〕 梁治平：《中国法的过去、现在与未来：一个文化的检讨》，载李循编：《法律社会学》，中国政法大学出版社1999年版，第193页。

是经济效益,他们头脑里缺乏著作财产权观念。[1] 知识创造者往往看重的是创造知识所带来的名,而并不强求创造知识能带来利。他们并不会把知识创造当作谋生或获利的手段,而只是格物、致知、修身、养性的一种自我的修养过程。因此,人们往往刻意淡化自己的权利意识。经国济世之作,有待于智者去阐扬,而不能将其据为私有。所谓"文章不为稻粮谋","君子不言利"等即是这一思想的反映。[2]

中国传统文化是轻视经济谋利的政治文化。儒家的经济价值观所包含的重义轻利、重农抑商、重均分轻生产、黜奢崇俭的思想对中国封建经济的发展产生了深远的影响[3],在重义轻利、知足长乐观念的影响下,社会群体普遍缺乏无止境地追求物质利益的冲动。儒家理性的追求目标在于"修身、齐家、治国、平天下",实现身、家、国、天下的融合。政治抱负是知识分子的最高理想,追逐私利被摒弃。西方的知识精英多投身于商界,而中国的知识精英擅长游走于政坛。

中国传统文化是权利隐忍克制的和谐文化。儒家理性以道德说教为基础,其倡导的和谐精神是从内在到外在的过程,必须控制人的内在行为,因此道德说教是唯一手段;而不是凭借对工具理性的掌握,调整、评判主与客、灵与肉、人与自然、人与国家的紧张关系。在这种理性的支配下,人们在自己的知识财产受到侵犯的时候,往往尚和谐、求无讼,不敢提出权利的主张。[4]

中国传统文化是兼容并包但维持大一统的文化。儒家大一统思想,自诩"自我中心",崇尚以己为尊。日本学者依田熹家指出,日本的文化形态是并存型的(什么都可以),中国的文化形态是非并存型的(非什么不可),因此,在摄取文化的形态上,就相应地表现为,日本是

---

〔1〕 参见龙文懋:《制度及其相容性——知识产权法律制度的哲学文化考察》,载《社会科学战线》2005 年第 2 期。

〔2〕 参见吴汉东:《知识产权法律构造与移植的文化解释》,载《中国法学》2007 年第 6 期。

〔3〕 参见马维野:《知识产权文化建设的思考》,载《知识产权》2005 年第 5 期。

〔4〕 参见吴汉东:《知识产权法律构造与移植的文化解释》,载《中国法学》2007 年第 6 期。

全面摄取型,而中国则是部分摄取型。[1] 外来文化在与中华文化发生碰撞的过程中,总是被庞大而稳定的儒家文化所吸纳。个体渺小,个性不存,全都湮没在家国天下的宏大叙事之中。

中国传统文化是私人界限模糊的家族式和分享式文化。中国自古就是个宗族社会和熟人社会,这造就了中国的家族式和分享式文化观念。在家族内部毫不吝惜地分享和奉献自己的一切。中国传统的家族分享文化使人们对知识的占有欲不强,个人领域与公共领域界限模糊,利他行为盛行,如好请客、不重视隐私权等都是侧面的说明。中国的"你—我"观念不像西方那么根深蒂固,"私"在中国并不是一个非常神圣和界定明确的词语或观念,甚至是一个为人所不齿或遭受唾弃的词语或观念。所以,在中国,私权是罕见的、私法是简单的,而知识产权作为一种私权,难以进入中国民众的思维和道德范畴。

中国传统文化是安于权威规训的中庸型和保守型文化。中国人深受老子"无为"思想的影响,崇尚中庸和保守,不愿意革新,喜欢遵循先例,因循守旧的趋同心理根深蒂固。因而,中国自古对科技发明之类不十分推崇和鼓励,他们更愿意采用祖宗传下来的方法进行生产和生活。知识产权体现的是社会的精细分工和独创精神,而中国传统文化强调随大流、贬斥特立独行的趋同心理,对知识产权保护具有严重的销蚀作用。而且中国古代一以贯之的"重农抑商"政策,使能够产生技术革新的土壤无法生成。

中国传统文化是一种排斥"鹤立鸡群"的从众型和求同型文化。"不患寡而患不均""木秀于林、风必摧之""枪打出头鸟"等俗语都反映出隐藏于集体之中"求同"的安全感是中国传统文化的普遍规训,这都是私权抑制的结果,个性张扬必定会被强大的世俗文化所摧毁。在这种文化下,竞争会被压抑。知识产权文化恰恰是求新、求异的文化。

---

[1] 参见[日]依田熹家:《日中两国现代化比较研究》,卞立强等译,北京大学出版社 1997 年版,第 49 页。

(二)权力崇拜和科技忽略

1. 李约瑟之谜

著名的"李约瑟难题":"尽管中国古代对人类科技发展做出了很多重要贡献,但为什么科学和工业革命没有在近代的中国发生?"[1]在李约瑟看来,从公元前1世纪直到公元15世纪,在这漫长的1600年里,中国科技一直领先于西方,文艺复兴后,西方才反超中国,出现了现代科学。

李约瑟撰写的《中国科学技术史》(Science and Civilization in China),对中国有特殊的意义。李约瑟从20世纪50年代起历时45年编写《中国科学技术史》,共七卷三十四册,内容涉及天文、地理、物理、化学、生物等领域。此书第一次全面系统地向全世界展示中国古代科技成就,用无可争辩的事实证明:中华民族为人类文明与进步作出了不可磨灭的巨大贡献。《自然》(Nature)杂志对李约瑟的评价是,"在20世纪,没有哪位学者像李约瑟一样,改写了人们的脑海中的固有观念,他把中国过去1500年的历史描绘、梳理,如画般清晰"。2008年英国《经济学家》周刊发表的"中国发明的疑问——《那个热爱中国的人》"一文中写道:"李约瑟,改变西方对中国文明落后评价的人。"在西方学术世界,他与美国学者费正清是研究中国问题的两座高峰。李

---

[1] 李约瑟在其1954年出版的《中国科学技术史》第一卷的序言中是这样表述"李约瑟难题"的:"中国的科学为什么持续停留在经验阶段,并且只有原始型的或中古型的理论?如果事情确实是这样,那么在科学技术发明的许多重要方面,中国人又怎样成功地走在那些创造出著名'希腊奇迹'的传奇式人物的前面,和拥有古代西方世界全部文化财富的阿拉伯人并驾齐驱,并在3世纪到13世纪之间保持一个西方所望尘莫及的科学知识水平?中国在理论和几何学方法体系方面所存在的弱点为什么并没有妨碍各种科学发现和技术发明?中国的这些发明和发现往往远远超过同时代的欧洲,特别是在15世纪之前更是如此。欧洲在16世纪以后就诞生了近代科学,这种科学已经被证明是形成近代世界秩序的基本因素之一,而中国文明却未能在亚洲产生与此相似的近代科学,其阻碍因素是什么?"

约瑟在研究中发现,由于中国关于技术的发明主要起于实用,往往知其然而不深究其所以然。学者与西方相较,中国许多技术发明的背后缺少了西方科学史上的特殊精神,即长期而系统的、通过数学化来探求宇宙的奥秘。所以中国史上虽有不少合乎科学原理的技术发明,但并未发展出一套体用兼备的系统科学。李约瑟还从政治制度的层面对中国科学的落后进行了审视。他认为,中国是世界上仅有的中央集权超过两千年的国家,自秦统一六国之后,就形成了一套严密的"封建官僚制度",这种制度的正面效应是使中国非常有效地集中了大批聪明的、受过良好教育的人,他们的管理使中国井然有序,负面效应是使新观念很难被社会接受,新技术开发领域几乎没有竞争。[1] 他还认为,"若想解释中国社会为何没能发展出现代科学,最好先解释中国社会为何没能发展出商业的和工业的资本主义"[2]。

其实,这个问题早在李约瑟提出之前就已被提出。1915 年,在美国康奈尔大学攻读化学和物理学专业的任鸿隽,在其创办的《科学》杂志创刊号上发表了短文《说中国无科学之原因》,认为中国没有科学的原因是"秦汉以后,人心梏于时学。其察物也,取其当然而不求其所以然。其择术业,骛于空虚而引避乎实际"。1922 年,在美国哥伦比亚大学攻读哲学博士学位的冯友兰也以英文发表了《为什么中国没有科学:对中国哲学的历史和后果的一个解释》一文,认为中国没有科学的原因是中国文化主张追求内心的幸福,而不追求对外在事物的理解和控制。此外,1931 年,德国汉学家魏特夫在《中国的经济与社会》一书中也专辟一章讨论了这个问题。可见,"李约瑟难题"并不是李约瑟首先提出来的,其之所以因李约瑟而闻名,是因为《中国科学技术史》的撰写对此疑问作了系统解答。李约瑟本人明确反对像任鸿隽、冯友兰等人那样单纯从人心、哲学上来解释为什么中国未能发生科学革命,

---

〔1〕 参见[英]李约瑟:《中国古代科学思想史》,陈立夫主译,江西人民出版社 2006 年版。

〔2〕 参见[英]李约瑟:《中国古代科学思想史》,陈立夫主译,江西人民出版社 2006 年版,第 27~28 页。

他说:“科学突破只发生在欧洲与文艺复兴时期欧洲在社会、思想、经济等方面的特殊状况有关,而绝不能用中国人的思想缺陷或哲学传统的缺陷来解释。”[1]

余英时先生认为,中西对自然现象的探究自始便“道不同,不相为谋”,所谓“李约瑟难题”只能是一个“假问题”。我们可以用“科学”一词指代所有关于自然现象的探究,但事实上,中西这两种“科学”名同而实异,二者并不能用统一的标准来测量或比较,也就是“incommensurable”的。东西方“科学”走的是不同的两条路,从未发生“领先”与“落后”的问题,“中国科学”如果沿着自己原有的轨道前进,无论如何加速,也不可能脱胎换骨,最后和以“数学化”为特征的西方“现代科学”汇聚在一起。[2] 中国的文化传统不同于欧洲,是一种与其完全不同的知识体系,不能用欧洲的标准来衡量中国,不能要求在西方发生过的事情同样也发生在中国。“现代科学”并非是普世性的,与民族或文化的独特背景有很大关系。与此类似的命题是“为什么中国在历史上分分合合而仍能统一,而欧洲自经历罗马帝国后便四分五裂”。全球化之后,全世界几乎都在同一条路上走。也有研究者认为,中国古代的科学技术并未高于西方,特别是科学,中国没有产生逻辑化、系统的科学体系,只有零散的科学知识,偏重技术,缺乏理论研究。爱因斯坦就曾明确表示,由于中国既没有产生形式逻辑也没有产生实验方

---

[1] [英]李约瑟:《文明的滴定》,张卜天译,商务印书馆2016年版,第177页。

[2] 参见余英时:《继承与叛逆——现代科学为何出现于西方》,载陈方正:《继承与叛逆——现代科学为何出现于西方》,三联书店2009年版,序言。

法,中国是不可能产生科学的。[1] 一些中国学者也指出,李约瑟对中国的科学技术过度拔高了。著名物理学家吴大猷说:"我国有些人士以为科学'我国自古有之',看了英国人李约瑟大作《中国之科学与文明》[2]而大喜,盖其列举许多技术发明,有早于西欧数世纪的,足证超于西欧也。然细读该书,则甚易见我国的发明,多系技术性、观察性、记录性、个别性,而若于抽象的、逻辑的、分析的、演绎的科学系统。一般言之,我们民族的传统,是偏重实用的。我们有发明、有技术,而没有科学。"虽然人们对李约瑟褒贬不一,但李约瑟能放眼世界文明演进的历程,站在文化多样性的高度上来看待中国古代文明,认为西方、印度、中国三足鼎立,也是值得肯定的。"李约瑟难题"的根本逻辑缺陷在于:东方智慧与西方智慧不是相同的路径,不能以西方科学作为坐标和基准,以现代科学的标准来处理和打捞中国遗产。中国人的文化

---

〔1〕 爱因斯坦在 1953 年给斯威策的信件中给出了答案。斯威策(J. S. Switzer)是一位美国陆军上校,退休后到斯坦福大学历史系攻读硕士学位。其间他选修了汉学家 Arthur F. Wright 的阅读课(Reading Course),探讨"中国有没有科学的问题"(the question of science or no science in China)。为此,斯威策私下将课上讨论的主要问题寄给了爱因斯坦,并得到了回复。爱因斯坦的回信原文如下:Development of Western science is based on two great achievements:the invention of the formal logical system(in Euclidean geometry) by the Greek philosophers,and the discovery of the possibility to find out causal relationships by systematic experiment(during the Renaissance). In my opinion one has not to be astonished that the Chinese sages have not made those steps. The astonishing thing is that those discoveries were made at all. 翻译过来就是:西方的科学发展是建立在两个重大成就的基础之上的:希腊哲学家们(在欧几里德几何学中)发明的形式逻辑体系,和(文艺复兴时期)发现的通过系统实验找到因果关系的可能性。在我看来,不必对中国哲人没能走出这些步骤大为惊讶。令人惊讶的是,竟然有人做出了那些科学发现。爱因斯坦作为顶级科学家对于中国没有产生科学土壤的理解,就是"科学"的出现本身就是"偶然的""令人惊讶"的,推而广之,除西方文明之外,古埃及人、古巴比伦人、玛雅人、阿兹特克人、印加人、毛利人都没有"发明"科学,中国只是这些没有经历"基因突变"的文明中的一个罢了。

〔2〕 此系直译名,英文原名 Science and Civilisation in China,中文版译名《中国科学技术史》。

自信不应当建立在西方人的眼光之上。培根早在 16 世纪就指出火药（火药炸毁了封建城堡）、印刷术（印刷术使圣经人手一本，个人可以越过教会直接与上帝对话从而促进了新教改革）和指南针（指南针开辟了世界新航路）对欧洲社会产生了决定性的影响。北京大学科学史与科学哲学研究中心主任吴国盛教授认为，我们自己反思中国文化，不应该从四大发明讲起，四大发明是西方人的视角，我们应当超越李约瑟，探寻真正维系整个中华民族文化传承的关键技术。

2. 西方诞生现代科学的路径

西方为什么能诞生现代科学？李约瑟认为，所谓现代科学，最为重要的内核是"把理性与经验结合起来，把经受住受控实验检验的关于外在世界的假说系统化"[1]。1953 年，爱因斯坦在一封信中写下了著名的其对近现代科学产生基础的论断："西方科学的发展是以两个伟大的成就为基础，那就是：希腊哲学家发明形式逻辑体系（在欧几里得几何学中），以及（在文艺复兴时期）发现通过系统的实验可能找出因果关系。"

陈方正先生的著作《继承与叛逆——现代科学为何出现于西方》[2]详细地阐述了这一问题，他认为古希腊至 17 世纪欧洲形成的是"一个前后相接续的大传统"，当希腊文明走上数学与哲学传统之际，西方科学与中国科学的"分水岭"就已经形成。西方现代科学诞生的重要条件包括：希腊科学的基因、基督教经院哲学的发展、技术革命、新大陆的发现、资本主义萌芽等。"西方世界"中复杂的地理环境，多种民族与文化并存的文明结构，没有大一统以至抑制科学自由发展的强大王朝的长时间控制，还有宗教热诚、大学体制等诸多因素的影响，都进一步促使它最终走向现代科学。[3] 换言之，西方并不命中注定拥有现

---

[1] ［英］李约瑟：《文明的滴定》，张卜天译，商务印书馆 2016 年版，第 124 页。

[2] 参见陈方正：《继承与叛逆——现代科学为何出现于西方》，三联书店 2009 年版。

[3] 《"李约瑟难题"的另一解》，http://news.163.com/09/0517/04/59G651P6000120GR.html。

代科学,但现代科学却天然产生于西方。

公元前 4 世纪通过毕达哥拉斯学派与柏拉图学园融合而形成的“新普罗米修斯革命”建立了新的科学体系,即以“严格论证”为核心的数学以及在此基础上发展起来的天文学,其标志便是《几何原本》这一世界上最著名、最完整、流传最广并对西方科技与文化影响深远的著作。以牛顿的《自然哲学之数学原理》为标志的“牛顿革命”,宣告了将数学、观测与思想三者紧密有机地结合起来的崭新的“实验哲学”的诞生,这并非一个孤立的学术或者一种单独的理论,而是一整套前所未有的科学观念、态度、理论和方法,即一个崭新的科学体系。[1]“严格论证”和“实验哲学”是现代科学的两大基础。

真正科学的产生是 17 世纪以后的事情,科学的基础是数学,对象是宇宙,手段是假说、实验、推理和质疑,特征是唯一,目的是解释自然和社会。科学是一个严谨而完整的系统和思维方式,不仅有特定、严格、规范的科学方法,而且有系统的概念体系和理论基础。在 17 世纪之前,社会思维主要由教会控制,对真理的探索仅仅限于基督教和圣经,社会上流行巫术和寓言;17 世纪之后由于对宗教的质疑,人类开始自己决定一切,人类的自我觉醒推动了现代科学的产生,哥白尼 - 笛卡尔 - 伽利略 - 牛顿 - 爱因斯坦的理论成果是一条西方科学链。17 世纪以来人类对自然的探索和发现被定义为“现代科学”(Modern Science)。在哥白尼之前的时代,欧洲社会认知自然的主流方法是所谓的“玄学”(Metaphysics),这种方法显然不是科学,而是一些人经验中的感应术和寓言。[2] 哥白尼的名著《天体运行论》所提出的“日心说”对宇宙的解释历史性地打击了这些玄学,自哥白尼起科学开始萌芽。笛卡尔创立了现代科学的哲学体系,伽利略通过个人的物理学实

---

〔1〕《“李约瑟难题”的另一解》,http://news.163.com/09/0517/04/59G651P6000120GR.html。

〔2〕参见时东陆:《关于科学的定义》,载《科学》2007 年第 3 期;时东陆:《再论科学的定义》,载《科学》2007 年第 5 期。

验建立了一套极为系统、严谨、精确且现代的科学方法，对现代科学的发展意义深远。在笛卡尔和伽利略之后，牛顿的古典物理学和爱因斯坦的相对论相继出现，现代科学逐渐形成。现代科学的研究方式与古典时期有明显的不同。在古希腊、中世纪甚至伽利略时期，对自然的探讨一直是一种个人的行为，每个人实验的方法、模型的建立以及理论的分析都没有统一的标准和规范，同时，哥白尼、伽利略的实验风格和研究方法都不是社会主流的思维意识。现代科学的研究方式是以学术机构和学术团体的形式进行的。1660 年英国成立了伦敦皇家学会(Royal Society of London)，1666 年法国组建了巴黎科学院(Paris Academy of Science)，之后，类似的学术团体相继在欧洲各地建立起来。〔1〕 现代科学最为关键的也是最为明显的标志是实验方法上的规范和统一。科学是一种西方的现代文化。自人类文明出现以来，产生了许多探索自然的方法，其中很多方法都可以解决实际问题，但是这些方法都不属于科学。对于真理的探索，人类历史上有许多截然不同的方法和理论，科学仅仅是其中一种。

西方诞生现代科学的路径是其他文明不可重现或复制的。古希腊是西方文明的发源地，其因岛屿林立的特殊地理环境所形成的海洋文明具有开放、活跃和多样性的特征，这决定了其农业发展的局限和商业繁荣的必然。频繁的海外贸易促使符号化语言替代象形文字，从而诞生出形式逻辑，为数学和科学奠定语言基础。基督教的兴起和繁荣给人们对自然神秘力量的探索提供了持续的动力，被宗教压抑的探索真理的热情在文艺复兴中反弹、迸发。1295 年威尼斯商人出身的马可波罗发表的《东方见闻录》引发了欧洲人对文明、富饶的东方世界的强烈的探索欲望，地理大发现所引起的全球殖民开辟了广阔的海外市场，从而推动了科学技术的工商业应用，也推动了工业革命和资本主

〔1〕 参见[美]托比·胡弗:《近代科学为什么诞生在西方》，周程、于霞译，北京大学出版社 2010 年版。转引自时东陆:《再论科学的定义》，载《科学》2007 年第 5 期。

义的崛起,科技与资本联姻的时代开始,科学技术踏上了规模化、体系化的“快车道”。

在哥白尼和伽利略时代,科学的先驱们为了追求真理,他们在宗教的压抑下寻找更伟大、更光明的人类之路,但此时他们探索科学不仅没有荣耀和光辉,甚至会有人身危险;工业革命和现代科学诞生时,许多科学家对科学的热爱是发自内心的好奇,寻求人生快乐的真谛;20 世纪初欧洲的科学家把思考物理问题看作最大的乐趣和满足,探寻宇宙奥秘就是人生至上的追求,在数学严谨的规范里寻找自由,在孤独的思想空间中遇到同类。21 世纪,科学已经不再完全是对真理的追求,而是成为一种职业,甚至是一种商业。[1] 知识产权究竟是科学之幸,还是科学之难,实则难以评价。

3. 影响中国现代科技发展的症结解读

为什么现代科学没有起源于古代中国?这个问题在前面已经讲过,“现代科学”是西方独特的方式,是一种偶然的发生,不仅中国文明没有践行这种方式,印度文明、埃及文明等都没有践行这种方式。现代科学在全世界的兴起,主要是受 19 世纪以来欧洲支配地位的影响,“现代科学”成为检验一切自然探索行为的标杆。因此,这个问题可以转化为“为什么中国古代科技水平很高,但近现代以来科技比较落后”。

中国古代并非没有数学,而是没有发展出以了解数目性质或者空间关系本身为目的、以严格证明为特征的纯数学;中国古代也并非没有对自然规律的探求,而是没有将这种探求与数学结合起来。当我们为中国第一部天文学典籍《周髀算经》将数学与天文学模型结合的思路而自豪时,却也不得不遗憾地认识到它未能在中国的文化土壤中继续发展,先行者竟成为绝响。因此,西方与中国科学的真正分野,在亚历山大数理科学的出现,甚至在毕达哥拉斯 · 柏拉图的数学与哲学传

---

〔1〕 参见时东陆:《关于科学的定义》,载《科学》2007 年第 3 期。

统形成之际就已经决定了。[1]

可以说，中国传统上，基本上是一种忽略科技的态度。中国的地理环境优越，以黄河流域和长江流域两大流域为中心的大平原特别适合农业文明的发展。在农业文明里，最重要的是秩序，经济是否发达，科技是否进步并不重要。作为具有强大农业文明的国家，“安邦定国”成为最高社会价值。稳定的秩序成为农业文明的基本规律和最高需求，长期的封建制度也正是在这种稳定的文明中生长出来的，且政治秩序的稳定需求反过来又巩固了农业文明的这种稳定性。易中天教授在《帝国的终结》一书中就论述过，农业文明的政权组织形式——“帝国”的“最佳”状态是经济水平不高不低，以民众刚好维持温饱为宜。[2] 出于维持秩序的目的，农业文明采取了很多措施，比如“重农抑商”、科举制度，这些措施在维持秩序的同时，也在客观上阻碍了科技的发展，农业文明承受不了经济的极大发展才是农业文明抑制科技的根本原因。中国小农经济的资源限制和保守倾向，阻碍了劳动分工和科学文化的多样发展。

中国拥有世界上最大最佳的资源地域面积，中国的知识分子热衷于研究安邦定国和济世实用之术，很少涉及被认为“奇技淫巧”的科技发明。从《四库全书总目提要》中便可看出，该书二百卷中只有“子部”的“农家”、“医家”和“天文算法”等六卷可以划入“自然科学”的总类之中，处于中国学术系统的边缘。但有一个必须注意的事实是：虽然官方书库中缺少“自然科学”类书籍，但这并不代表中国社会没有探索自然和运用自然的能力和成果，中国古代的建筑、桥梁、工程、水利、中医等发明数不胜数，但由于这些发明者多是文化程度和社会地位都较低的工匠，无法用文字记录，只能靠师徒传承的方式表达和延续。而且这些研究具有明显的功利性，都是经世济民的实用之术。近

---

〔1〕 参见陈方正：《继承与叛逆——现代科学为何出现于西方》，三联书店 2009 年版。

〔2〕 参见易中天：《帝国的终结》，复旦大学出版社 2007 年版。

代数学史家钱宝琮曾在《吾国自然科学不发达的原因》的演讲中说："我国历史上亦曾提倡过科学，而科学所以不为人重视者，实因中国人太重实用。如历法之应用早已发明。对于地圆之说，亦早知之。然因不再继续研究其原理，以致自然科学不能继续发展，而外国人则注重实用之外，尚能继续研究，由无用而至有用，故自然科学能大发展。为什么我国民族太注重实用呢？实由地理、社会、文化环境使然。中国为大陆文化，人多以农业为主，只希望能自给自足之经济。"因此，中国只是形成孤立的、分散的、原始的、基于个体的体悟而进行数量叠加的技术、经济乃至于文明。

中国自夏从禅让制过渡到世袭制，并在西周的宗法制和分封制之后，实现"家国同构"，秦以后定格为中央集权制。"安邦定国"所推演的"政治崇拜"价值旨趣也在中国知识分子中蔓延开来。经济上的重农抑商、政治上的官僚体系、教育上的唯科举论极大地束缚了科技的发展，本应该诞生于知识分子领域的"纯科学"缺乏生根发芽的土壤。

二、中国传统文化中的文德意识和创新精神

（一）古代文人的文德传统——为"窃书不为偷"正名

"窃书不为偷"来自鲁迅先生的小说《孔乙己》，书中孔乙己用了"窃书不能算偷……窃书！……读书人的事，能算偷么？"为自己的偷书行为辩护。"窃书不为偷"原本是用来讽刺当时文坛中的"矫揉造作"风气，反映在封建科举制度下落魄文人的悲惨命运的。美国哈佛大学安守廉教授在其著作《窃书为雅罪：中华文化中的知识产权法》（*To Steal a Book is an Elegant Offense*）中借鉴此语，表意为"中华文化传统上对知识剽窃的漠视抑或盛行"，以此得出中国古代没有产生知识产权法源自文化传统乱象的结论，"窃书不为偷"由此转变为"剽窃他人文字不是贼"的意思。然而，"偷书不算偷"之"偷"，侵害的是书籍所有者的物权，而不是书籍作者的知识产权。安守廉教授所说的"偷书"，实际上指的是"天下文章一大抄"意义上的直接或间接的抄

袭,涉及作者的著作权。“窃书不为偷”成为中国知识产权落后的传统文化原罪,其描述是否恰当,尚需商榷。

如果说建立在游猎文明基础上的西方陌生人社会逐渐形成的“契约精神”是其立世之本,那么建立在农耕文明基础上的东方熟人社会则以“声誉意识”作为头号指标。一个在熟人社会浸润洗礼的人,会逐渐明白,“面子”就是一切。只是,在工业化和现代化的号角轰轰烈烈地吹响之后,在斩断农业社会的落后尾巴的过程中,在“回不去的乡村”逐渐凋敝的唏嘘声中,这个“声誉意识”逐渐被抛弃。

然而,古代文人在作文章过程中所体现的文德意识是不容磨灭的。知识分子在知识研习、知识创作和知识传承过程中所践行的路径是:第一,“文以载道”,通过著书立说,实现“修身、齐家、治国、平天下”,具有极高的政治使命和社会责任;第二,“文如其人”,将文章与人品相关联,非常慎重地对待自己文章的品质;第三,“点化成金”,注重在经典注疏中诠释先贤思想而后将其发扬光大;第四,“熟读唐诗三百首,不会作诗也会吟”,主张知识临摹,在临摹的基础上创作;第五,“毋剿说,毋雷同”[1],反对赝品,憎恶抄袭行为,人们还将那些剽窃别人作品的人称为“抄袭公”“洗稿妃”。韩愈有句传世名言:“惟古于词必己出,降而不能乃剽贼。”真正的知识分子必定将剽窃视为“贼”来自省和痛斥。

中国传统文化对待知识生产的态度是严肃而严谨的,将其视作涉及国家治理、社会发展的重要载体;文章、书法、绘画都体现着作者的思想人品,他们追求德艺双馨,知识生产不是纯粹的文学艺术创造而是人格修炼和品性熏陶的重要过程。如果说现代的知识产权文化讲权利、讲尊重知识、讲诚实守信,看重知识产权产生的经济效益,则中国传统的知识文化强调人品、文品、文德,反对抄袭,主张原创,看重做

---

〔1〕《礼记·曲礼上》。

人,关注社会影响。[1] 两者对知识的尊重和对知识的独创性的要求是一致的。中国古代之所以没产生知识产权不是因为中国古代知识分子不尊重知识,而是中国古代知识分子不注重知识产生的经济效益。

中国人重视知识,这是毋庸置疑的,中国五千年的文明可以证明中国人不仅重视知识而且擅长创造知识。然而中国人不认为知识可以独占,不认为知识是财产权,不认为学习和借鉴他人知识是冒犯他人的行为,也不认为他人学习和借鉴自己的知识是对自己的侮辱和侵犯,反而自鸣得意。中国自古做文章喜好"引经据典",由此传承传统经典文化,中国自古喜欢无偿传授自己的先进文化并引以为豪。先秦的儒家思想、宋明时期的理学思想是中国文化史上的两座高峰,如果只是为了追逐私利,是断然无法生成这样伟大的知识的。

(二)知识传承的方式:"临摹"中求创造——为"信而好古""述而不作"重解

"述而不作""信而好古"出自《论语·述而第七》"述而不作,信而好古,窃比于我老彭",意为"我只叙述而不作评价,我相信并且喜好古代的东西,这样算来,我应该和老子和彭祖差不多了吧!"具体而言,"述而不作",就是只是描述事实,不妄加价值评论,不动辄进行道德审判,不添油加醋,也不断章取义,才能准确理解其原意。"述而不作",就是专注于描述事实,厘清数据,专注于真相,让读者作出符合他们自己价值观的判断。"信而好古",这个"古",并不是古代的意思,而是原始的、最早的意思。孔子认为,第一手信息和第一手资料最可靠。事物的数据和信息多是经过了他人的筛选、加工、整理形成的,这个过程中往往会使信息失真,我们对这种加工过后的信息,要存有一定程

---

〔1〕 参见张志刚:《中国知识产权文化的基础、价值和愿景》,载《大连理工大学学报(社会科学版)》2016 年第 4 期。

度的怀疑，不盲从，不妄信。这就是治学的严谨科学的态度。因此，引用和抄录先贤的著作是中国传统文化中知识创造行为的一个显著特征，复制他人作品在当时不会受到谴责，一度还会受到重视和鼓励。而此语同样被安守廉教授曲解为中国传统文化中知识生产的方式是只传承古人而毫无创新，他断章取义地抛弃了同样出自《论语》的"温故知新"。而中国人的"创新"精神也就在对"述而不作""信而好古"的曲解的放大宣传中被误读和湮灭。

西方自 14 世纪以来的文艺复兴、16 世纪以来的启蒙运动、尤其是 18 世纪以来的工业革命推动了西方传统社会的瓦解，商品经济和资本主义的结合催生了"知识产权"的诞生。一个具有"私权神圣"色彩和"利益扩张"本质的结晶体在西方社会出现。这个历史过程有其独特的社会背景，其中所呈现的偶然性在全球化的浪潮中被吹嘘为西方文明的必然性，并与西方无与伦比的"创造"精神相关联，而实际上，并无证据证明，西方人的创造精神更优于东方人。"创新"是根植于人类灵魂、推动人类不断进步的驱动力，这种驱动力不仅藏于欧洲人的血液里，也藏在古巴比伦人、古埃及人、古印度人、阿拉伯人和古中国人这些世界文明的引领者的血液中。

创新是指以现有的思维模式提出有别于常规或常人思路的见解为导向，利用现有的知识和物质，在特定的环境中，本着理想化需要或为满足社会需求，而改进或创造新的事物(包括产品、方法、元素、路径、环境)，并能获得一定有益效果的行为。创新精神是指具有综合运用已有的知识、信息、技能和方法，提出新方法、新观点的思维能力和进行发明创造、改革、革新的意志、信心、勇气和智慧。

不说中国，单说知识。如果说创造是人类社会不断推陈出新的源泉，模仿则是人类社会持续稳定发展的根本。人类从产生之初，就是通过不断地模仿来实现人类社会的生存和进化。从根本上说，模仿是人的天性，人从婴孩成长成人，即是从模仿开始。人类文明正是有了不断的传播和模仿，才有了而今如此大的进步。只有模仿，才有创造。

知识应当给予人类这种充分共享的自由。就像200多年前的美国,山寨英国的纺织技术;100多年前的德国连刀剪都要“克隆”自己“邻居”的品牌;像第二次世界大战后的日本全面抄袭美国的工业品……模仿学习并不可耻,但之后自己却没任何收获才可怕。

中华民族发展史不仅是一部民族文明的创造史,也是一部民族精神的生长史,更是一部民族发展的探索史。中华文明是一种道德文明的典范,但是其道德包括崇尚创新、倡导创新和推动创新的内涵,把不断创新视为一种大德和盛德。《易传》说:“天地之大德曰生”,创生是一种至上的大德;又说:“富有之谓大业,日新之谓盛德”,日新才是盛德。《大学》说:“苟日新,又日新,日日新”,认为不断创新的精神才是真正的大德、盛德。中华民族之所以能历数千年而不衰,“周虽旧邦,其命维新”,是因为中华民族具有源源不断的创新力和生命力。中华文化博大精深,具有独具特色的语言文字、浩如烟海的文化典籍、名扬世界的科技工艺、异彩纷呈的文学艺术、睿智通达的中国哲学、系统深刻的道德伦理。正是一代代人的文化认同、文化传承和文化创新承载和造就了一个历久而弥新的中国。

另外,需要注意的是,特定时期的文化并不能代表中华传统文化的全貌。春秋战国时期,百家争鸣,文化创新比较繁荣。墨家就非常重视科技创新,墨家的科技思想远超同时期的西方。墨家的科学思想及其科技成就广受赞誉:梁启超认为墨家的科学思想与近代的科学精神相悬契[1];杨向奎认为《墨经》中的科学理念以及墨家所取得的成就等于或超过古希腊[2];孙中原认为虽然墨家的科学知识现已被普遍掌握,但其科学思想依然有重要意义[3];李约瑟认为墨家的科学思

---

[1] 参见梁启超:《墨子校释》,台北,新文丰出版公司1975年版,自序。

[2] 参见张知寒:《墨子研究论丛》(第1辑),山东大学出版社1991年版,第217页。

[3] 参见孙中原:《墨学与现代文化》,中国广播电视出版社1998年版,第252页。

想可以为自然科学的基本概念起到奠定作用[1]。唐宋时期,中华文化体现出极大的包容性,并使中华文明位居世界前列。明清时期,传统文化却体现出了顽固的保守性,并使中国在近代落伍于世界。[2]中国传统文化中的创新理念受到国外学者的推崇,可以与牛顿、爱因斯坦、玻尔比肩的比利时科学家伊利亚·普里戈金[3]便认为中国思想对于西方科学家来说始终是启迪的源泉。他在《确定性的终结》的中文版序中写道:"西方科学和西方哲学一贯强调主体与客体之间的二元性,这与注重天人合一的中国哲学相悖。本书所阐述的结果把现代科学拉近中国哲学。自组织的宇宙也是'自发'的世界,它表达一种与西方科学的经典还原论不同的整体自然观。"[4]他的耗散结构理论认为:事物的演化是因为事物结构的突然变化,而事物结构变化的原因,则是事物内部存在一种"自组织"的功能,耗散结构理论是一个既适用于自然界也适用于人世间的理论,与"天人合一"的观念不谋而合。

中国传统文化不是缺少培育发明的土壤,而是缺少发明与资本结合的土壤。所以,火药在西方开启了枪炮霸权的航程,而在中国则开创了烟花绚烂的盛世。

---

[1] 参见李约瑟:《中国科学技术史》(第1卷),汪受祺等译,科学出版社2008年版,第201页。

[2] 参见姜海洋:《知识产权文化的本土化建构——以知识产权文化与传统文化关系为研究视角》,载《学术论坛》2015年第9期。

[3] 普里戈金(Ilya Prigogine,1917~2003年)是比利时物理化学家,布鲁塞尔学派的首领,以研究非平衡态的不可逆过程热力学、提出"耗散结构"理论而闻名于世,并因此荣获1977年诺贝尔化学奖,是非平衡态统计物理与耗散结构理论奠基人。他把将近一世纪前由克劳修斯(Clausius R. J. E)创立的热力学第二定律扩大应用于研究非平衡态的热力学现象,开拓了一个过去很少受人注意的崭新领域,被认为是近二十多年来理论物理、理论化学和理论生物学方面取得的最重大进展之一。普里高津在长期而广泛的研究工作中形成了自己的哲学观点,他的许多科学理论观点极富有辩证法思想。

[4] 参见[比]伊利亚·普里戈金:《确定性的终结》,湛敏译,上海科技教育出版社2009年版。

第三节 中国知识产权文化重构的四大支撑

长期被“西方中心论”所绑架的中国现代文化体系亟待重新自我审视，在保有本我的基础上借鉴西方有益文化。中国知识产权文化，应当摆脱在西方主导知识产权模式下发展中国家的利益遭到忽视和践踏的局面。近年来，发展中国家在知识产权保护问题上维护自身利益的呼声在不断增强，主动参与知识产权国际规则制定的意识明显提高。[1] 世界上其他发展中国家纷纷开始行动，在知识产权框架内寻找更加公平公正的模式，而中国在国际上尚未正式开始这样的行动。对于中国而言，对西方主导知识产权模式的合理应对是在其接受知识产权履行国际公约的前提下，一方面进一步批判性研究并发展知识产权本身的理论，并寻求中国知识产权的自主性发展，实现知识产权的本土化；另一方面在国际上争取自己的话语权，将中国自己对知识产权的新诉求、新主张上升到国际层面并纳入新的国际知识产权体系。

在这个过程中，必不可少的是中国知识产权法学研究领域对中国知识产权制度的重构性思考，而在这种重构性思考中需要在某种程度上勇敢地撇开西方既定的知识产权法律制度，穿越式地回溯，从对知识产权本身的研究出发，建构起具有中国品格的知识产权制度体系，并影响国际知识产权制度体系。这个制度体系建构的基础是对知识产权基础理论的重构，重构中国知识产权文化，并以此文化基础为契机，寻找中国知识产权自主发展的路径。中国知识产权文化重构的契机正在一步步酝酿成熟。

一、知识产权新法理与知识产权新文化的内在勾连

如前文论述，知识产权本质上应当回归为一种更加开放、自由、共

---

〔1〕 参见朱雪忠、杨静：《中国知识产权话语策略研究：基于话语与秩序相互建构的视角》，载《中国软科学》2017 年第 5 期。

享的“私权”。知识产权是自然权利和独占特权的结合体。作为自然权利的知识产权类别以“创造性智慧劳动”为权利识别依据,科学发现、传统知识、商业秘密等都应当包含在内。作为自然权利的知识产权不具有排他性,但具有永久性。作为自然权利的知识产权不仅是财产权也是人格权。作为独占特权的知识产权类别以列举式的“权利法定主义”确定,严格限制权利类别的扩张。作为独占特权的知识产权具有排他性和垄断性,但其也具有期限性,期限性以更加科学合理的成本－收益的功利主义经济学公式计算得出。作为独占特权的知识产权仅仅针对文化产业、工业产业、信息产业等商业领域的竞争行为出于经济调控的需要而由公权力通过审查而设定。当独占特权因期限届满而消失时,权利人仍享有自然权利。但当独占权过大而与更高级的人权相冲突时,这种独占权就应当被免除。知识产权应当采用自然权利和独占特权二元体,通过自然权利保障知识的自由创造、分享与传播,通过独占特权在有限的商业竞争范围内保障商品化的知识通过有限垄断获得利益。将知识分层化,保留大部分知识于公共领域任由所有人自由汲取,实现人类知识的总积累,少部分商品化的知识由市场推动生成,经过国家管理部门审查并登记后进入知识市场自由交换,并建立良性的公共领域返流机制,保障知识获得更充分的利用。

知识产权新法理所体现的二元性、共享性必定能更好地厘清知识产权的本质,揭开知识产权的层层面纱,使知识产权得以更加丰富、合理、多路径地展现和运行,真正实现知识产权对知识生产、知识传播、知识获利、知识分享、知识传承、知识整合的法律调节作用。与此相适应,知识产权新文化也应当从原来“尊重知识、崇尚创新、诚信守法”的片面要求中扩展开来,寻求一种均衡考虑知识创造者和使用者、知识创造者和投资者等多重利益的更高层次的知识产权新文化。这意味着,中国知识产权的文化形成和重构,是一个边建立边改造的过程,意味着外来文化的转化以及对本土文化的改造是双重互动而非单向侵入的过程。恰如吴汉东先生所说,“崇尚创新精神、尊重知识产权”,作为法律移植及本土化的基本理念,其既有“以人为本、私权神圣”的西方文明的先进思想,也包含“利益均衡、和谐共赢”的本土传统的合理内核。[1] 东方智慧必定会为知识产权新法理和知识产权新文化增添上东方神韵的独特魅力。

二、中国现代新文化与知识产权文化的磨合对接

余时英在论及中国近代化这一历史变迁过程时也曾指出:“中国文化与现代生活不是两个互相排斥的实体。中国文化在现代发生了前所未有的剧烈变动,而西方现代文化的冲击则是这一变动的根本原因……非常粗疏地说,文化变迁可以分成很多层:首先是物质层次,其次是制度层次,再次是风俗习惯层次,最后是思想与价值层次。大体而言,物质的、有形的变迁较易,无形的、精神的变迁则甚难。”[2]“聆听历史长河中先人一路从渭河流域、黄河流域、长江流域踏浪而来的脚步声,中华民族从刀耕火种到费尽周折、苦心经营建立起泱泱大国的努力中一点一滴所建立起来的中华文化有其永不言败、永求革新的情怀。中国文化中,那种富于人情味的和谐功能、那种防微杜渐的内省模式、那种因事制宜的情节理论,其实或多或少含有超越时代的意义。”[3] 如果说中国传统文化中还包含着不利于知识全面发展、不利于知识产权有效生长的弊端和阻碍,那么当下中国现代新文化已经在众人的辛勤耕耘下培养出只待知识产权之花怒放的有机土壤。

(一)裹挟着“家国天下”情怀的“私”文化盛行

作为“私权”的知识产权,其得以建立的文化土壤是“私”文化。

---

[1] 参见吴汉东:《知识产权法律构造与移植的文化解释》,载《中国法学》2007 年第 6 期。

[2] 余时英:《从价值系统看中国文化的现代意义——中国文化与现代生活总论》,载《文化:中国与世界》(第一辑),生活·读书·新知三联书店 1987 年版,第 88 页。

[3] 季卫东:《中国法文化的蜕变与内在矛盾》,载李循编:《法律社会学》,中国政法大学出版社 1999 年版。

在中国,公私观念最早溯源于《尚书·周书·周官》"以公灭私,民其允怀"[1],中国传统文化强调"大公无私"。梁漱溟先生认为:"从来中国社会组织,轻个人而重家族,先家族而后国家。轻个人,故欧西之自由主义遂莫能彰;后国家,故近代之国家主义遂非所夙习。"[2]他亦认为,周孔教化、润泽以礼使中国逐渐转向伦理本位,而家族家庭生活乃延续于后;西洋则以基督教转向大团体生活,而家庭以轻,家族以裂。因此,中国与西方在群己结构分层上,如以个人、家庭、团体、天下等层次论之,西方强调个人与团体及国家二元的泾渭分明的公私分界,一方面他们强调个人的独立自主和权利义务,另一方面他们又有着强烈的国家意识、阶级意识、民族意识、种族意识等,"团体和个人在西洋俨然两个实体,而家庭几若为虚位";而中国人特别强调家族和天下的观念。日本学者稻叶君山说:"家族制度是保护中国民族的唯一障壁,基督教和佛教均降服于家族制度之下。"[3]费孝通则指出,中国社会是一种"差序格局",以"己"为中心,像石子一般投入水中,和别人所联系形成的社会关系,不像团体中的分子一般大家立在同一个平面上的,而是像水的波纹一般,一圈圈推出去,越推越远,也越推越薄。[4]以伦理本位和差序格局为特征的"家文化"推演开来的"公私"差异促使中国人的行动逻辑是特殊主义而非普遍主义。当人们认为是私的领域,也就是"我们"的领域时,人们的行为取向是"共产主义"的,家和个人分别极小,家即"自己","自己"即"家",同居共财的家因为是一个经济共产主义单位,而成为基本的私,是中国人基本认同的单位;而若是公的领域,即不是"我们"的,人们的行为取向就是工具性的,一

---

〔1〕《尚书·周书·周官》,意为"以公心灭私情,百姓才能心悦诚服"。

〔2〕梁漱溟:《中国文化要义》,上海人民出版社 2005 年版。

〔3〕梁漱溟:《中国文化要义》,上海人民出版社 2005 年版,第 35 ~ 36 页。

〔4〕参见费孝通:《乡土中国》,北京出版社 2011 年版,第 31 页。

定会精于算计，以从中谋取最大利益。[1] 以"己"为中心，越远的血缘关系就越成为公的关系。杨国枢认为，"在家族主义的取向下，人们生活圈内的运作是一切尽量以家族为重，以个人为轻；以家族为主，以个人为次；以家族为先，以个人为后。更具体地说，是家庭的生存重于个人的生存，家族的荣辱重于个人的荣辱，家族的团结重于个人的自主，家族的目标重于个人的目标。个人不得不屈从或融入家族，其个性或独特性自然不受重视"。[2] 翟学伟认为："中国传统的农业文明、以家族和村落为中心的社会生活、以儒家思想为中心并涉及民间信仰的价值体系构成了中国人社会关系的基础。长期的农耕性的与聚居性的家庭生活要求人们在彼此的面对面的关系上将'情'而非'理'作为日常生活的核心。"[3]

"私"在正统的意识观念中是被贬斥的，在道德意识和政治理念上要求人们"大公无私""崇公抑私"，这构成了中国文化的主流。正因为"私"在政治和道德伦理上是被鞭挞的对象，中国文化中没有开诚布公的"逐利"行为，才会出现大家都把自己说得堂而皇之及纯粹无私的现象，结果，公与私的界限就不知道划在哪里，而任何人都可以假公济私。[4] 所谓"修身、齐家、治国、平天下"事实上是对"士"、对"君子"、对"精英"而言的，乡土中国中的普通百姓只会想到自己作为一家、一族的成员对家族所负的职责，缺少公德的"各家自扫门前雪"的现象也十分普遍。既无"私"又无"公"的文化，把中国人的视野只挤到"家庭"四方之余。但正如梁漱溟先生所说，中国人没有养成公德，只是

[1] 参见贺雪峰：《公私观念与中国农民的双层认同——试论中国传统社会农民的行动逻辑》，载《天津社会科学》2006 年第 1 期。

[2] 杨国枢：《中国人的社会取向：社会互动的观点》，载《中国社会心理学评论》2005 年第 1 期。

[3] 翟学伟：《人情、面子与权力的再生产》，北京大学出版社 2005 年版，第 228 页。

[4] 参见孙隆基：《中国文化的深层结构》，广西师范大学出版社 2004 年版，第 287 页。转引自关晓丽、刘威：《从"崇公抑私"到"尚公重私"——中国公私观转型视界中的公民精神培育》，载《道德与文明》2009 年第 2 期。

“善于伦理生活而缺乏团体生活”的人情使然,无所谓自私。

发端于英国的工业革命开启了现代社会的大门,使人类社会在19、20世纪发生了前所未有的变化。其中最根本的变化就是社会构成由农业社会的家庭、家族和村落即社群,转变为现代社会的“个人—社会(市场)—国家(政府)”。随着西学东渐,明末清初一大批提倡“私本位”学说的思想家出现。明代李贽在其传世之作《藏书》中明确提出“夫私者,人之心也。人必有私,而后其心乃见;若无私,则无心矣。……然则为无私之谈者,皆画饼之谈,观场之见,但令隔壁好听,不管脚跟虚实,无益于事,只乱聪耳,不足采也。”[1]富民阶层开始直面“私”的人性,向君权要求自身的私利。清代王夫之、戴震延续了这种天理、人欲的思路,强调“仁”,不滋生个体之间的对抗,憧憬“天下市民社会调和”。严复、康有为、陈天华、邹容也延续了这种思想,直到孙中山的“三民主义”将个体之“私”与国家之“公”连接。20世纪80年代后,改革开放逐步让潜伏之“私”浮出水面,“为私权而奋斗”是中国法治发展40年的重要符号。不断加快的城市化步伐,加速了农村大家族的解体,以“三口之家”为标准的“小家庭”社会模式逐渐形成,虽然中国的“家文化”仍然占据主流,但个体也逐渐有越出家庭的藩篱而独立的势头,虽然中国的“私权”仍然是“家庭之私”,所追求的是家庭利益。之前家庭所承担的诸多功能逐渐被现代社会中的市场和国家所取代,个人对家庭的身份依附关系被粉碎,并被定义为独立的理性人。个人是自由的,但也要对其自由负责;他(她)既享有权利也要履行义务。通过市场,个人联结在一起,形成与国家相对的社会共同体。在社会共同体中,人们通过契约的方式平等协商、相互约定,实现契约双方均获得最大化利益的共赢局面并实现资源的最有效配置。通过平等协商、自由交换、诚实守约、互惠共赢所建立起来的私法和私文化成为当下中国的主流文化。虽然在某种程度上,部分社会民众仍受农业经济

---

〔1〕 李贽:《藏书·德业儒臣后论》。

时代分“蛋糕”式的零和博弈思维的影响，还存在市场观念、规则意识、契约精神、社会自治等理念比较淡薄的状况，然而，这正体现了传统家庭之“公”与现代个人之“私”正在相互冲击、相互融合并杂糅转型，一种融合了“家国天下”情怀的“私文化”正在慢慢形成，这与既尊重个人私权又注重社会共享的知识产权不谋而合。

(二)日益渗透到中国肌肤每一个毛孔的“创新”符号彰显

2018 年 3 月 20 日，习近平总书记在第十三届全国人民代表大会第一次会议上的讲话中指出，中国人民是具有伟大创造精神、伟大奋斗精神、伟大团结精神和伟大梦想精神的人民。“四个伟大精神”积淀于中华文明的基因中，流淌在中华民族的血脉里，并在历史的长河中逐渐融入中华儿女的心灵秩序和精神境界之中，构成了中华民族的精神谱系。中国人民是具有伟大创造精神的人民。在几千年历史长河中，中国人民始终辛勤劳作、发明创造，我国产生了老子、孔子、庄子、孟子、墨子、孙子、韩非子等闻名于世的思想巨匠，发明了造纸术、火药、印刷术、指南针等深刻影响人类文明进程的伟大科技成果，创作了诗经、楚辞、汉赋、唐诗、宋词、元曲、明清小说等伟大文艺作品，传承了格萨尔王、玛纳斯、江格尔等人的震撼人心的伟大史诗，建设了万里长城、都江堰、大运河、故宫、布达拉宫等气势恢弘的伟大工程。与“十一五”规划的实施同步，创新型国家的建设拉开帷幕；与全面建设小康社会同期，到 2020 年我国将进入创新型国家行列。

据国家统计局社科文司《中国创新指数研究》课题组测算，2017 年中国创新指数为 196.3(以 2005 年为 100)，比 2016 年增长 6.8%。分领域看，创新环境指数、创新投入指数、创新产出指数和创新成效指数分别达到 203.6、182.8、236.5 和 162.2，分别比 2016 年增长 10.4%、6.2%、5.9% 和 4.8%。测算结果表明，2017 年，我国创新环境进一步优化，创新投入力度继续加大，创新产出持续提升，创新成效稳步增强，创新能力向高质量发展要求稳步迈进。[1] 2018 年全国高新技术企业达到 18.1 万家，技术合同成交额超过 1.7 万亿元；6500 多家众创空间服务创业团队 40 万家，创业就业人数超过 140 万人……以往低成本投入、外需拉动、粗放发展的模式，正在被创新发展逐渐替代。创新带来的新动能，正在深刻改变生产生活方式、塑造中国发展新优势。

在 2019 年 3 月的“两会”上，代表和委员们提出，改变“创新孤岛”。“激发全社会创新活力，让创新在全社会蔚然成风”。只有为创新营造一个良好的生态，才能让各类创新主体的活力竞相迸发，让创新源泉充分涌流，形成百舸争流、千帆竞发的大好局面。习近平总书记强调：“如果把科技创新比作我国发展的新引擎，那么改革就是点燃这个新引擎必不可少的点火系。”培育创新的“热带雨林”，让创新自由生长，离不开改革。从强化知识产权保护，到构建完善的科技成果转化机制，从营造“鼓励探索、宽容失败、尊重创造”的创新氛围，到进一步简政放权，给企业、高校、科研院所更多的自主权，代表委员们纷纷为营造良好创新生态献计献策。既要做好改革的“加法”，也要做好改革的“减法”，既要注重“补齐短板”，也要注重“做强长板”，才能不断培厚创新生态的土壤。[2]

从“天眼”“墨子”“悟空”探索科学前沿，到煤制油、先进核能、高性能计算服务国家重大需求，再到“渤海粮仓”、干细胞与再生医学等惠及民生，丰富的展览内容，彰显着我国科技创新正在迈上新台阶，为国家强起来提供有力支撑，“一股创新风暴正在中国掀起”。英国《金融时报》报道，从世界最大的无现金交易总量到世界最快的大数据计算速度，从世界最大的电动汽车市场到世界最先进的高铁网络，中国

---

〔1〕 国家统计局：《2017 年中国创新指数为 196.3　创新推动高质量发展的作用进一步凸显》，http://www.stats.gov.cn/tjsj/zxfb/201812/t20181212_1638964.html。

〔2〕 参见陈凌：《跑出创新加速度》，载中国人大网，http://www.npc.gov.cn/npc/xinwen/2019－03/08/content_2078773.htm。

在许多行业突破了科技“瓶颈”。央视纪录片《创新中国》讲述的是中国最新科技成就和创新精神，它关注最前沿的科技突破、最新潮的科技热点，聚焦信息、制造、生命、能源、空间与海洋等具有重大影响的领域，在宏大的国际视野里探讨中国的创新成长以及由此给世界带来的影响。该片在制作中创新性地使用了语音合成技术，是世界首部采用人工智能配音的大型纪录片。

中国正在酝酿和营造出一种史无前例的创新氛围，激发起全社会的创新潜能。当“创新”成为一种获得普遍认同的文化时，因“创新”而生成的知识产权也有了获得普遍认同的土壤。

三、数字时代传统知识产权的式微、终结与转型

知识产权的全球化促成了各国知识产权制度的趋同化。许多国家的知识产权法只是对国际公约的摹写和西方标准的映射，各国知识产权制度在规范、学理解释甚至条款用语方面的同质化程度非常高。然而，事实证明，通过在全球范围内推广和推行知识产权制度，并不会达到西方国家所期待的结果。对规范的接受并不等于规范的内化和有效实施，知识产权保护仍然是一个国际性难题：法律停留于文本之上而未促成稳定的行为反应模式，知识产权低法治状态在新兴经济体和发展中国家、最不发达国家普遍存在，甚至在发达国家，盗版和山寨产品也有大行其道之势。[1] 一直以来，霸道的“知识产权扩张”是发达国家追求效益最大化的方式和路径，然而，传统知识产权的边际效用正在世界范围内不断递减，知识产权不仅在其输入国而且在其输出国也正在式微、衰退、终结。

正如冯象先生所说，侵犯知识产权已经成为“我们每天的面饼”，如今已绝少有人会自觉地不去触犯知识产权的戒律，“盗版”成了人们

---

〔1〕 参见朱雪忠、杨静：《中国知识产权话语策略研究：基于话语与秩序相互建构的视角》，载《中国软科学》2017 年第 5 期。

问心无愧的生活方式，有着极其旺盛的需求。再加上互联网和外包业务的兴起使“盗版”和“山寨”变得轻而易举、成本低廉，现有的知识产权保护模式已应接不暇，且成本高昂难以为继。雪上加霜的是，对知识产权的“低度保护”已经成为“后发展国家”对“先发展国家”在全球化竞争中取得优势的重要手段，想在全球范围内形成保护知识产权的合力已不可能。这并不是中国及其他新兴经济体所独有的，该现象在美国等发达国家也逐渐变得寻常。因此，知识产权在中国的遭遇与这个遍布网线的蓝色星球上的其他地方相比并没有什么不同。[1]

随着数字技术的高速发展，当代知识产权实际已转变为“信息产权”，其不再以有形物作为权利的载体（如书籍、蒸汽机等）。[2] 著作权的运作尤其困难重重，传统的著作权囿于发表方式的局限，其数量是有限的，权利行使和维护都是可控的。数字时代的来临，除了使复制和下载变得异常容易、难以控制之外，也让思想表达和传播不知所措。印刷技术的出现催生了版权，这一史实揭示了一个规律，即只有当复制成本随着技术发展降低到一定限度时，才有保护版权的必要。同理，当复制成本继续降低时，版权效力就相应增强。[3] 复印机发明之前的时光是知识产权的“流金岁月”。复印的高成本和低质量使得知识产权在印刷材料（书籍、杂志、报纸等）上有效地取得了特权，竞争（包括未经授权的复制或盗版）也只发生在有限的商业实体之间。但是包括计算机网络和互联网在内的数字技术改变了这一切。[4] 当复制成本降到极低甚至为零时，尤其是提供免费下载的站点充斥互联网

---

〔1〕 参见冯象、李一达：《知识产权的终结——“中国模式”之外的挑战》，载《文化纵横》2012 年第 3 期。

〔2〕 参见余盛峰：《知识产权全球化：现代转向与法理反思》，载《政法论坛》2014 年第 6 期。

〔3〕 参见和育东：《从权利到功利：知识产权扩张的逻辑转换》，载《知识产权》2014 年第 5 期。

〔4〕 参见冯象、李一达：《知识产权的终结——“中国模式”之外的挑战》，载《文化纵横》2012 年第 3 期。

时，版权便失去了意义。“正版”商品成为上流守法阶层的奢侈享受和有钱人社会身份的象征，知识产权制度是迎合“中产阶级消费观”崛起，而带来的“技术大发展”的需要。

随着工业和商业外包的加剧，越来越多的知识产权产品与服务正在向中国、印度、巴西等“低成本”国家转移，这也意味着新世纪的全球竞争将会使知识产权制度无法严格落实。大批中国的侵权者和制假者都是欧美和日本外包业务的生产商、服务提供者，或是其供应商、分公司。这些企业在外包年代把业务搬到中国无疑是理智的，利用了这里低廉的知识产权成本。外包缩小了国家间在技术、管理和营销知识等方面的差距，企业因而得以生产物美价廉的仿制商品，并且还很快招来了所谓“风险投资”的国际资本和一流的法律服务。[1] 法律本身也是一种商品，当这种商品是低成本时，也会尊重资本流动的规律。知识产权的全球化跟不上资本全球化转移的步伐。目前的国际知识产权制度与那套其鼓吹者竭力捍卫和证明的社会经济体制——全球资本主义——发生了冲突。[2] 知识产权本欲为资本发展开辟道路，最后却恰恰成为资本发展的阻碍。

知识产权是经济发展到一定阶段的产物。这个结论似乎表明所有的经济体都会同西方一样走上一旦经济和技术获得领先地位就会利用知识产权进一步垄断的路径，知识产权的兴盛只不过是水到渠成、顺理成章的事情。但事实也并非如此，它建立在一个未经检验的前提下：高水平的知识产权保护和先进的经济发展之间存在“自然的”共生关系。[3] 如今的中国经济更加市场化，创业精神、技术革新、私

〔1〕 参见冯象、李一达：《知识产权的终结——“中国模式”之外的挑战》，载《文化纵横》2012 年第 3 期；高鸿钧：《现代法治的出路》，清华大学出版社 2003 年版，第 9 页。

〔2〕 参见冯象、李一达：《知识产权的终结——“中国模式”之外的挑战》，载《文化纵横》2012 年第 3 期。

〔3〕 参见冯象、李一达：《知识产权的终结——“中国模式”之外的挑战》，载《文化纵横》2012 年第 3 期。

有企业空前繁荣,但盗版与仿冒也越发猖獗。2008 年,“山寨”成了年度热词。带火这个词的就是山寨手机。从 2004 年甚至更早一些,一些没有什么名气的“杂牌”手机,或者纯粹就是模仿名牌外观、功能的手机,从深圳华强北的大小档口,源源不断地销往全国,甚至海外。2009 年中国卖了 1.45 亿部山寨手机,比 2008 年大涨了 43.6% ,相当于 2005 年的 4 倍,抢占了全球 20% 的市场。“便宜、好用、功能齐全”是力挺山寨机的消费者给出的理由。山寨手机在山寨的同时也有创新,比如双卡双待这曾经专属于山寨手机的“俗气”功能。如今的很多知名品牌,其实都是在分享山寨手机当年为他们开拓的功能和培育的市场。号称“非洲之王”的手机品牌传音,为了贴合市场,在全球独创了适合非洲当地人肤色的拍照模式。在传音的非洲美颜镜头里,当地人的五官更清晰,照片非常讨人喜欢。正是当年华强北成百上千的山寨手机制造商,敏锐地捕捉到消费者的需求,并用比大品牌快几倍甚至十几倍的研发速度去满足不同的市场需求,才促成了今天中国手机产业链的成熟完备。这让每一个环节和零件都有竞争者,并借由竞争提高了技术含量,同时又降低了价格。当然,山寨手机随着 3G、4G、5G 技术的到来,由于芯片技术的阻力,退出了历史舞台,但如今的华为、小米、OPPO 等知名国产品牌正是在山寨手机中如凤凰涅槃般发展起来的。

互联网和外包这种“破坏性创新”的范式对知识产权保护的突破在中国乃至全世界范围内共同开启了一系列促使知识产权衰落的深刻社会变化。通过提供类似但粗糙的简装产品或服务来抢占低端市场,最后导致主流消费者也会因为简单易得、优质低价的解决方案而兴奋,持续不断的破坏浪潮将逐渐重塑市场。[1] 许多知名品牌及其知识产权也在“Outlet”文化中衰败。知识产权在发展中国家遭遇的全

---

〔1〕 参见冯象、李一达:《知识产权的终结——“中国模式”之外的挑战》,载《文化纵横》2012 年第 3 期。

面性溃败与实施全球化策略以来其所取得的立法成效形成“低法治”的尴尬局面。

即便在知识产权受强力保护的美国，对知识产权的批判之声也此起彼伏。以美国的 Anatoly Volynets 为代表的“知识产权怀疑论”学者，对知识产权制度提出了十大疑问，认为现在的知识产权保护没有对社会、经济、文化、科技等产生促进作用，而是相反地产生了障碍效应，这与建立知识产权制度的初衷大相径庭。因为知识产权的扩张使知识产权越来越多地侵占公共领域的知识资源，限制和缩减人们对公共领域资源的利用，权利人自己获得严重超过知识创造成本的高额回报，却将其产生的巨大社会成本转嫁到公众身上。同时，知识产权权利人为了保证自己的专有权能够继续获利，压制对其具有替代性的新的知识的产生。以美国的 Richard Stallman 为代表的学者提出了限制甚至废除知识产权制度的主张，他认为美国的知识产权保护到了无孔不入的地步，公众为此所付出的代价越来越大，版权保护期一延再延，如果再这样无休止地延长下去，知识产权不仅会突破地域性，甚至连时间性都给突破了。同时，知识产权制度加剧了社会分配的不公，扭曲了正常运行的社会秩序，在国际层面，如果要求发展中国家或者不发达国家与发达国家按同样的标准来保护智慧创作物，其唯一可能产生的结果就是它们将永远处于发达国家的掠夺之下。Taussig 和 Pigou 认为，专利制度是多余的，而且也是不必要的。其基本观点是，没有专利制度，人们照样会进行发明创造活动，因为人类的创造禀赋是与生俱来的，而且是偶然的，与专利制度的激励没有必然的联系。中世纪以前，虽然没有任何知识产权制度，但人类从未停止过智力创造活动，而且所产生的创造性成果也是令人称赞的。[1] 传统知识产权所面临的全球性讨伐已不可避免。

---

〔1〕 参见曹新明：《知识产权法哲学理论反思——以重构知识产权制度为视角》，载《法制与社会发展》2004 年第 6 期。

知识财产若真是一种法定的无形财产形式、一种以注册或是国家强制力为法律拟制的垄断，它就只能存活于复制和模仿手段受到严格限制且成本高昂的社会当中；否则，在典型的资本主义竞争中，知识产权的产品和服务就只能是免费的，或是被随意假冒的。[1] 知识产权保护的低水平代表着激烈而鲜活的市场经济竞争，成功的新兴经济体拒绝保护水平较高的既有知识产权体制，这证明我们过去所知道的那种传统知识产权制度体系正在死去，保护水平较低的知识产权制度体系呼之欲出。[2] 传统知识产权只有寻求一条更加开放、包容的道路，才能真正获得生机。

四、世界格局中“主体性”中国的发展

现代西方法治仅仅是现代法治的一种体现型式，远远不能代表全部现代法治。[3] 我们提问和论述的目的，不是要为西方主流理论提供又一个中国的例证或例外[4]，而是要探索中国的路径。在全球化的世界格局中，国际舞台中角色的变化常常会导致世界格局的演变，而规范国际秩序的国际法律制度也会在旧格局的解构和重构中发生变化。世界格局中“主体性”中国的发展将会在包括知识产权在内的诸多法律领域发声，影响甚至改变知识产权文化的格调。

从中国出发重新思考世界结构中的“中国”，不仅要求我们关注中国，也要求我们关注世界——它既要求我们根据对他者的理解来认识“中国”，也要求我们根据与他者的合作或冲突来认识中国，因为“国家利益的再定义，常常不是外部威胁和国内集团要求的结果，而是由国

---

〔1〕 参见冯象、李一达：《知识产权的终结——“中国模式”之外的挑战》，载《文化纵横》2012 年第 3 期。

〔2〕 参见冯象、李一达：《知识产权的终结——“中国模式”之外的挑战》，载《文化纵横》2012 年第 3 期。

〔3〕 参见高鸿钧：《现代法治的出路》，清华大学出版社 2003 年版，第 9 页。

〔4〕 参见冯象：《政法笔记》，江苏人民出版社 2004 年版，第 248 页。

际共享的规范和价值所塑造的。”[1]

沃勒斯坦提出了世界体系理论中的著名假设,即在人类社会变迁进程中存在三个众所周知的历史体系的形成或变异,即所谓的“小体系”(minisystems)、世界帝国(world - empires)和世界经济。[2] 所谓“小体系”,是指一种空间相对较小而且时间也可能相对较短的体系;更为重要的是,这种体系在文化的和支配性的结构方面具有高度的同质性(homogeneous),其基本逻辑乃是一种在交换方面的“互惠”(reciprocity)逻辑。“世界帝国”乃是一种包含了多种“文化”模式的巨大的政治结构。这种体系的基本逻辑乃是中央从地方自治的直接生产者处榨取贡品。“世界经济”则是被一维多元政治结构所支解了的但又经过整合的生产结构的极为不平等的链条。它的基本逻辑是不平等地分配积累起来的剩余产品,当然,这是一种有助于那些能够在市场网络中实现各种暂时垄断权的国家或地区的“资本主义”逻辑。[3] 世界体系的形成是全球化经济发展的结果,然而,世界体系形成的结构模式并不是建立在平等的基础上的,而是通过国家权力的外在力量的运行进攻性地进行,国家权力的力量对比造成了世界体系结构中的主体地位的不同。恰如沃勒斯坦的总结,在世界体系的进程中存在两重过程:一个是中心区的“中心化过程”,即在世界经济体系中,一些强国利用世界范围的商品垄断和资本积累实现利润最大化,逐渐以绝对强大的经济地位成为世界体系中的“核心国家”;另一个是边缘区的“边缘化过程”,即在世界经济体系中,只能依靠低端使用大量劳

---

〔1〕 [美]玛莎·费丽莫:《国际社会中的国家利益》,袁正清译,浙江人民出版社 2001 年版,第 3 页。转引自邓正来:《中国法学向何处去——建构“中国法律理想图景”时代的论纲》,商务印书馆 2006 年版,第 9 页。

〔2〕 See Wallerstein, *I. 1974. Modern World System*(I), Academic Press, p. 37 - 38. 转引自邓正来:《中国法学向何处去——建构“中国法律理想图景”时代的论纲》,商务印书馆 2006 年版,第 11 页。

〔3〕 参见邓正来:《中国法学向何处去——建构“中国法律理想图景”时代的论纲》,商务印书馆 2006 年版,第 11 页。

动力和高消耗自然资源，采用落后技术实现经济产出的国家，只能在竞争中沦为“边缘国家”。经济的两极化导致政治的两极化，在中心区出现了强国，而在边缘区出现了弱国。[1] 但中心区和边缘区的界限并不是绝对清晰的，核心中心区和外缘边缘区保持相对稳定的地位，在中间区处于力量不断变化和不断被团结的部分，成为更加重要的区域。在中心区的国家与在边缘区的国家之间的力量对比关系，也形成了依赖和被依赖、支配与被支配的关系，“主权性”国家之间并非是一种所谓的“平等”关系。中心区的国家以各种方式对体系中的周边国家施以影响，并利用各种途径继续保持这种支配性地位。

中国开始逐步进入世界结构之中，成为“世界游戏”的参加者和参与者[2]，由世界体系之内的局外人转变为世界结构之内的主角色。从 1971 年中华人民共和国恢复在联合国的席位开始，中国在世界体系中位列重要一席。但国力的衰弱使中国只是一个被捆缚其中但却有实力挣扎的“强大的落后国家”。作为一个参加者而非一个参与者，在世界体系中，中国只能算是“主权性”国家，而尚未成为“主体性”国家，在世界体系形成的过程中，中国没有话语权或者说没有足够的话语权，无法将自己的意志和诉求纳入世界体系。随着中国正式加入 WTO，“中国经由承诺遵守世界结构的规则而进入了世界结构之中，成了‘世界游戏’的一方。中国进入世界结构的根本意义乃在于，中国在承诺遵守世界结构规则的同时也获致了对这种世界结构的正当性或者那些所谓的普遍性价值进行发言的资格：亦即哈贝马斯意义上的‘对话者’或罗尔斯意义上的‘虚拟对话者’——‘正派的国民’（decent

---

〔1〕 参见邓正来：《中国法学向何处去——建构“中国法律理想图景”时代的论纲》，商务印书馆 2006 年版，第 11 页。

〔2〕 关于“参加者”和“参与者”，笔者认为这两者具有完全不同的含义，“参加者”和“参与者”虽然都属于行为主体的成员，但最大的不同在于，“参与者”具有话语权，而“参加者”并不具有话语权，而是作为旁观者，不具有影响行为结果的资格和能力，因而“参与者”具有相对平等的主体地位，而“参加者”并不具有主体地位，只具有被动接受的地位。

peoples)。当然,更为重要的是,中国对遵守世界结构规则所做的承诺本身,已经隐含了中国亦由此获致了参与修改或参与制定世界结构规则的资格[1]”。

综合国力的提升促使世界格局中“主体性”中国的发展,改革开放拉动了这个庞大国家发展的引擎,中国从一个区域性大国向国际性大国转变,与此同时中国的国际影响力也在不断提升。衡量综合国力和国际影响力的指标因素有很多,包括硬实力和软实力。硬实力如人口数占比、国土面积、国民生产总值(GDP)、人均国民收入(GNI)、经济增速、外汇储备、对世界经济增长的贡献率、军事实力等;软实力如他国公民对本国公民态度、对外文化输出、价值观和文化认可度等。目前中国已同100个左右的国家和国际组织建立了不同形式的伙伴关系,“共商、共建、共享”“人类命运共同体”“一带一路”“大众创业、万众创新”等耳熟能详的词汇被陆续写进联合国决议文件。习近平同志在达沃斯世界经济论坛上表示:中国的发展是世界的机遇,中国是经济全球化的受益者,更是贡献者。当前中国经济进入增长“新常态”,但依然保持着年均7%以上的中高速增长,是拉动世界经济增长的主引擎,继续让全球获益。

国家统计局《改革开放40年经济社会发展成就系列报告》[2]显示,1979~2017年,我国经济平均增长率为9.5%,明显高于世界同期2.9%的平均水平;1979~2017年,中国对世界经济增长的年均贡献率为18.4%,仅次于美国,居世界第二位。特别是自2006年以来,中国对世界经济增长的贡献率稳居世界第一位。2017年,中国对世界经济增长的贡献率为27.8%,超过美国、日本贡献率的总和,拉动世界经济

---

[1] 邓正来:《中国法学向何处去——建构“中国法律理想图景”时代的论纲》,商务印书馆2006年版,第10页。

[2] 国家统计局:《国际地位显著提高国际影响力明显增强——改革开放40年经济社会发展成就系列报告之十九》,http://www.stats.gov.cn/ztjc/ztfx/ggkf40n/201809/t20180917_1623312.html。

增长0.8%，是世界经济增长的第一引擎。1978年，我国国内生产总值世界排名第11位；2010年，我国成为世界第二大经济体，并在此后稳居世界第二位。我国占世界经济总量的比重逐年上升，据IMF数据计算，2017年，我国GDP为120146亿美元，占世界总量的15%；对外货物和服务贸易总额跃居世界前列，1978年居世界第29位，2013年我国货物进出口贸易额首次跃居世界第一位，并在2014~2015年保持第一。2017年，我国货物进出口总额41045亿美元，重回世界第一位；人均国民总收入（GNI）不断迈上新台阶，1978年我国人均GNI为200美元，相当于世界平均水平的10.3%，2016年提高到世界平均水平的80.0%，在世界银行公布的人均GNI排名中，2016年中国排第95位（共计217个经济体），比1978年（共计188个经济体）提高80位。中国外商直接投资和对外直接投资居世界前列，1982年我国对外直接投资额居世界第28位，2000年居世界第33位，2013~2015年稳居世界第四位，2016年我国对外直接投资额达1961亿美元，首次跃居世界第二位，2017年我国对外直接投资额达1246亿美元，居世界第三位。吸引外商直接投资跃居世界第二位；出境旅游人数和境外旅游支出于2013年首次跃居世界第一位，2014~2016年稳居世界第一位，是全球最大的出境游市场。我国入境旅游人数和国际旅游收入逐年增加，1995年我国入境旅游人数居世界第七位，2000年居世界第五位，2013~2016年稳居世界第四位。

IMF和世界银行（The World Bank）的统计数据显示，2013年至2016年，中国对世界经济的贡献率平均为31.6%，超过美国、欧元区和日本贡献率的总和，是推动世界经济增长的关键力量。[1] 2018年美国盖洛普公司、大西洋理事会、英国广播公司、俄罗斯社会舆论基金会、拉美晴雨表等多家知名民调机构、智库和媒体就各国国际形象等

---

〔1〕《【砥砺奋进的五年·成就展】中国经济的国际影响力不断扩大》，载中国网，http://news.china.com.cn/2017-10/13/content_41727195.htm。

发表报告，其中大量数据显示，中国在全球领导力和影响力、经济发展潜力、政府和媒体公信力等方面的“得分”持续上涨，国际形象更加积极、正面。全球民众对中国领导力的认可度超越美国、俄罗斯。盖洛普公司报告称，在全球 134 个国家和地区对中、美、德、俄四国全球领导力的调查显示，全球民众对中国领导力的认可度达到 34%，超过美国的 30% 和俄罗斯的 30%，仅次于德国的 41%。在欧洲、亚洲和非洲地区，认可中国作为世界领导者的比率均超过美国。中国领导力在非洲受认可的比率为 53%，美国为 52%。中国领导力在欧洲受认可的比率为 28%，美国为 24%。中国领导力在亚洲受认可的比率为 34%，美国为 32%。[1] 美国智库大西洋理事会 2018 年 2 月的报告认为，中国凭借其成功的对非政策和从不在合作中夹带政治意图的务实做法，已成为在非洲最具影响力的大国。美国爱德曼国际公关公司 2018 年度调查报告显示，中国民众最信任的是政府，信任度高达 84%，在高学历和中高收入群体中高达 89%。而美国民众最信任的是非政府组织（49%），对政府的信任度仅为 33%。[2] 随着中国经济的快速发展及综合国力的不断提高，世界各国对汉语与中华文化的学习热情空前高涨，逐渐形成潮流，一股“汉语热”风靡全球。汉语教学逐步被一些国家纳入其主流教育体系，在许多国家的外语教学中的排位普遍提高，如美国、加拿大、日本、韩国、泰国、澳大利亚等国已先后将汉语列为大学入学考试的外语科目之一。南非政府从 2016 年开始将汉语作为第二外语纳入国民教育体系。2018 年，汉语教学试点在南非部分中小学顺利启动。继南非之后，毛里求斯、坦桑尼亚、喀麦隆、赞比亚等非洲国家也纷纷将汉语纳入了自己的国民教育体系，非洲大陆的“汉语热”正在持续升温。

---

〔1〕《盖洛普民调：巴基斯坦等 10 国对中国领导力最认可》，载新浪新闻，https://news.sina.com.cn/c/2019-03-15/doc-ihrfqzkc4051726.shtml。

〔2〕《国际民调机构数据显示：中国国际形象和影响力持续提升》，载参考消息网，https://baijiahao.baidu.com/s?id=1595243033357212004。

"中国方案"引来世界瞩目。习近平主席在2016年新年贺词中说"世界那么大,问题那么多,国际社会期待听到中国声音、看到中国方案,中国不能缺席。"从20国集团领导人杭州峰会到亚太经合组织领导人利马会议,从达沃斯世界经济论坛年会到"一带一路"国际合作高峰论坛,在全球治理体制变革的关口,中国提出了一系列完善全球治理的"中国方案"。"中国方案"为开辟新全球化时代贡献了"中国智慧",实质性地促成了中国与世界的良性互动,展示出中国的大国自信与责任担当,也明确表明中国已经成为世界稳定之锚,成为世界和平发展的积极推进者和战略引领者。中国国际话语权提升,国际影响力越来越强,提出了人类命运共同体概念,其和平发展的理念得到世界认同。

这是一个最好的时代,是中国国力上升的历史性时期,推进全球治理中的中国话语权成为学界关注的热点问题,知识产权是其中的重要领域。积极采取相应的策略,推进知识产权全球治理中的中国话语权,争取规则制定和运用的主动权,修正西方中心主义的国际立法倾向,构建更加公正、合理的知识产权国际秩序有其必要性与紧迫性。[1] 与国家实力相适应的中国本土企业的全面崛起也直接推动了中国在知识产权国际舞台的中心化。一旦中国的本土企业在中低端市场积累了资本,就迅速走上了自主创新的道路,然后再向外资拥有技术垄断的领域持续发起冲击,用高性能和低价格冲击获得竞争优势,使原有的价格体系崩溃。中国完整的产业结构决定了一旦在某一个产业有了技术性突破,即可在国内建设出完善的上下游产业链、成形的大规模原料采购能力、完善的全球销售链。中国企业在国际市场激烈的竞争中,逐渐挣脱国际知识产权霸权的捆绑而开辟出自主的知识产权道路。国家与企业相互配合,推动中国不断争取更多的知识产权话语权。

---

〔1〕 参见朱雪忠、杨静:《中国知识产权话语策略研究:基于话语与秩序相互建构的视角》,载《中国软科学》2017年第5期。

第四节　中国知识产权文化的理想模式

中国知识产权文化是西方知识产权文化在遭遇中国本土文化后重新酝酿和塑造的一种新型文化。外来文化和传统文化已经进入了一个大交流、大碰撞和大冲突的时期，各民族的文化正在通过交流、融合，互相渗透，互相补充，不断突破国家、民族文化的地域限制和模式限制，在人类的评判和取舍中获得文化认同和价值认同，将本民族区域性的文化资源转变为人类共享。[1] 这个过程并不是单向的移植和接受，文化结构的转变首先是形成一个双重文化结构，然后从双重文化结构向单一文化结构转变。外来文化和传统文化冲突、融合的缓慢和痛苦的过程决定了双重文化结构包括两极，一极吸收外来文化并不断消化改造，另一极较少发生异质文化交流，两极之间互相渗透，前者在一定范围内或一定层次上，积极吸收外来文化，经过实际试验进行选择，将有意义的部分摄入自身文化肌体，淘汰与传统文化不相适应的部分。这种双重文化结构作为一种柔性结构，在相当大程度上容纳了外来文化，同时把外来文化控制在一定范围和层次内，然后经过筛滤或者缓冲，传递给其他范围和层次。双重文化结构既像一个巨大的缓冲装置，缓和外来文化涌入引起的巨大冲击，保持社会稳定，又像一个传动装置，先在局部完成外来文化的消化吸收，起到示范作用，然后带动其他局部仿效，从整体上推动文化发展[2]。双重文化结构形成以后，将向单一文化结构过渡，即传统文化和外来文化经过冲突、适应和融合以后，在新的经济基础上以传统文化为母体形成新文化，新文化形成的标志是传统文化和外来文化有机融为一体，既继承传

---

〔1〕 参见王珍愚、单晓光、许娴：《我国知识产权制度与知识产权文化融合问题研究》，载《科学学研究》2015 年第 12 期。

〔2〕 参见高增杰：《日本近代成功的启示——谈传统文化与西方文化》，中国和平出版社 1987 年版，第 171 页。

统文化的精华，又汲取外来文化的先进要素，外来文化要素逐渐本土化。[1]

知识产权作为一个制度，必须像财产权一样有根深蒂固的文化，而且这种文化必须建立在公平、公正的基础之上，影响知识产权发展的根本因素不是制度，而是文化。作为舶来的知识产权与中国传统文化和中国现代新文化结合的命运并不相同，知识产权在与中国传统文化结合时由于缺乏充分发展的商品经济而流于形式，知识产权在与中国现代新文化结合时却在互联网、数字化、大数据、人工智能等信息经济中生长并优化，并将“以人为本、私权神圣”的西方文明的先进思想，和“利益均衡、和谐共赢”的东方文明的合理内核有机结合。[2] 据此，中国知识产权文化的理想模式应当为：应当强调知识产权的道德性，加强对知识的尊重与对人的尊重，并以此为基础建立知识人类分享性知识产权文化，建立知识历史传承性知识产权文化，建立人文性而非经济性知识产权文化，建立全民性而非精英性知识产权文化，建立民族性优于国际性的知识产权文化，建立和谐性替代割裂性的知识产权文化。

一、知识产权的道德性：对知识的尊重与对人的尊重

知识产权的道德性是整个知识产权文化的基础。明确知识产权的道德性主要是提倡和彰显对知识的尊重与对人的尊重。

知识是人类社会发展的灵魂性符号，它引导人类的生存、发展，恰恰是知识的积淀构成了文化传统，而正是这种“传统化的知识”在完成着文化传承的使命，在文化传承的过程中，形成民族和国家稳定的样态和结构，为在其中的人们提供着可以找寻和参照的某种稳定的“实在”，从而安抚人类的精神，给予人类一种确定性和安全感，为人类自

[1] 参见王珍愚、单晓光、许娴：《我国知识产权制度与知识产权文化融合问题研究》，载《科学学研究》2015 年第 12 期。

[2] 参见吴汉东：《知识产权法律构造与移植的文化解释》，载《中国法学》2007 年第 6 期。

身的发展提供一种基础和平台。从某种意义上说,知识恰恰构成了人的内在结构。

人类因能产生与传承知识而成为个人、民族、国家存在的基础,因此,正是知识这种超脱和纯粹的特性决定了人必须尊重知识。

二、建立知识人类分享性知识产权文化

美国著名科学史家乔治·巴萨在其经典著作《技术发展简史》中声称:"每一种发明物,都有其先祖,每一个发明家都借鉴了已有的发明物。国家荣誉、专利制度、经济利益构成了最近400年的人类发明史,而400年前的发明史,皆为匿名发明家所谱写。"[1]从巴萨的立场看,在人类漫长的发明史中,仅有400年历史的专利是偶然的,也是短暂的,更是非自然的。

随着知识产权的扩张,知识产权的客体不断增多,知识产权的界域不断扩大,知识产权的保护期限不断延长,以资本为内驱的知识产权的扩张性是无法自行遏制的,而随之产生的一系列难题也造成知识产权自身体系的崩溃。知识产权应当转变垄断和瓜分的思维,而转向开放和分享的模式。数字化的出现掀起了一场文化平民化运动,代替了传统的传播方式,以P2P形式形成了知识传播的新渠道,这无疑对传统的控制着传播权的机构造成了巨大的冲击,无偿免费和知识分享像是一场知识的盛宴,不仅增加了普通民众的幸福感,更让新知识呈几何级增长和迸发,从经济学的角度上来讲,无偿免费和知识分享在制度上实现了帕累托最优。知识产权保护应当区分恶意抄袭和无偿使用这两种不同的侵权行为,对于前者是绝对杜绝,而对于后者应侧重于分享。知识产权真正应当保护的是禁止剽窃和假冒,而不应当是垄断。一个作品的表达,其最善的状态是获得关注和理解,垄断则让这个过程变得困难。一个发明的诞生,其最善的状态是更广泛地应用

---

〔1〕［美］乔治·巴萨拉:《技术发展简史》,周光发译,复旦大学出版社2000年版。

于生活，垄断则让这个过程变得昂贵。我们应依靠知识专有和公共领域共享的平衡来促进知识、文化和科学艺术的源头创新、突破创新、竞争创新和协同创新，在充分保护知识产权人利益的同时，切实保障后来创新者以及社会公众的利益。

人类可以将思维转变到建立一种人类分享性知识产权文化上来。人类分享性知识产权文化要求世界各国尽可能少地在知识上设立知识产权，大家共同分享着各自创造的知识[1]，除非是创造需要很大的成本和牺牲并且真正需要激励的领域才可以设立知识产权加以调整；而即使设立知识产权，也要尽可能地减少和限制知识产权给人类造成的影响，保障他人能够以较少代价接触和学习该知识，从而为更多更好地创造奠定更强大的人才储备基础，推动整个人类的“知识”发展。一个“共赢”的世界才是一个“和谐”的世界。知识产权公共领域的设计与管理应当提上日程，分享性知识产权文化鼓励产权人将知识投放公共产品池。

知识应当分享，而不应当垄断，那么需要解决的一个问题是，如果知识共享，那么会不会导致知识被生产的动力丧失，换个说法，没有垄断的保护，知识创造者的利益如何保障？这个问题在传统著作权遭遇互联网和数字化的过程中正在不断被解决，它将通过知识产品提供方式的多元化和知识产权定价的合理化来不断实现，具体的解决方案将在“实践路径”部分论述。

---

〔1〕 这其实不存在不公平，因为其实世界各国人民都是擅长创造的，每个国家都有自己特有的文化，而这些文化正是本国人民所创造的知识的集合体，之所以会区分知识产权发达国家和知识产权弱势国家是因为所定的指标不同，因为这种区分是按照西方国家对“知识”认定的标准而划分的。而在非技术知识领域，发展中国家甚至是贫穷落后的非洲国家都有着非常宝贵的特有“知识”，可以与世界其他国家分享。发达国家擅长专利、商标、版权领域的智慧，而发展中国家则拥有“传统知识”“生物多样化”等资源。

三、建立知识历史传承性知识产权文化

知识产权的生成和发展实际上是具有历史性的，它是西方资本主义发展的结果，版权、商标、专利的酝酿出炉与西方的文化紧密关联，它并不具备适用于所有文化和文明的品质。

19 世纪以来资本的全球化所掀起的一场经济全球化、法律全球化甚至政治全球化的浪潮迫使发展中国家在知识产权国际化和全球知识霸权的重压之下，纷纷开始建立和发展本国的知识产权制度，而在这个过程中，完全是按照西方的模式进行的，这一过程除了让发展中国家成为发达国家拟制的以知识产权为龙头的世界产业链中的下游低端资源输出国外，更重要的是切断了发展中国家原生的知识生产模式。

每种文明在知识生产和知识传承上都有其独特的方式和内容。现有的知识产权体系以专利、版权、商标等权利体系将知识生产的范式从原生国传统文化中脱离开来，打乱了知识历史传承的谱系，这也是导致许多发展中国家传统文化遭到无情摒弃的重要原因。用西方现代知识产权重新去衡量和包装知识，并不是对所有的国家都适合，这导致中国在文化转型的过程中，既不"中国"，也不"西方"。

建立一种有利于本国知识历史传承的知识产权文化非常必要。中国在与国际知识产权接轨的过程中，从忽略本国知识传统到重视本国知识传统，逐渐酝酿出能够挖掘和发扬本国知识传统或传统知识的制度和方法。

四、建立人文性而非经济性知识产权文化

知识产权法完全市场化的制度导向致使着眼于短期利益的创新

行为(渐进性创新)几乎取代根本性创新成为我国创新主体的主要追求;[1]知识产权的利益属性引导知识的市场化发展,使知识走向短、平、快发展道路。能够快速兑现经济利益的知识被爆发式重复生产,而需要更多积淀和酝酿的基础知识逐渐被抛弃,逐渐破坏支撑一个社会文化平衡发展的知识基底。

将发展寄希望于市场的短期迅速的回报,而对投入大、开发周期长的发明缺乏应有的热情和长远的期待,这表明创新过程中不仅存在"市场失效",甚至也显现"制度失效"。[2] 当知识"产权化"之后,"有直接经济利益"的知识和"无直接经济利益"的知识成了命运截然不同的两种知识。有直接经济利益的知识通常是紧跟市场脉动走短、平、快路线,在短期内赚取高额利润,然而这种"知识"的含金量非常有限,而且寿命极短,但却因能获得高额利润而受到创造者和资本的青睐;而无直接经济利益的知识往往是基础理论领域的研究,这种研究往往由于博大、深厚、重要而需要耗费巨大的成本尤其是时间成本,因而市场化的速度也相对较慢,不能给创造者和资本在较短时间内带来收益,因而往往属于"冷门"。知识创造由市场导向的好处是能够满足消费需求,而由市场导向的坏处却是市场失灵、发展畸形。

在2018年的"两会"上,"创新"成为热议话题,全国政协委员、中科院国家空间科学中心研究员吴季说:"在基础科学前沿领域实现重大突破,获得人类重大原始性的创新成果,是世界科技强国的重要标志。"[3]然而,现有知识产权制度为了资本的快速获利而只是激励创新人才在商业化知识领域集聚,"冷板凳"无人愿坐。如果想要使知识

---

〔1〕 参见刘华:《知识产权制度的理性与绩效分析》,中国社会科学出版社2004年版,内容摘要第1页。

〔2〕 参见刘华:《专利制度与经济增长:理论与现实——对中国专利制度运行绩效的评估》,载《中国软科学》2002年第10期。

〔3〕《激发亿万人民创造力　再创伟大奇迹——落实两会精神迈向科技强国新征程》,http://www.gov.cn/xinwen/2018-04/02/content_5279184.htm。

产权制度能够促进知识在基础研究、原始创新上不断突破，便需要建立一种着眼于人类长远发展的人文性知识产权文化而非只顾眼前利益的经济性知识产权文化。因而，有必要对知识的发展采取一定的调控，可以在“市场推动”的基础上采取“政府导荐”制度，保证这两种知识产权协调发展，完善知识体系。

知识的根本目的不是创造经济价值而是实现人文精神。但在知识产权的解构下，知识失去了本来的使命，变成资本积累和掠夺的工具，丧失了其人文本性，这将给人类带来人文精神丧失的危机。当思想和智慧被功利的目的所笼罩时，这种纯粹的美便被消解了，创作应当保留创造本身的纯粹，才能真正发掘人类最伟大的智慧。传统知识产权制度在某种程度上造成了创作的机械化。超越法律的文化坚守，保留知识的灵魂与美，避免知识最高贵的部分不断削弱，形成人文性而非经济性知识产权文化是中国知识产权文化的使命。

五、建立全民性而非精英性知识产权文化

传统知识产权制度在与资本结合实现产业化的过程中，造成的另一项转变是使知识创造脱离了大众。尤其是在科学技术领域，17 世纪及以前，科学活动的目标单一，方法比较简单，规模相对较小，不需要太多的研究经费，科学家个人自由研究是知识创造的主要模式。18 世纪以来，科学不再满足于追求自然知识，逐渐成为培根所说的控制自然的手段，在概念基础和精微理论建构方面，科学中的许多领域发生了根本性变化。随着实验法在科学研究方法中地位的提高，学术领域变得越发专业化，学术研究和科学探索越发职业化，精密科学正式迈入学术研究的阵地。科学技术的大发展同时促成了科学面貌本身的改变，引发了科学事业在规模和结构上的变化，“大科学”的概念随之产生。以 20 世纪 40 年代的“曼哈顿计划”作为标志，现代科学已进入

了“大科学时代”[1],世界科学研究的形态正在逐渐告别单枪匹马、手工作坊式,而进入分工协作、整体推进的“大科学”新阶段。“大科学”的研究对象是自然、社会与人构成的复杂系统,目的是实现科技、生产一体化,变科技为直接生产力,研究经费由国家、国际组织共同资助,研究方式则是科学家之间的合作。在大科学时代,科学研究成为耗资巨大的事业,例如大型粒子加速器、大型射电望远镜、科学卫星等,都耗资巨大。自知识与资本结合之后,“市场性”创新提高了创新的门槛,普通民众不具备创新的各种硬件设施,知识创造精英化成为社会的一种趋势。

然而,真正的知识创新和文化积淀应当源于普通大众。公众的创新兴趣和能力需要培养。公民的科学素质是一个国家持续发展的动力。2018 年第十次中国公民科学素质调查的结果显示,2018 年我国具备基本科学素质的公民比例达 8.47%,比 2015 年第九次调查的 6.2% 提高了近 2.3%,而 2010 年的这一数据只有 3.27%。2021 年第十一次中国公民科学素质抽样调查结果显示:2020 年我国公民科学素质的比例达到 10.56%,比 2015 年提高了 4.36%。有研究显示,在世界创新型国家发展过程中,具备科学素质的公民达 10% 后,创新实力、

---

〔1〕“大科学”概念由德国历史学家莫姆森(T. Mommsen)于 1890 年提出。1905 年,另一名德国学者哈纳克(A. Yon Harnack)使用过“科学大规模企业”的说法。以后,其他德国学者包括韦伯(Max Weber),都曾在他们的学术研究中把科学研究的组织看作是类似于工业企业的组织。巴伯(B. Barber)在 1952 年发表的《科学与社会秩序》一书中使用了“大科学”的提法。韦伯在《作为一种职业的科学》一书中认为科学中的大研究所是国家的企业,科研助手是“与生产手段分离的”白领工人。1961 年 7 月,美国核物理学家、橡树岭国家实验室负责人阿尔文・温伯格,在《科学》杂志发表了《美国大科学的影响》一文,首次使用了“大科学”的概念,用于描述美国“曼哈顿计划”这样的科学工程组织体制机制。1963 年,美国科学家德里克・普赖斯将其以科学计量学研究美国“二战”前后科学发展的报告,汇编为《小科学,大科学》一书出版。通常认为,所谓大科学研究,主要表现为投资强度高、多学科交叉、配置昂贵且复杂的实验设施(设备)、研究目标宏大等特征。2000 年以来,世界科学研究呈现更加复杂性、更大开放性、更多交叉性的复杂系统特征,由此进入了“大科学”涌现时代。

人才培养才能达到相应水平,为创新发展提供持续支撑。因此,提升公民科学素质水平,开展公民科学素质建设工作是建设世界科技强国的基础性、全局性、战略性工作。我国提出公民科学素质建设目标:到 2050 年,中国将建成富强民主文明和谐美丽的社会主义现代化强国,公民科学素质建设能力将得到极大发展,全体公民都将具备科学素质,达到世界一流水平。这意味着创新型国家的建设,不能让任何一个人掉队,而科技创新的福祉更应该让每一个中国人共享。

建立持续的科普机制和提供完善的创新平台是点燃全民创新热情的基本保证。为激发一般公众的创新热情和挖掘其创新潜力,国家以及各行业、各领域在制定知识产权战略时应当注重创新平台的多元化,包括同心多元化、层级多元化、综合多元化;同心多元化平台指各个领域或行业针对自身特点和需求建立旨在促进自身发展的各种创新激励平台;层级多元化平台指针对不同创新主体设立不同层级、各有侧重的创新激励平台,这两个平台是原始创新和消化吸收再创新的主要平台;综合多元化平台是指以各种形式建立旨在连接和整合不同领域、不同层级的创新成果,促进相互间交流与借鉴的平台,它是集成创新的主要平台。多元创新平台有利于扩大创新群体基础,在不悖于高水平创新的政策思路的前提下让普通公众也融入创新活动之中,体会创新的乐趣和艰辛,它不仅可以激发公众的创新兴趣和提高创新能力,还能够加深普通公众对知识产权人和知识产权制度的理解和尊重。[1] 中国也逐渐将全民作为知识创造的根本力量,颁布了《科学技术普及法》,并将 2003 年 6 月 29 日定为全国首个科普日,中国科学技术协会每年都组织全国学会和地方科学技术协会在全国开展科普日活动。通过组织开展全国科普日活动标识、主题征集活动,在全社会进一步营造"人人都是科普之人、处处都是科普之所"的良好氛围,激

---

〔1〕 参见刘华、周莹、黄光辉:《我国公民知识产权意识调查报告》,载吴汉东主编:《中国知识产权蓝皮书》,北京大学出版社 2007 年版,第 423 页。

发全体公民学科学、爱科学、用科学热情,为中国科普活动的可持续发展提供不竭源泉和动力。在大科学时代,举国体制具备其合理性。作为智源大国,建立全民性而非精英性知识产权文化的中国,必定在未来世界知识创造中贡献中国智慧、提出中国方案、发出中国声音、提供全球公共产品,解决世界性大科学难题和提供中国化文化产品,为世界文明发展作出积极贡献。

六、建立民族性优于国际性的知识产权文化

知识产权如果作为一项法律制度,其根本目的或价值应当在于促进创新性知识的增长,推动知识共同体的文明不断向前发展。每一个国家都有自己的文化主权和文化安全,每个知识共同体在若干年的文明积淀中逐渐形成独特的知识谱系,并以此为根基形成了独特和独立的民族,因此民族性同样应当成为知识共同体的知识谱系的特点,也应当成为该知识公共体建立知识产权制度和形成知识产权文化的特点。

中国知识产权文化在培育过程中,一方面,要同国际接轨,学习西方知识产权先进文化;另一方面,我们要保留和开创中国知识产权文化的民族品格,促进具有民族性特点的中国知识产权文化的发展,同时,发扬和推广这种文化,保持世界知识产权文化的多元性和均衡性。

七、建立和谐性替代割裂性的知识产权文化

人本主义是知识产权法的最高价值,和谐发展是知识产权法的终极价值。[1] 前面已经论述过,现代知识产权在形成和全球化过程中,过分彰显了资本利益的驱动性,从而割裂了知识体系间的系统性、割裂了世界知识结构的多元性、割裂了人与自然关系的共生性、割裂了人类命运的共同体性。

---

〔1〕 参见吴汉东:《知识产权法价值的中国语境解读》,载《中国法学》2013 年第 4 期。

以和谐替代割裂是中国知识产权文化努力的方向。在知识产权保护、利用与限制方面,应统筹个人利益和集体利益、局部利益和整体利益、当前利益和长远利益的关系;在知识产权政策实施方面,应兼顾创造、运用、保护和管理的关系;在知识产权治理系统方面,应关注制度本身改革和相关制度替代、补充的关系;在知识产权实施效果方面,应妥当处理社会发展与环境、生态和谐共存的关系。[1] 中华文明是一种和谐的包容文化,"礼之用,和为贵",高度重视"和"的价值。其实中国的"和"文化与创新也是密切相关的。《国语》中讲:"和实生物,同则不继。"因为有了差异化的事物兼包并蓄,才会有创生、创新,如果没有和谐,不能兼容并包,不能把不同的东西结合起来,就不会有创新。东方文化本具有兼容并包、和谐共赢的特性,从中国出发,定能走出与西方不同路径的知识产权文化。

〔1〕 参见吴汉东:《知识产权法价值的中国语境解读》,载《中国法学》2013 年第 4 期。

第五章

中国知识产权文化重构的实践路径

第一节 知识产权文化构建的全球经验

一、作为知识产权先驱的欧盟知识产权文化的酝酿与发展

世界上第一部版权法和专利法均出自英国,第一部注册商标法则出自法国。欧盟是知识产权制度的诞生地,又是当今世界上最大的发达国家群体,欧盟对知识产权保护十分重视,其知识产权法律和制度以及相配套法律和制度都较为完善。欧盟各国知识产权法律实现了"一体化"。早期的欧共体于1973年制定了《欧洲专利公约》,于1978年成立欧洲专利局,在很大程度上统一了欧共体各国专利权的授予;1991年至1996年统一了欧共体及欧盟国家的大部分版权法规;1993年制订了《共同体商标条例》,后又制订了一系列的条例、指令等法律文件,进一步缩小了欧盟国家在知识产权制度各个方面的差异。

在知识产权保护的某些方面,欧盟的立场甚至比美国更为严格。在知识产权国际规则的形成和发展方面,欧盟与美国具有较多的共同利益,因而总体而言持基本一致的立场。但是,欧盟与美国之间也存在分歧。例如,美国从维持其计算机软件方面的巨大优势出发,极力主张其他国家也将与计算机程序有关的商业方法纳入可以受专利保护的范围;而欧盟则以授予专利权的方案必须具有技术属性为由予以

抵制。再如,以法国为代表的欧盟国家极力主张扩大地理标志的范围,以保护其拥有的传统优势产品(如葡萄酒、奶酪、香水等);而美国、澳大利亚等在这方面处于劣势地位的移民型国家坚决予以反对。关于地理标志是否受保护、采取什么途径保护,曾经是世界贸易组织成立之前的谈判中,美欧争议的焦点,而是否扩大与加强对地理标志的保护,又成为多哈会议后多次世界贸易组织谈判中美欧争议的焦点。这些分歧的产生主要并不是在于法学理论方面的不同观点,而是出于维护各自经济利益的考虑。[1] 欧盟知识产权文化在发展过程中呈现出个人私利至上转向私权神圣又转向国家利益至上的转变。

欧盟主张个人权利至上,认为知识产权是一种神圣的权利,是一种不可剥夺的自然权利,应对知识产权采取最强的保护[2]。对版权和地理标志,欧盟主张给予最强的保护,不仅要保护作者的物质利益,还要保护作者的精神权利[3]。

二、作为知识产权强国的美国的知识产权文化的转型与定位

虽然美国建国只有两百多年的历史,但却是世界上最早建立知识产权法律和制度的国家之一。美国《宪法》规定,为了推动科学和艺术的进步,作者和发明者在有限的时间内对作品和发明享有排他性的权利。并于 1790 年颁布了《专利法》和《版权法》,时间早于绝大多数国

---

〔1〕 参见郑成思:《国际知识产权保护和我国面临的挑战》,载《法制与社会发展》2006 年第 6 期。

〔2〕 See Murumba S K. The emerging law of the digital domainand the contract /IP interface: An antipodean perspective[J]. Brooklyn Journal of International Law,2000,(26):91 – 115. 转引自王珍愚、单晓光、许娴:《我国知识产权制度与知识产权文化融合问题研究》,载《科学学研究》2015 年第 12 期。

〔3〕 See United Nations. Universal Declaration of Human Rights[EB/OL]. https://en. wikipedia. org /wiki/Universal_Declaration_of_Human_Rights. 转引自王珍愚、单晓光、许娴:《我国知识产权制度与知识产权文化融合问题研究》,载《科学学研究》2015 年第 12 期。

家。这表明,美国建国之初就把知识产权保护作为其基本国策之一。然而在知识产权实践领域,美国的知识产权文化却是不断变化的。美国也曾经是一个发展中国家,在技术发展的初级阶段,美国采取了低水平的知识产权保护,复制模仿欧洲的技术;后来技术发展到了一定阶段才逐渐加强知识产权保护;美国进入技术发展的高级阶段以后,采取了更高水平的知识产权保护,并主张在全球范围内推行更高水平的知识产权保护,以保护美国企业在海外的知识产权利益。美国就是随着经济的发展逐渐从一个知识产权的纯消费者变成了净生产者,这也促使他们从一个盗版者变成了知识产权保护的支持者。[1]

在美国建国最初的一百年里,美国人并不保护国外版权。美国花了将近一个世纪的时间来承认对外国版权的保护,直到 1891 年的《国际版权法案》(*International Copyright Act of* 1891)颁行,美国才开始有条件地为极有限的几个国家的国民的作品提供版权保护。即便如此,也还是存在所谓"印制条款"(Manufacturing clause)的限制,即只保护在美国境内印制的外国作品的版权,该条款直到 1986 年才正式废止。[2] 一百多年来,美国长期游离于伯尔尼公约之外,并非其不知知识产权保护的重要性,美国的知识产权文化凸显了文化在制度相对均衡中的地位,其强调通过知识产权制度实现其自身利益最大化的知识产权文化观念是抵抗各方压力的强大动力。[3] 在专利领域,美国利用知识产权制度幼年时期宽松的空间实现了技术模仿与技术赶超。美国基于实用主义的文化传统,认为知识产权不是一种自然的不可侵

---

〔1〕 See William W. Fisher Ⅲ, The Growth of Intellectual Property: A History of the Ownership of Ideas in the United States, http://cyber. law. harvard. edu/ property99/ history. html. 转引自王珍愚、单晓光、许娴:《我国知识产权制度与知识产权文化融合问题研究》,载《科学学研究》2015 年第 12 期。

〔2〕 参见何隽:《全球化时代知识产权制度的走向:趋同、存异与变通》,载《比较法研究》2013 年第 6 期。

〔3〕 参见周洪涛、单晓光:《知识产权文化与知识产权制度关系研究——以知识产权制度的困境为视角》,载《科学学研究》2009 年第 1 期。

犯的权利，而是实用主义的妥协产物，是国家为了本国的利益而授予的权利[1]。美国曾经不赞成对作者的精神权利和地理标志予以保护。美国长久以来普遍信奉劳动价值理论和与分配正义紧密相关的“产权理论”，它有助于立法者和法官创设和维护智力劳动权利，普遍的重商主义情绪和一些传统观念也支撑着美国历史早期的知识产权法案的通过。[2]

第二次世界大战结束后，世界经济技术的重心从欧洲转移到美国，美国开始大力培育严格保护的知识产权文化。1979年，美国政府提出“要采取独自的政策提高国家的竞争力，振奋企业精神”，并第一次将知识产权战略提升到国家战略的层面。从此，知识产权战略成为美国企业与政府的统一战略。美国在知识产权的法律上进行了一系列的修订和扩充。1980年通过《拜杜法案》，1986年通过《联邦技术转移法》1998年通过《技术转让商业化法》。1999年美国国会又通过了《美国发明家保护法令》，2000年10月众议院与参议院又通过了《技术转移商业化法案》，进一步简化归属联邦政府的科技成果运用程序。美国一方面注重为权利人提供有效的知识产权保护，例如大力促进其版权产业的形成和壮大，将能够获得专利保护的范围扩大到微生物、与计算机程序有关的商业方法等，规定大学和科研机构对利用国家投资完成的发明能够享有并自主处置专利权等；另一方面也注重知识产权权利人利益与公众利益之间的合理平衡，美国是世界上最早建立反垄断体系并将其用于规制知识产权权利滥用行为的国家，它还通过其

---

〔1〕 See Murumba S K. The emerging law of the digital domainand the contract /IP interface: An antipodean perspective[J]. Brooklyn Journal of International Law, 2000, (26): 91 - 115. 转引自王珍愚、单晓光、许娴：《我国知识产权制度与知识产权文化融合问题研究》，载《科学学研究》2015年第12期。

〔2〕 See William W. Fisher Ⅲ, The Growth of Intellectual Property: A History of the Ownership of Ideas in the United States, http://cyber. law. harvard. edu/ property99/ history. html. 转引自王珍愚、单晓光、许娴：《我国知识产权制度与知识产权文化融合问题研究》，载《科学学研究》2015年第12期。

最高法院近10年来的一系列重要判决，制止对专利权的保护范围作过宽的解释，以免其他人使用先进技术有随时“触雷”的危险。

经济全球化的过程中，美国的知识产权文化开始转向更加严格的国际保护，以贸易为后盾针对发展中国家尤其是中国展开知识产权霸权。20世纪70年代，随着欧洲发达国家和亚洲新兴工业国家和地区经济的崛起，美国感到了巨大的竞争压力，美国政府和产业界对此进行了深刻反思，认为美国在全球经济竞争中最大的资源和优势在于科技和人才，而由于知识产权保护不利，使外国能够轻易模仿，并凭借劳动力和制造业的廉价成本优势实现了经济快速发展。通过知识产权国家战略的持续推进，美国利用长期积累的科技成果，巩固和加强知识产权优势，保持了在全球经济中的领先地位。自20世纪80年代以来，美国在对外知识产权政策方面一直从维护本国利益出发，进攻性地参与和推动知识产权国际规则的制定和调整，不断推行自己的“知识产权价值观”。美国以专利为核心，以跨国公司为主体，跑马圈地，攘外安内，构筑知识产权防御壁垒；利用本国在国际社会上的经济和政治地位，强迫发展中国家推行严格的知识产权保护制度体系，以确保其在海外市场利益和对国际贸易的绝对操控；[1]控制和监视其他国家知识产权事业的发展，“美国利益至上”成为美国知识产权文化中的重要组成部分。据美国国际贸易委员会（USITC）统计，仅2009年一年，美国的版权和软件产业就因中国的知识产权侵权行为损失了480亿美元，这直接或间接造成210万个工作岗位的流失，美国企业为应对前述侵权行为额外支出了5亿美元的成本。美国贸易团体、政客和大众传媒对中国的类似指责在过去20年中早已司空见惯。[2] 在国际贸易中，一方面通过其综合贸易法案的“特殊301条款”对竞争对手

---

〔1〕 参见李晓秋、宋宗宇、刘婧：《知识产权战略当中的博弈》，载《电子知识产权》2006年第3期。

〔2〕 参见冯象、李一达：《知识产权的终结——“中国模式”之外的挑战》，载《文化纵横》2012年第3期。

予以打压,另一方面又积极推动世界贸易组织的知识产权协议的达成,从而形成了一套有利于美国的新的国际贸易规则。与此同时,美国非常注重知识产权战略研究,如美国 CHI 研究公司的“专利记分牌”系统,运用文献计量分析方法,对科学论文和专利指标进行研究,自 2000 年起,《企业技术评论》杂志根据 CHI 的数据库和研究成果,每年发表一次《专利记分牌》的统计结果,用技术实力及专利数量、当前影响指数、科学联系、技术生命周期等 5 项指标分别为在美国专利申请最大的 150 家公司按 8 个高新技术领域排定名次,以此清晰地分析世界各大公司在美国知识产权市场的竞争态势。《专利记分牌》不仅注重专利数量,而且其指标设计还可满足对企业质量的分析。美国的专利战略研究具有长远的战略考虑和长期的基础性布局。近年来美国在专利保护上采取极为扩张的趋势,从强化对计算机软件的专利保护到对商业方法,尤其是电子商务方法的保护,对基因技术、药品等对美国有优势的产品都给予极强的专利保护。美国专利商标局要发展成一个以质量为核心,工作效率极高,对市场反应灵敏的组织,以支持市场驱动型知识产权制度。美国政府从知识产权制度建立之初就是要为美国的市场经济服务的,一切都围绕着这个主题,政府极力保护企业的利益,尤其是美国大企业的利益,而大企业又推动政府立法,参与政府对外政策的制定。

与以欧洲为中心的近代知识产权文化相同的是,由美国引领的现代知识产权文化也是在主张自由主义精神的背景下孕育并发展起来的,重视知识产权保护的理念作为美国国民的信条被写进了美国宪法,美国宪法中“推广知识传播、公共领域保留、保护创造者权利”的知识产权政策深刻地体现了思想自由的精神主张。与欧洲近代知识产权文化的不同之处是,美国在培育现代知识产权文化时主要依据市场调节和法律规制的作用而较大地约束了政府权力。现代知识产权文化的特点符合当今世界以市场为导向的经济发展特点,高附加值的无形财产成为推动经济增长的核心因素。西方国家在知识产权法律形成过程中的文化背景虽不相同，但主张知识产权私有化和崇尚、鼓励发明创新的文化内涵却是相同的。[1]

控制国际知识产权的标准，提供高附加值的知识产品是美国知识产权文化的重要指向。创意产业有"四高三低"的特点，即"高技术、高智力、高附加值、高效益、低投入、低消耗、低污染"，[2]包括新闻出版、广播影视、文学艺术、文化娱乐、广告设计、工艺美术、计算机软件、网络信息等各个产业。美国目前控制了世界75%的电视节目和60%以上的广播节目的生产和制作，使美洲、非洲和部分亚洲国家成为美国节目的接收站，其广播电视节目中的美国节目占到60%～70%；此外，美国只生产了全球6.7%的电影，却赚取了全球85%的票房收入。[3]

美国盗版现象较少出现，这有赖于强有力的和非常有效的法律执行体系。另外，美国以刑罚手段来打击侵犯知识产权的犯罪。首先，美国政府将侵权列入严重犯罪的种类，对这些犯罪分子进行严重的惩罚，把他们从事犯罪的利润统统没收。值得指出的是，美国国内实行严格的知识产权保护和开放的公共资源分享并行，最典型的就是美国的公共图书馆。在美国，公共图书馆管理的一个重要概念，就是把公共图书馆作为社区中最重要的免费公共空间。公共图书馆除了为人们提供免费读书、借书的机会之外，还经常举办各种文化讲座、文化聚会以及社交活动，成为连接社区居民的纽带。美国的公共图书馆非常重视培养儿童的阅读兴趣，大多数图书馆设有专供儿童读书的区域。全美最大的两座公共图书馆（纽约公共图书馆和克里夫兰公共图书馆）更是把这种服务大众的理念说的明白：要将自己办成知识的大学

---

〔1〕 参见李志明：《中国知识产权文化发展中的文化冲突及解决方法——以知识产权文化的历史演变为视角》，载《江汉论坛》2013年第4期。

〔2〕 参见刘丽娟：《文化资本的交易模式对文化产业发展的影响》，载《经济纵横》2006年第11期。

〔3〕 参见李怀亮、刘悦笛：《美国的文化霸权》，载《红旗文稿》2008年第16期。

(the University of Knowledge)和人民的大学(the People's University)。数字时代,并没有为公共图书馆带来巨大挑战反而成就无限机遇。

三、作为知识产权立国的日本的知识产权文化的形成及特色

日本作为 WIPO 的主要成员国,对 WIPO"建立一种明达的知识产权文化"的决议作出了积极的响应。2004 年 5 月,日本在东京召开了以"知识产权文化的建立和传播"为主题的国际研讨会,所形成的《东京宣言》提出,为了应对全球化带来的挑战,有必要建立包括培育创造力和鼓励创造、保护和有效利用知识产权为主要内容的知识产权文化。日本知识产权文化建设之制度创新:(1)以《知识产权战略大纲》为核心建立知识产权公共政策保障体系;(2)以产业发展为导向建构知识产权法律制度体系;(3)积极获取主导权参与和推进国际条约、政策的制定与修订;(4)改革知识产权行政管理、执法及司法体制;(5)加大知识产权基础设施及公共服务体系建设。日本知识产权文化建设之观念变革:(1)采取多种途径鼓励创新,激发企业及科研人员的创造热情;(2)以教育为手段致力于知识产权人才的培养、知识产权文化理念的传播。[1]

近代日本出于"维新"的内在要求移植德国法律,其本土文化与源出地文化存有相当大的差距,因而导致法律实施效果落后。鉴于此,日本政府借助政治权威开始实施从上而下的法律文化改造活动。力图达到新的社会认同,为法律移植构建应有的文化基础。早在 1885 年,日本就参照法国和美国专利法的规则颁布实施了《专卖专利条例》,确定了近代专利制度的基础。时间与德国大致相同,在亚洲国家中是最早的。20 世纪 70 年代以来,日本每年受理的专利申请数量长期高居世界各国之首。日本知识产权文化建设是在实施"知识产权立国"战略过程中提出并随着该战略的推进而逐步展开的。在制度层

---

〔1〕 参见姚远:《日本知识产权文化:制度与观念》,载《学术界》2015 年第 1 期。

面，日本政府着力从知识产权政策体系、法律制度、行政管理、执法、司法体制以及与之相配套的基础设施和服务体系等方面进行改革与创新，逐步建立起一套具有本国特点的新的制度体系；在观念层面，通过有效的激励机制以及系统的知识产权教育使尊重知识、崇尚创新的知识产权价值理念转化为社会整体认同的精神资源，最终实现知识产权文化的现代变迁。

第二次世界大战后，日本在“废墟中重新站立”，选择以实现国民经济现代化为中心的经济立国的复兴战略，博采世界各国先进技术，通过大量引进美国和欧洲的先进技术并对其进行消化和吸收基础上进行二次开发，遵循“技术引进—消化—再改良—创新”的思路，以加工组装为中心，建立了世界上最好的有形产品制造体制，被称为“日本模式”，创造了历时 20 年之久的经济高速增长期，一跃成为世界第二经济大国。这一阶段日本的知识产权活动主要集中在外观设计方面，而在技术方面多是在模仿吸收别人的成果，创新性并不强。

从 20 世纪 90 年代开始，当经济发展到一定程度，面临经济发展战略和经济体制的大转折时，知识经济成为各国在全球竞争中取胜的关键，改良型创新已经不能在竞争中获得优势。来自欧美知识产权方面的压力持续增大，日本在信息技术等高新技术领域竞争力逐步落后于欧美，而在传统工业和劳动密集型产品方面又面临着亚洲新兴工业国家和地区的竞争，日本实行“科技立国”战略，从以外观设计为主的改进型技术向独立的发明创造转变，加强技术创新对日本产业发展的促进作用。然而，这只是一种战术调整而非战略调整，结果使日本经济持续 10 多年萎靡不振。20 世纪 90 年代被称为日本“失落的十年”。据瑞士洛桑的一个国际性开发研究所（IMD）对世界竞争力进行评价的年报表明，1991 年日本的综合竞争力为世界第 1 位，到 2001 年已降至第 26 位，2002 年更下降至第 30 位。与日本经济 90 年代长期萎靡形成鲜明对比的是，美国经济却迎来了增长的黄金时期。日本发现创造美国新经济奇迹的一个重要因素是大力推行富有远见的经济战略，尤其是知识产权战略。为了应对挑战，振兴经济，日本把知识产权战略正式提上了日程，由“科学技术立国”转变为“知识产权立国”，探索国家发展的新模式，“使定位于制造组装业的经济模式向适合创造高附加价值的无形资产的体系转化”[1]，以增强日本产业的国际竞争力。所谓“知识产权立国”，就是要把日本建设成为一个崇尚发明与创造的国家。除了制造业之外，要将技术、工业设计、商标、音乐作品、电影等有价值的“信息创造”，亦即无形资产的创造置于产业基础的地位，以此谋求恢复日本经济社会的活力。

日本是世界上第一个以战略大纲的形式对知识产权战略进行系统规划的国家。2002 年年初，由小泉首相主持召开了“知识产权战略会议”，7 月出台了《知识产权战略大纲》，作为一项举国战略性的知识产权政策，该大纲立足于实现知识产权立国，从知识产权的创造、保护、应用以及人才培养等层面系统构筑国家知识产权战略的基本体系，要把日本建设成一个崇尚发明与创造的国家。11 月日本国会又通过了《知识产权基本法》，以法律形式将知识产权从部门主管的事务上升到国家性事务的高度，为知识产权战略的实施提供法律保障，并采取一系列确保知识产权顺利发展的有效举措。2003 年日本内阁成立了“知识产权战略本部”，由首相任本部长，并设立了“知识产权推进事务局”，每年发布了一次《知识产权推进计划》，对国家主管部门、教学科研单位，各类企业的相关任务与目标都作了规定。日本每年都要推出新的计划，并根据情况变化对产业政策作出相应调整。2003 ~ 2008 年推进计划是由创造、保护、活用、内容产业、人才五部分构成，着力改革日本知识产权基本体系。从 2009 年开始，为应对技术创新和市场规模的飞速发展以及数字化、网络化、全球化的国际竞争环境，日本开始提出一系列有针对性的发展目标及具体措施来应对挑战，以构建新的知识产权体系，强化全球知识产权发展战略。日本《知识产权推进

---

〔1〕 钱孟姗：《日本知识产权战略大纲》，载《网络法律评论》2004 年第 1 期。

计划》重点突出且可操作性强，实际成为指导日本年度战略工作开展的纲领性文件，与《知识产权战略大纲》《知识产权基本法》等同属于知识产权公共政策体系中的重要组成部分，为知识产权文化建设提供宏观政策指引和总体规划，是日本知识产权国家战略实施的重要保障。2005 年，日本成立了“知识产权上诉法院”，统一审理知识产权民事和行政上诉案件，以简化程序，优化司法审判资源配置，从而更有效地保护知识产权。通过法律形式将知识产权从部门主管的事务上升为国家性事务，尤其是以政府首脑为本部长的知识产权战略本部的成立，为知识产权战略的推行及相关措施的实施提供强有力的机制。[1]日本从立法、执法、司法等方面建立起完整的一套知识产权战略。

目前，日本已形成以《知识产权基本法》为基础，以《专利法》、《实用新型法》、《外观设计法》、《版权法》、《集成电路布图设计法》、《种子和种苗法》以及《不正当竞争防止法》、《反垄断法》等多部法律为主体，辅之以大量的知识产权产业立法的较为系统的知识产权法律制度体系。通过长期磨合，知识产权制度逐渐与其产业发展和其他法律制度融为一体，为日本营造尊重知识、崇尚创新的文化氛围提供了良好的制度条件。日本专利法自 1885 年正式实施以来进行了屡次修改，专利法的应用性、时效性和可操作性不断提高，对产业的助推作用越发明显。与此同时，为促进科技创新，促成研究成果的商业利用，1998～2000 年，日本先后制定了《大学技术转移促进法》《产业活力再生特别措施法》《产业技术力强化法》等，逐步形成了日本促进知识产权利用的系统性、配套性法律制度，在推动科技创新成果的活用方面发挥了重要作用。进入 21 世纪以来，日本确立了以强化内容产业（文化产业）为核心的成长战略，制定了《IT 基本法》《文化艺术振兴基本法》《关于促进创造、保护及应用文化产业的法律案》等法律及配套措

[1] 参见郑成思：《国际知识产权保护和我国面临的挑战》，载《法制与社会发展》2006 年第 6 期。

施，使日本的动漫、电影、软件、音乐、时装、饮食业成为实现知识产权立国的重要支柱，对提高国民生活、促进国民经济发展作出了贡献。

日本在提高国际知识产权领域的影响力上也是不遗余力，试图主导知识产权国际新规则的制定，以谋求本国利益的最大化。日本广泛地与WIPO、WTO合作，努力在各项活动中扮演重要角色，如尽可能在保护专利、商标、版权、遗传资源、传统知识和民间艺术等方面主持相关的国际会议，力争引导讨论的主流，并积极推进保护视听表演的条约、保护广播组织的条约、数据库条约的修订。〔1〕同时，日本通过自由贸易协定（FTA）和经济伙伴关系协定（EPA）的谈判，将知识产权纳入双边谈判的范围，使谈判对象国根据日本要求，达成高于TRIPs的知识产权保护标准，为日本产品的境外保护以及日本企业的发展创造良好的知识产权保护环境。此外，在现有的知识产权国际保护体系之外，日本另辟蹊径，力图建立一个更强有力的国际新规则(《反假冒贸易协定》，ACTA)，其目标在于进一步强化知识产权执法，构建后TRIPs时期知识产权国际保护新秩序。〔2〕

日本文化由于深受儒教、道教以及佛教等中国的传统文化的影响，法古循礼、重义轻利的思想较为普遍，其文化特性也表现为隐忍与克制。同时日本作为一个岛国，不像大陆民族那样，具有独立奋斗的精神，而是形成了相互依靠的团队品质。创新强调独立思考的精神，相互依靠则容易产生互补性。〔3〕日本尊崇集体主义思想，日本企业文化非常有凝聚力，使日本的企业知识产权文化非常强大。日本社会普遍认为企业的社会价值在于它对新技术的成功开发，无论是政府还是企业都致力于为其成员提供一种鼓励新思想和奖励原创性技术发

〔1〕参见彭霞：《日本海外知识产权战略研究》，载《财经理论与实践》2013年第4期。

〔2〕参见詹映：《〈反假冒贸易协定〉(ACTA)的最新进展与未来走向》，载《国际经贸探索》2014年第4期。

〔3〕参见马秀山：《日本知识产权战略区别于欧美的文化原因》，载《中国发明与专利》2005年第9期。

明的社会环境。为鼓励知识创新,大学和研究机构都实行聘任制,竞争上岗,以公开招标方式分配政府科研经费、将专利权以及知识创新实际效益作为评估研究人员成果和业绩的指标并据此优先分配研究经费。日本建立了由政府奖励与民间团体、企业奖励共同构成的形式多样的奖励体系,其中以政府名义颁发的比较有影响力的奖项如:日本奖、日本国际生物学奖等,这类奖励活动往往由日本天皇和首相出席并颁奖,发明人被授予崇高的社会荣誉和地位。而民间奖励也是数不胜数,如在日本享有较高声誉的日本全国发明奖,即分为重大发明奖与一般发明奖两种,每种奖各 10 项,既有奖给个人的,也有奖给团队的,还有奖给组织者的。不仅如此,很多企业内部也都建立了明确、具体而公平的激励制度。奖项分布在专利申请、授权以及实施各个阶段,奖金也呈不断提高趋势。日本政府社会价值分配的导向在激励全民创新、引导日本迈向创新发展之路上发挥了明显的作用。

日本将教育作为推进知识产权文化建设的主要手段,构建了系统规范的知识产权教育体系。针对幼儿以及中小学生进行创新和知识产权意识的启蒙教育,在小学与中学的"理科"课程中即渗入"为了加深理解原理与定律"的"制物教育",中学"科技 · 家庭"课程中的科技领域要求必须讲授"材料与加工技术"、"能源转换技术"、"生物工程技术"以及"信息技术"四方面内容。同时,为训练学生的动手能力,学校积极开展各种形式的实践教育,并且正以多样化的开展方式向前推进。[1] 通过免费发放知识产权教材和辅导读物、为学龄儿童和青少年成立发明俱乐部等一系列措施来启蒙儿童及青少年的发明兴趣,培养独创性思维,对发掘知识产权潜在人才起到源头性、基础性的作用。特许厅要求全面实施知识产权教育,为社会各阶层、中学和普通成人编写知识产权教材,召开讨论会,组织知识产权教育研究;经济产业省

---

〔1〕 参见松岗守、吉日嘎拉:《日本"制物教育"及知识产权教育》,载《内蒙古师范大学学报(教育科学版)》2010 年第 4 期。

组织产学研联合开发知识产权课程(2003 年出版了 50 万套标准教材);日本发明与创新协会自 1974 年以来,就为学龄儿童成立了发明俱乐部,已经在全日本的 47 个县建立起 159 个这样的俱乐部,并增进和当地政府部门、教育部门、学校以及公司企业的理解和合作。发明协会举办知识产权知识进修、发明表彰、发明创新展、发明竞赛和发明俱乐部等一系列活动;通过这一系列措施,努力营造了一个充分尊重和理解知识产权文化的社会环境。[1] 针对大学生和研究生的知识产权普及教育和专业教育,日本文部科学省要求涉及法学的大学学院及知识产权相关的专科学院要培养知识产权专业人才;日本于 20 世纪 80 年代即把知识产权教育列入高等教育的内容,在各主要大学的法学院开设知识产权法课程。从 2002 年起,在各大学的理学部和研究所设立知识产权制度的相关讲座,成立知识产权专门职业学院,有计划、有组织地培养专业人才。2004 年,开始在法科大学招收知识产权方面的研究生,将知识产权法设为法科大学的选修科目,使各法科大学成为培养知识产权专门人才的基地。[2] 促进法学研究生院与理科研究生院联合培养既具有科技素养又有法学素养的知识产权人才。[3] 同时,2006 年通过改革司法考试,废除对日本基本六法的偏重,将知识产权法列入论文考试的选考科目,以此来强化法律职业者的知识产权相关知识储备。以上种种举措为知识产权实务型人才以及复合型人才的培养创造了有利条件。针对实业界和科研机构有关人员进行职业教育和技能培训。日本经济产业省或一些民间机构、协会经常举办各种形式的中长期或短期的知识产权培训,召开各种主题的研讨会,互相交流经验,提升各行业相关人员的知识产权专业水平。日本企业,

---

〔1〕 参见沈文庆:《科技发展与知识产权》,载《中国科学基金》2005 年第 3 期。

〔2〕 参见王珍愚、单晓光:《略论中国大学知识产权教育的发展与完善》,载《法学评论》2009 年第 4 期。

〔3〕 国家知识产权局:《日本制定〈知识产权推进计划 2005〉概要》,http://www.sipo.gov.cn/dtxx/gw/2005/200804/t20080401_352935.html。

特别是一些大企业非常重视培养员工与知识产权有关的价值观念、行为规范，鼓励员工定期参加知识产权培训，并将其作为职称晋升的重要条件之一，知识产权文化越来越成为日本企业文化的一个重要组成部分。

从日本的知识产权战略目标来看，日本在第一阶段（2003～2005年）是围绕知识产权立国进行相配套政策和措施的构建。第二阶段（2006～2008年）开始定位于世界顶级知识产权制度的发展方向。进入第三阶段（2009～2012年）后，日本全球数字化网络的潮流融入知识产权制度构建的体系当中，从而强化日本在全球的知识产权竞争力。第四阶段（2013～2018年）的日本努力推动世界知识产权制度的发展，使其跻身为制定亚洲乃至全球知识产权标准，试图引领全球的知识产权的国家。强有力的政策保障体系，完备的法律体系，高效的执法、司法及管理体制，完善的公共设施及服务体系，有效的激励机制，发达的知识产权教育体系以及在知识产权意识和创新观念的培养上持之以恒的坚持，是最终促成日本知识产权文化成功转型的关键。

四、作为知识产权新秀的韩国的知识产权文化的培育及发展

韩国是一个依托知识产权由贫穷落后的发展中国家迅速崛起的典型，韩国也是一个成功地进行了知识产权法律移植的国家。韩国发明专利和实用新型申请量的增长与其人均GDP的增长几乎完全吻合。这表明，知识产权与经济实力的增长之间存在紧密关联。韩国从一个仅仅依靠技术引进和模仿的落后国家迅速成长为在知识产权领域举足轻重的科技强国，关键在于前瞻性的的知识产权战略实施和精细化的知识产权文化培育。

韩国知识产权现代化进程大致可以分为三个阶段：初级阶段（20世纪60～70年代）、中级阶段（20世纪80～90年代）和高级阶段（21世纪初至今）。

20世纪60～70年代，韩国处于技术发展的初级阶段，专利申请和

授权的数量很少，只能进行简单地复制模仿，实行劳动密集型和资本密集型产业政策，主要包括造船、汽车、钢铁、机械等重化工业，发展出口贸易，从内向型农业经济向外向型工业经济转型。这一阶段，韩国注重吸收引进美国、西欧、日本等技术强国的进口技术，通过大量进口机器设备，甚至是直接从国外引进全包建工厂[1]和公立科研机构的反向工程复制模仿等非正式的技术转移渠道，积累本国的技术基础结构能力。韩国企业也不断参透国外技术的技术秘密，降低对国外技术的依赖。这个阶段知识产权制度对韩国还没那么重要，因此韩国采取了低水平的知识产权保护和宽松的知识产权公共政策，如韩国当时的《专利法》只保护方法专利而不保护产品专利，韩国甚至还曾一度拒绝授予日本企业专利以保护本国技术。

20世纪80~90年代，韩国进入了技术发展的中级阶段，韩国的产业结构转向重点发展技术密集型产业，经济高速增长。韩国的高新技术产业如移动电话、半导体器件、存储器、液晶显示器、计算机软件、精密机械、精细化工、新能源和新材料，甚至是生命科学和生物技术等领域不断形成新的产业亮点。[2] 韩国企业在国际竞争的磨砺中成为研发投入的重要主体，LG、三星、现代等韩国大企业大幅度增加研发投入，对产品和方法进行创新，提高产品质量，专利申请量快速增长。由于韩国技术创新能力的提高对国外企业构成竞争威胁，迫使韩国企业从非正式技术转移渠道转向正式技术转移渠道，如外国直接投资、国外技术许可和咨询等，技术转移成本也在增高，但同时也在倒逼韩国企业加大研发投入，不断加强基础研究。政府同时也加大对大学和科

---

[1] 进口机器设备金额是外国直接投资的34倍，国外技术许可的72倍，国外技术咨询的300倍。See Innovation：Kim L. Imitation to The Dynamics of Koreg[M]. Boston：a'sTechnological Learning[M]. Harvard Business School Press，1997. 转引自王珍愚等：《知识产权政策动态调整——韩国案例研究》，载《科学学研究》2017年第10期。

[2] 参见郑成思：《国际知识产权保护和我国面临的挑战》，载《法制与社会发展》2006年第6期。

研院所的投入,先后制定《基础研究促进法》《科技发展 G7 工程》《科技革新五年计划》等不断激励和扶助科研院所的基础研究。20 世纪 90 年代,韩国本国人的专利申请数量开始超过在韩外国人的专利申请数量。面对拥有技术含量高的核心专利的跨国公司,韩国企业也通过发展外围配套技术,在核心专利周围编织专利网,形成“引进—吸收—创新—输出”的以小敌大的外围专利策略遏制跨国公司的技术垄断。[1] 在稳扎稳打的技术战略之外,韩国还加大力度敦促科研成果的运用转化以及韩裔科学家人才的回流。这时,知识产权制度在韩国变得非常重要,韩国开始加强知识产权保护,完善知识产权立法,建立有效的知识产权执法机制,并将知识产权战略作为重要国策,相继进行了大量知识产权制度和体系构建工程。1977 年成立专利管理局,1986 年修改旨在提高专利保护水平的《专利法》并在此后进行了 16 次修改,1994 年颁布《发明促进法》,1999 年修改旨在加强版权保护的《版权法》,2000 年将专利管理局更名为知识产权局并颁布《技术转移促进法》,2001 年修改了包括《实用新型法》和《外观设计法》等 7 部知识产权法。韩国还积极加入国际知识产权条约,活跃在国际知识产权舞台,韩国知识产权局于 1999 年获得全球第 10 个国际检索局和国际初审单位,韩语成为国际专利申请语言。韩国用自己的组合策略和积极态度,成为国际知识产权领域的重要角色。

21 世纪以后,韩国进入了技术发展的高级阶段,即自主创新阶段。这一阶段韩国的技术创新能力和国家竞争力快速提高,达到了国际先进水平,经济实力快速增强,从发展中国家步入发达国家行列。韩国本国人的专利申请数量大大超过在韩外国人的专利申请数量,国际专利申请数量快速增长,韩国从技术的输入方转变成技术的输出方。2008 年,韩国专利申请总量 170632 件,跃居世界第四,本国人专利申

---

[1] 参见王珍愚等:《知识产权政策动态调整——韩国案例研究》,载《科学学研究》2017 年第 10 期。

请127114件,占74.5%,国际专利申请7908件,位居世界第四,仅次于美国、日本和德国。同时,韩国提出文化立国战略,文化产业发展迅猛,文化产业产值占全球文化产业总产值的2.5%,排名世界第9。[1]知识产权局的职能进一步拓展,国际上率先提供电子专利申请服务,并不断缩短专利审查周期和完善专利审查机制,为专利申请大开方便之门,不仅如此,知识产权局还为客户提供个性化知识产权公共服务,在全国29个地区设立知识产权中心,为企业提供专利检索、专利研发方向分析、专利许可用户匹配、知识产权培训和评估、知识产权融资担保、海外侵权维权建议等知识产权咨询服务。除了知识产权局,韩国的非政府组织包括国际知识产权学院(IIPTI)[2]、发明促进协会(KIPA)[3]和专利信息中心(KIPI)[4]也共同推动韩国的知识产权战略推进。这一阶段,韩国开始进一步提高知识产权保护的水平,采取高标准的知识产权保护。韩国加强版权保护,加大对侵犯版权和软件侵权的刑事处罚力度;加强专利保护,提高专利授权标准,延长药品专利保护期,加强专利执法和司法保护等。韩国在国际知识产权领域的地位进一步提高,2007年韩国知识产权局成为世界五大知识产权局之一,并延续至今。

韩国的知识产权发展道路也是披荆斩棘,通过一系列的知识产权战略推动韩国国内知识产权的兴起及国际知识产权地位的提高。从

---

[1] See World Intellectual Property Organization, The international patent system in 2008, PCT yearly review: Developments and performance, https://www.wipo.int/export/sites/www/ipstats/en/statistics/pct/pdf/yearly_review_09.pdf.

[2] 韩国国际知识产权学院隶属韩国知识产权局,为公众提供知识产权教育和培训。主要课程包括:专利申请程序、专利诉讼程序、专利说明书分析、专利地图和专利信息运用等。

[3] 韩国发明促进协会的主要业务是推动发明创造、知识产权研究、专利信息收集发布、专利管理人员培训和知识产权宣传、举办技术展览和发明展览、向青少年普及宣传知识产权知识、组织知识产权考试和比赛等。

[4] 专利信息中心负责检索在先技术、为客户提供预测服务、评估可专利性及专利产业化前景、分析竞争对手专利情况及专业发展趋势。

中我们不难发现，韩国在包括知识产权制度建设在内的知识产权文化培育方面有独特的经验。

第一，韩国建立了相对集中的知识产权管理体制。韩国特许厅负责专利法、实用新型、外观设计法、商标法、反不正当竞争和商业秘密法、集成电路布图设计法等法律的实施工作，还负责知识产权的行政执法保护、发明促进工作和专利技术产业化工作。并积极推进知识产权基本法制定工作，通过基本法将知识产权主体的责、权、利规范清楚，同时基本法还规定成立直属总统或总理的国家最高层次知识产权管理机构——知识产权委员会，提高知识产权的行政管理层级，增强国家知识产权政策的权威性和执行力。这就使知识产权文化培育有明确而高效的推动主体。

第二，韩国充分利用政府及非政府组织打造全方位的知识产权教育网络。1987 年在韩国知识产权局下建立培训机构——国际知识产权培训学院（IIPTI），培养亚太地区的知识产权专家，为政府官员、私营企业及国际知识产权工作者提供系统的知识产权教育。2003 年发明教育中心（IEC）成立，侧重于发明方面的教育计划。2008 年韩国知识产权学院（IP Academy）通过知识产权教育门户网站（www. ipacdemy. net）进行开放式的多元知识产权网络教育。

第三，韩国保持持续性知识产权宣传和教育，全力打造尊重和保护知识产权的文化氛围。韩国将每年的 5 月 20 日作为“发明日”，每年的发明日都开展系列活动，调动全体国民对科学和知识的重视，培养全社会的发明意识。韩国知识产权局建立了 31 个区域知识产权中心，为当地居民提供专利信息服务、提供知识产权咨询、开展知识产权教育，建立地区知识产权支持者协会。韩国知识产权局还在各个城市举行知识产权报告会，与大城市合作开展知识产权论坛，评选知识产权示范城市，培养公众的知识产权意识。

第四，韩国构建严密的反假冒知识产权防护网。韩国知识产权局不断扩大假冒伪劣产品办公室，开发了监测假冒伪劣产品网络分销的系统，鼓励博客用户撰写关于网络假冒伪劣产品的报告，与公民消费团体开展增强消费者知识产权认识并购买正版产品的宣传活动。韩国特许厅自 2005 年起每年针对海外投资企业实施海外知识产权侵权状况调查，韩国政府提供商标注册、品牌名称与侵权调查等费用资助，组织专业法律顾问团，提供免费的法律咨询服务等措施，帮助韩国企业进行海外维权。[1] 通过国内外的有效联动，对韩国知识产权进行有效保护。

第五，韩国积极参与知识产权国际事务，参与国际知识产权制度规则的制定和国际知识产权合作。韩国知识产权局与 WIPO 和 APEC 合作开展了针对发展中国家和最不发达国家的知识产权分享计划（IP sharing project），帮助这些国家发展适合当地发展的特定技术，建立当地自己的品牌及实施信托基金计划等。2004 年韩国在世界知识产权组织建立了支持发展中国家的信托基金，2012 年又实施了一个针对发展中国家的知识产权培训计划。通过知识产权国际形象的树立和国际地位的提升，进一步强化本国的知识产权文化认同。

第六，韩国关注特殊群体的知识产权培育。韩国特别关注扶持弱势群体知识产权创造及申请。韩国知识产权局（KIPO）开展共享创新教育（sharing Invention Education）激励贫困阶层等社会经济弱势群体进行发明创造活动[2]，如在 40 个全国儿童福利院开展共享创新项目并定时开展共享创新夏令营，在 200 个大田儿童福利中心开展共享创新体验；韩国发明教育中心提供发明探索计划（Invention Quest Program）为贫困学生提供发明创造的机会；韩国知识产权局建立申请专家系统（Application Expert System）协助社会经济弱势申请专利。同时，韩国也积极促进女性发明家进行有效的经济活动。韩国知识产权局与世界知识产权组织以及韩国女性发明家协会共同组织专门针

---

〔1〕 参见肖峰：《韩国企业崛起有妙招》，载《中国知识产权报》2010 年 12 月 10 日，第 6 版。
〔2〕 参见陈瑜：《韩国知识产权文化建设概况》，载《中国发明与专利》2013 年第 12 期。

对女性发明家的竞赛和展览活动,2010 年组织来自 30 多个国家的 450 名女性共展览了 110 项国内发明和 130 项国外发明,大大激发了女性发明创造的积极性。另外,韩国也十分重视对大学生和研究生的知识产权能力的培养。从 2006 年起,先后在自然科学和工程技术类的大学、医药学类的大学、商业经济大学等开设知识产权相关课程,让大学生的专业知识和知识产权紧密结合。自 2008 年以来,韩国知识产权局和韩国国家工程院合作举办校园专利策略运动,由韩国知识产权统筹规划、公司准备问题、进行筛选以及准备奖金,研究生和大学生针对公司所提出的问题给出对策;此外,韩国将中小学生作为知识产权培育的孵化对象。韩国知识产权局在 180 个学校建立了发明实验室,确定了许多发明教育模范学校,并每年给予 1100 万韩元的资助;开展“促进学生发明”为主题的各项活动,每年一次的韩国学生发明展览会规模日益壮大、档次逐渐提高。通过这些辅助和激励,在韩国上下激起了广泛的发明创造热情,让“创新”成为一种全面的社会风尚。

第七,韩国注重辅助中小企业知识产权的获得及管理。韩国知识产权局联合韩国商会等相关机构开展中小型企业(SMEs)知识产权获得运动,提高其知识产权意识并鼓励其获得知识产权,举办知识产权信息巡回讲习班,在 KIPO 审查员与 390 家中小型企业之间建立合作关系;韩国知识产权局和韩国专利代理人协会(KPAA)签订商业合作协议,建立向中小型企业免费提供自递交前到注册的专利管理服务合作伙伴关系,为中小型企业申请专利提供便利。韩国知识产权积极促进大学机构与中小型企业间的合作,鼓励弘益大学和韩国高等科学技术协会开设知识产权机构为中小企业提供专门的咨询服务,系统化地为中小企业培养知识产权专家。韩国最初与其他国家一样都是大型企业在知识产权领域独占鳌头、独领风骚,但近年来,韩国对中小企业的知识产权的扶植和推动,如同给韩国再次注射了一支强心剂,让韩国的创造性再生活力。

第八,韩国还特别重视文化产业的战略性地位。韩国自 1998 年

《国民政府的新文化政策》中提出“文化立国”方针，并从 1999 年至 2001 年先后制定《文化产业发展 5 年计划》、《21 世纪文化产业设想》和《文化产业发展推进计划》提出文化产业发展战略，1999 年出台《文化产业振兴基本法》以提供法律保障。同时，先后成立卡通形象文化产业协会、文化产业振兴委员会、文化振兴院，设立文艺振兴基金、文化产业振兴基金、信息化促进基金、广播发展基金、电影振兴基金、出版基金等多项基金推动文化创意的发展。[1] 此项举措迅速形成一股影响世界尤其是东亚地区的“韩流”，对韩国文化的传播起了重要作用。2003 年以来韩国提出“创意韩国”的设想，相继设立了“大韩民国神话创造项目”“1 人创造爷爷支援中心”“创造故事支援中心”等发掘、培养和支持优秀的潜力型人才。在大力发展现代文化产业的同时，韩国还十分重视传统文化的保护、传承和再造。将传统医药、宫廷御膳和礼仪、传统说唱、假面舞、摔跤等民俗以无形文化财产的形式加以管理，将传统工艺和技艺的传承人列为“国宝”并给予政府补贴使其得以继续维系和发扬，举办“泡菜节”“假面舞节”等活动并融入旅游文化来宣传和强化韩国的传统文化。

韩国与我国同处于儒家文化圈，文化底蕴与社会肌理与我国有许多同质性，因此，韩国的知识产权发展战略及知识产权文化培育路径对我国的知识产权培育有重要借鉴意义。

五、作为发展中国家软件强国的印度的知识产权文化基调

印度与大多数“英联邦”国家一样，其知识产权制度的框架基本上源自英国。

在 20 世纪 40 年代独立后的很长时间里，印度对知识产权制度否定多于肯定，认为“专利法对发展中国家的好处等于零”，印度在《保护

---

〔1〕 参见谭红梅、柯妍：《韩国文化产业发展经验及对我国的启示》，载《经济纵横》2009 年第 6 期。

工业产权巴黎公约》生效100多年后才参加了该公约。但自从世界贸易组织成立,特别是在印度的涉外知识产权纠纷被诉诸世界贸易组织的争端解决委员会后,印度政府采取多方面措施完善其知识产权制度,遵从世界贸易组织规则,逐步减少在医药专利、作品版权方面与外国的纠纷,并不断加强知识产权保护,尤其是不断完善版权立法,加强版权执法,以保障自己信息产业的发展。印度逐渐开始探索在国际知识产权制度框架下维护本国利益。

印度的知识产权文化首先体现在浓厚的信息产业创新氛围。印度的软件产业因此从20世纪90年代中期之后得到迅速发展,其软件产品及软件服务业进入国际市场,成为印度主要外汇来源之一。

印度的知识产权文化其次体现在有效的传统知识保护。印度积极立法保护自己的遗传资源、传统知识和民间文艺(主要是印度医药、瑜伽及印度民间文学艺术),并在国外监视侵害印度传统知识的任何活动。例如,到2005年年末,印度在海外检测到:美国已批准150项与印度瑜伽功有关的专利;英国批准了至少10项与印度瑜伽功有关的商标;德国及日本也有类似情况。印度还组织了专门工作组开展对这些外国专利、商标的撤销与无效的投诉,并建立起"印度传统知识图书馆",将馆藏内容译成5种文字,与世界各国专利审批部门联网,以求外国在行政审批中驳回涉及印度传统知识的申请。同时,印度在许多国际谈判场合,积极推动制定传统知识、基因资源保护的国际规范,以最终使国际条约这一层面承认传统知识的特殊知识产权地位作为自己的目标。[1]

印度知识产权文化还体现在对医药领域实行独特专利保护。1947年,印度获得独立。这时,印度医药市场80%以上都被跨国药企控制,药价的高昂与印度经济的疲弱、居民的贫困形成鲜明对比,尤其

---

〔1〕参见郑成思:《国际知识产权保护和我国面临的挑战》,载《法制与社会发展》2006年第6期。

是国外治疗癌症的药品价格,高达印度人均收入的 30 倍。1970 年,在总理英迪拉·甘地主导下,印度独立后的第一部专利法律《专利法》出现,规定对食品、药品只授予工艺专利,不授予产品专利。这意味着,在印度,药品专利保护自此被废除,低价格才是主旋律。印度政府还同时出台了《药品价格控制规则》(DPCO),坚持食品和医药消费是穷人不可剥夺的基本权利;1995 年,印度加入 WTO,为使专利法与 TRIPS 协议的相关规定保持一致,于 1998 年、1999 年、2002 年、2005 年、2010 年数度修改专利法。根据真人真事改编的电影《我不是药神》火爆全国,影片讲述了靠卖印度神油为业的程勇,受病人之托,从印度代购治疗慢性粒细胞性白血病的格列卫仿制药。这是因为正版格列卫在中国一瓶要卖数万元,而印度的仿制药却只要几百元。随着程勇顺利打通了印度仿制药在中国的售卖渠道,他在收获巨额利润的同时也成为了病友眼中的"药神",大家都指望着他的廉价特效药救命。但最终程勇还是被抓,被法院以走私罪、贩卖假药罪判处有期徒刑 5 年。印度之所以能生产格列卫仿制药,其根本原因在于瑞士诺华公司并没有获得格列卫在印度的专利权。据相关资料显示,印度 1970 年专利法未授予药品产品专利,仅授予制药工艺专利。所以,只要改变工艺仿制出相同的药,并不侵权。1993 年,诺华公司在世界多国获得格列卫的专利权,但当时印度尚不对药品产品授予专利权。1995 年,印度加入 WTO,关于药品专利取得了 10 年的过渡期,即药品专利可以提出申请,但要到 2005 年 1 月 1 日才开始进入审查。1998 年,诺华公司向印度提出了新一代格列卫药品的专利申请,但是 2006 年 1 月,印度钦耐专利委员会驳回了诺华公司的申请,理由是格列卫的新晶型并不能显示出比原先的形式有显著的效用提高,因此不能授予专利权。之后诺华公司耗时 7 年,甚至把官司打到了印度最高法院,但最终诉讼请求仍被印度最高法院驳回。作为加入 WTO 的条件,2005 年起印度开始承认产品专利,此前印度只承认方法专利,允许印度制药公司对畅销药品进行分子反向工程,以生产低价的仿制药供应国内市场并出口到俄罗斯、中国、巴西和非洲国家，印度制药公司在生产仿制药的过程中积累了大量经验和技术。2005 年印度修订《专利法》，承认药品、农业化学品和食品专利并开始处理相关申请，这使得印度药品企业重新思考产品开发政策，并开始加大研发投入。同时，《专利法》的修订也使得制药和生物技术跨国公司开始考虑是否应该在印度市场加大研发投入，或者增加承包研发，承包制造和其他市场营销行为。由此带来的结果是，在 2005 年截至 9 月时，印度收到 1312 件专利申请，仅次于美国，居世界第二位，同期美国收到的申请量为 2111 件。[1] 但印度政府对药品专利实施强制许可，如果已经获得专利的药物价格非常高且社会上的穷人无法购买，那么政府就可以给予其他制药公司强制许可，以便其以较低的价格生产相同的药物。这样做的目的是让人们能够以便宜的价格获得药物。根据修改后的《印度专利法》第 84 节的规定，强制许可被授予以下目的：用于防止滥用专利形成垄断；对专利物品感兴趣的人的商业利用提供道路；解决印度的公共卫生问题。根据本节的规定，自授予专利之日起 3 年后任何时间，任何有兴趣或已经拥有该专利许可的人可以基于以下理由申请授予强制许可：公众对该专利的合理要求未得到满足；该专利产品未能以合理价格向公众销售；该专利未能在印度境内得到应用。根据《印度专利法》的规定，印度政府专利管理部门首脑受理强制许可申请并依法作出是否授予强制许可的决定。在授予强制许可时，一般会考虑以下几个方面：发明的性质；自授予专利以来，已经经过的时间；申请人是否可以使用该专利以造福公众利益；申请人是否有足够的能力承担提供资金和实施发明的风险等。2005 年 1 月 1 日，印度政府修改了《印度专利法》，加入了第 92(A) 条，以便在某些特殊情况下为出口药品授予强制许可。根据第 92(A) 条的规定，只有当进口国也批准了强

---

[1] 参见何隽：《全球化时代知识产权制度的走向：趋同、存异与变通》，载《比较法研究》2013 年第 6 期。

制许可,或通过通知、其他方式允许从印度进口专利药品时才能批准强制许可。在拜耳诉 Natco 一案中,印度专利局局长库里安先生在颁发许可时称,“权利不可能是绝对的。无论何时授予专利权人以专利权,该权利还应对公众承担相应的义务。这些权利和义务,如果认真地享有和解除,将相互平衡。轻微的不平衡可能会产生非常不理想的结果”。加入 WTO 而不得不修改专利法之后,2013 年 4 月,印度最高法院仍然驳回了瑞士诺华制药公司对改进后的格列卫专利保护的要求,否决了跨国药企通过轻微改进某专利以保护即将到期的药品,以达到药品专利“长青”的目的。印度成为世界上第一个在专利法中明文禁止和打击专利常青行为的国家。

第二节 知识产权文化重构的中国模式

国家知识产权局知识产权发展研究中心发布的近五年《中国知识产权发展状况评价报告》显示,中国知识产权环境指数近年来的世界排名远低于知识产权能力、绩效等排位前几名的其他指标。据中国知识产权报社发布的近五年《中国知识产权文化素养调查报告》显示,同期社会公众知识产权文化素养与经济社会发展速度仍有较大差距,知识产权文化环境作为支撑创新型国家建设和知识产权事业发展的软实力亟待提升。

如何加强知识产权文化建设,国家知识产权局围绕“尊重知识、崇尚创新、诚信守法”的知识产权文化初级目标进行过全面规划。2013 年,国家知识产权局等 6 部委联合印发《关于加强知识产权文化建设的若干意见》,指出知识产权文化是中国特色社会主义文化的组成部分,是实施国家知识产权战略、建设创新型国家的重要思想意识保障,为我国知识产权文化建设工作规划了路线图,明确了时间表,布置了任务书。该意见充分论述了加强知识产权文化建设的重要意义:大力弘扬“尊重知识、崇尚创新、诚信守法”的知识产权文化观念,有助于增强公民文明素质，提高全社会文明程度；有助于营造公平竞争、诚信经营、创新发展的市场经营环境，维护公平有序的竞争秩序；有助于继承和发扬中国传统文化精髓，发展中国特色文化事业和文化产业；有助于激发全社会的创新热情，实现创新驱动发展战略。该意见还设定了工作目标：到 2015 年，知识产权文化核心观念和荣辱观的社会认同度显著提高，公民尊重和自觉维护知识产权的意识进一步增强，知识产权文化建设体系初步建立；到 2020 年，知识产权文化核心观念成为公民普遍认同的时代精神的重要内容，全社会投身创新创造的精神动力显著增强，公平竞争、诚信经营、创新发展的市场环境基本形成，科学化发展的知识产权文化建设体系更加完备，知识产权文化建设有效支撑国家知识产权战略实施和创新型国家建设。而今，这些目标都基本实现，《知识产权强国建设纲要（2021 －2035）》提出“建设促进知识产权高质量发展的人文社会环境。”“塑造尊重知识、崇尚创新、诚信守法、公平竞争的知识产权文化理念。”

结合国家的知识产权文化的初级目标和本书提出的“中国品格”知识产权文化理想模式，此部分旨在勾勒描绘更加深入和丰富的构建和培育路径。从国家制造业社会向全球信息化秩序的转型，可借鉴欧盟、美国、日本、韩国、印度等国家和地区知识产权全球战略的成功启示中国需要调整法律发展思路，从理论和实践层面推动知识产权文化的定位及培育。重构“中国品格”知识产权文化的实践路径要依据如下的逻辑进路：多维度借鉴和架构做好完善的制度层面的顶层设计；通过宣传和教育实现良好制度的推广和接受；培育多元知识创造的环境，与知识产权保护形成良好互动关系；建立知识产权分享及公共服务，为知识创造提供充足的智慧源泉；充分挖掘和转化本国传统文化，形成国民对本国知识资源的认同和依赖心理，产生能有效吸纳和闭合的智慧共生体。

一、打造全方位知识产权制度网络

(一)完善知识产权宏观政策体系

所谓知识产权政策,即是政府以国家的名义,通过制度配置和政策安排对私人知识资源、归属、利用以及管理进行指导和规制,通常表现为一系列的法令、条例、规章、规划、计划、措施、项目等。[1] 政策由于具有灵活性、前瞻性、全局性、主动性等特点,往往是法律的先驱。政策常具有明确的目标取向,包括应该达到的奋斗目标、遵循的行动原则、完成的明确任务、实行的工作方式、采取的一般步骤和具体措施。中国知识产权政策体系主要是围绕知识产权战略展开的一系列推进和配套政策。

2008年6月国务院颁布实施了《国家知识产权战略纲要》,标志着我国的知识产权上升为国家战略。随着国家知识产权战略的深入实施,我国也逐步实现并稳固了知识产权的大国地位,但是仍存在大而不强,多而不优等问题。2015年12月国务院适时发布了《国务院关于新形势下加快知识产权强国建设的若干意见》,开启了知识产权的强国建设新篇章。我国的知识产权事业正在由注重知识产权数量到提升知识产权质量转变,由激励知识产权创造到促进知识产权运用转变,由完善知识产权环境到塑造知识产权文化转变,由知识产权大国向知识产权强国转变。

中国的知识产权战略强调自主知识产权、自主创新、市场主体,其政策主体比较关注于行业协会、中小企业;而知识产权的主要类型集中在专利、商标、地理标志、植物新品种、国防知识产权、商业秘密,并且重点强调了传统知识、广播影视、遗传资源和农产品的知识产权。中国知识产权战略非常重视侵犯知识产权、科技计划、新兴产业、产业化、重点领域、农业知识产权、地方知识产权等现实问题。在知识产权

---

〔1〕 参见吴汉东:《知识产权的多元属性及研究范式》,载《中国社会科学》2011年第5期。

服务体系建设上，中国更重视行政执法体系的完善，同时更为关注知识产权信息、知识产权服务、公共服务等服务体系的构建，此外也非常关注知识产权人才的培养。在国际化战略方面，中国知识产权正处于积极开展国际合作的阶段，包括参与世界知识产权组织、海外维权和交流合作等内容。中国的知识产权战略目标侧重于自身知识产权制度、知识产权战略政策等基础架构的完善，强化知识产权服务产业发展与经济进步的能力，同时加强知识产权保护，打造知识产权营商环境，激励知识产权创造。

中国知识产权战略目标的实现分为三个阶段。第一阶段（2008～2013 年）围绕国家创新体系的需要，配套的知识产权相关措施，努力构建知识产权制度，初步形成了知识产权创造、运用、保护和管理四个维度的框架，其中在创造方面重点提升自主知识产权，并着重强调了专利、商标、版权、植物新品种以及集成电路布图设计等领域，运用方面强调以企业为载体的知识产权运用和成果转化，保护方面强调改善盗版假冒的情况、缓解滥用知识产权的情况以及降低维权成本，管理方面着重强调知识产权的宣传，营造良好的知识产权环境。进入第二阶段（2014～2015 年）的中国不断地规范之前所构建的知识产权制度框架，显著提升知识产权基础。第三阶段（2016～2018 年）提出知识产权强国战略，从整体上夯实知识产权制度基础，服务创新驱动发展战略，努力加强对知识产权的组织实施和保障，同时，积极参与知识产权的对外交流合作，力图利用知识产权促进经济发展，增强国际竞争力。

未来中国的知识产权战略要向更高阶段迈进，更具有国际化视野和明显时代特征，侧重于提高国际竞争力，支撑内容产业，引领世界知识产权发展。从知识产权的创造、运用、管理、保护四方面进行宏观布局。在知识产权的创造方面，不仅要继续加强基础信息平台的建设、鼓励支持新兴行业知识产权、构建行业标准、推广知识产权试点，还要更重视内容产业开发、积极参与国际标准的制订、利用 5G 标准构建社会数字网络,同时注意挖掘中国传统知识财富。在知识产权的运用方面,构建更加有效的产学研体系、加大质押融资力度、促进知识产权成果转化、加强地方知识产权战略,除了重视专利信息的利用,还要关注各类知识产权内容的数字化存档及其档案的跨领域检索、交叉利用、开放共享。在知识产权的管理方面,加强人力资源管理,强化知识产权的行政管理手段,指导企事业单位的知识产权管理,贯彻知识产权优势企业的管理标准化,重视内容产业的管理。在知识产权的保护方面,在构建法律基础、加强维权援助、打假专项行动、保护商业秘密和防止知识产权滥用的基础上,合理安排知识产权保护和知识分享平台,实现不同主体的利益平衡。

知识产权政策是国家政府公共政策的一部分。公共政策的总体目标是保持社会稳定、维护社会公正、促进社会发展。在公共政策体系中,促进知识财富增长和经济社会发展的任务目标,并不是知识产权政策独立承担的,上述目标取向也体现在其他公共政策中。此外,知识产权政策的某些规范在其他公共政策中也有所体现,知识产权政策目标的实现有赖于其他公共政策的配合。这主要指文化教育政策、产业经济政策、科学技术政策、对外贸易政策等。

在产业政策方面,应着力调整产业结构,促进智力成果产业化;在科技政策等方面,应加大对发明创造者的保护力度,注意科技成果的产权化、产业化;在对外贸易方面,应转变对外贸易增长方式,优化进出口商品结构,扶持具有自主知识产权、自主品牌的商品扩大出口;在文化政策、教育政策方面,应鼓励文化创新,推动文化的版权化、市场化;在投资政策方面,应强化创新资金的投入,细化研发的财政支持。[1] 高瞻远瞩的知识产权宏观政策将决定知识产权文化的整体基调和培育方向。

---

〔1〕 参见吴汉东:《当代中国知识产权文化的构建》,载《华中师范大学学报(人文社会科学版)》2009 年第 2 期。

(二)完善知识产权法律制度体系

成熟的知识产权政策体系转化为知识产权法律制度体系通常是现代法治社会运行的模式。中国知识产权法经过40年的发展,配合知识产权战略的调整,不断地进行着修改和打磨,各项单行法逐渐适应了知识产权发展的需要。当下完善知识产权法律制度体系,主要体现在知识产权法的体系化和法典化。法典是固化和记录一定的统治秩序、社会秩序和社会改革成果的更有效形式,一种成熟秩序的酝酿生成需要用法典加以摹写,并以法典维系这种秩序。

中国知识产权已经逐渐形成一个与国际接轨的开放性且具有逻辑性的"知识财产权客体谱系",概分为创造性成果权和经营性标记权[1]。前者是指民事主体基于自己的智力创造成果而享有的权利,包括著作权、专利权、商业秘密权、集成电路布图设计权、植物新品种权等。该类权利的对象都是人们智力创造活动的成果,一般产生于科学技术和文化等知识领域。后者是民事主体对其经营管理活动中的标记而依法享有的权利,包括商标权、商号权、地理标记权、域名权和其他与反不正当竞争有关的识别性标记权。该类权利的对象为标示产品来源和主体人格的区别标记,主要作用于工商经营活动中。创造性成果权与经营性标记权的主要权利类型,已为两个主要的知识产权国际公约所认可。知识产权客体一旦实现类型化和一体化,便可以实现知识产权法的体系化,从而为知识产权法典化奠定基础。

知识产权法典化有两条路径:一是作为无形财产权实现知识产权法与民法典的连接,即在民法典框架中对知识产权进行制度安排,是一个知识产权法"入典"问题,在民法典中独立设置"知识产权编"。将知识产权与物权、合同、继承等民事权利置于同等的位阶,最大限度

---

〔1〕 1992年,国际保护知识产权协会(International Association for the Protection Intellectual Property, AIPPI)在东京大会上将知识产权分为"创造性成果权利"和"识别性标记权利"。AIPPI对于知识产权的类型是知识产权类型化的重要参考。

凸显出知识产权在私权制度体系中的重要地位,实现民法典及知识产权法的现代化、时代化的制度转型。二是实现知识产权法律体系化,即在民法典之外再设专门法典,是一个知识产权法"成典"问题,即专门制定"知识产权法典"。无论是"入典"还是"成典",其法典化的过程即是国家知识产权治理体系的重大变革,都是知识产权法律创新与制度建设的重要构成。体系化的知识产权法典具有更高的价值体现和更多的功能优势,可以更好地发挥知识产权法的整体效应。[1] 在知识经济时代,信息已经替代土地、机器等有形生产资料成为生产力的引擎,无形产权的数量和地位甚至已经超过有形产权,那么知识产权法典存在的必要性就显而易见。

(三)完善知识产权行政管理体系

我国知识产权行政管理体系基本上是改革开放以后逐步建立起来的,至今经历了五个阶段:(1)初步形成阶段(1978 ~ 1984 年):组建了国家商标局和国家专利局对知识产权工作进行专门化管理;(2)稳定结构阶段(1985 ~ 1997 年):通过国务院机构改革,将专利局定位为隶属于国务院的事业单位;(3)机构强化阶段(1998 ~ 2006 年):通过国务院机构改革将专利局更名为国家知识产权局,隶属于国务院,成为主管知识产权的专门国家机关;(4)发展过渡阶段(2007 ~ 2017 年):伴随知识产权的快速发展,国家知识产权局的工作难度越来越高、职能地位越来越重要,跃升为副部级国家机关,成为国务院直属机构;(5)深化改革阶段(2018 年至今):2018 年国务院机构改革前,我国知识产权管理涉及知识产权局、工商总局、版权局、农业部、林业局、国防知识产权局等十多家部门和单位,存在"各管一摊,分立并行,职能交叉"的情况。知识产权局负责专利、集成电路布图设计的管理和

---

[1] 参见吴汉东:《论知识产权一体化的国家治理体系——关于立法模式、管理体制与司法体系的研究》,载《知识产权》2017 年第 6 期。

审批；工商总局商标局负责商标（包括地理标志）的注册和管理；新闻出版广电总局（国家版权局）负责版权相关管理；农业部负责草本的植物新品种及农产品地理标志相关管理；林业局负责木本的植物新品种相关管理；质检总局负责地理标志产品相关管理。除此之外，海关总署、文化部、科技部、商务部等分别承担与其业务相关的知识产权管理工作。2018 年 3 月 13 日，十三届全国人大一次会议通过了《国务院机构改革方案》，国家知识产权局整合管理专利、商标、地理标志、集成电路布图设计，其他内容仍分散在各个不同的管理机构，而专利和商标的执法职责交由市场监管综合执法队伍承担，实现知识产权管理和知识产权执法分开。国家知识产权局隶属于国家市场监督管理总局，而不再隶属于国务院，改革后的国家知识产权局纳入国家市场监督管理总局后降了一个行政级别。

此次改革的方向着重于健全市场监管角度而忽略了知识产权发展本身需要，管理知识产权的机构从原来的 10 个精简为 6 个，国家知识产权局管理专利、商标、地理标志和集成电路布图设计，国家公平交易管理局管理反不正当竞争，国家版权局管理著作权，植物新品种仍由农业农村部、国家林业局和草原局共同管理，商务部和海关总署负责对外贸易和边境的相关知识产权的管理。虽然在一定程度上改善了知识产权管理过于分散的问题，但 11 种具体的知识产权内容的管理权却分布在 8 个不同的行政机构部门中，并未彻底解决知识产权管理权分散的问题。此外，机构改革不适应、行政管理不协调、地方改革不同步、执法标准不统一等问题，知识产权行政管理体系仍需进一步深入。

世界知识产权管理体系的模式主要有三种：第一种是“分散式”模式，即设置不同的机构对知识产权的不同内容进行分别管理，包括希腊、文莱、巴基斯坦、埃及等少数国家；第二种是“二合一”模式，即专利和商标为一体，著作权等其他知识产权类型另设机构管理，韩国、法国、美国、日本等发达国家大多采用的是这种模式；第三种是“三合一”

模式,即集专利、商标和著作权为一体的集中统一管理模式,使用这种模式的有英国、俄罗斯、德国、加拿大等,尤其是加拿大,除了专利、商标、著作权外,知识产权局还统一管理不正当竞争中的商业秘密、集成电路布图和植物新品种等。

基于知识、技术、信息资源而产生的知识产权,在现代化社会中已经形成一个有机的法律体系,在国际社会以及大多数国家中,相关国际组织和国家管理部门,都是将知识产权事务作为一个整体看待并建立起统一集中或相对集中的体制。对知识产权事务实行集中统一的行政管理体制,是现代各国政府治理的基本选择。[1] 基于各项知识产权的特别属性,以及与国家某一公共事务的关联性,将某一知识产权事务置于某一部门管理,是国家治理方式的一种选择,但未必是科学而明智的制度选择。我国应当将知识产权的审批与管理最终汇集到知识产权局,整合知识产权管理资源,对知识产权进行集中化管理。而考虑到涉及各个部门的专业性,可以将各种知识产权类型的初级管理基于便利性仍设置在原部门,而在知识产权局设立综合管理大厅,聘请相关专业人士参与具体审批和管理的业务进行终极汇总和审核备案。

构建一种与创新驱动发展要求相匹配、与强化政府公共服务职能相一致、与国际运行规则相接轨的知识产权集中管理体制,实现国家知识产权综合管理,是建构知识产权制度文明的必然选择,是推进国家治理现代化的重大举措。

(四)完善知识产权执法监督体系

知识产权行政执法是知识产权健康发展的保护屏障,是快速有效遏制侵权违法行为的有力手段,也是维护公平竞争秩序、优化市场环

---

〔1〕 参见吴汉东:《论知识产权一体化的国家治理体系——关于立法模式、管理体制与司法体系的研究》,载《知识产权》2017 年第 6 期。

境的重要保障。2018 年以来的市场监管综合执法改革将知识产权执法作为重要内容。此次改革将保护知识产权作为加强市场监管、维护公平竞争的重要内容，重点是加大知识产权侵权违法行为的惩治力度，依法保护所有企业知识产权。国家市场监督管理总局设置执法稽查局，并在地方设立市场监管综合执法队伍，整合商标、专利等领域的执法职责。《"十四五"规划和 2035 年远景目标纲要》《知识产权强国建设纲要（2021 －2035）》《"十四五"国家知识产权保护和运用规划》等一系列重要文件对知识产权行政执法也提出了更高的要求，国家市场管理监督总局迅速展开了一系列组合拳，加强知识产权执法的力度。

在执法规范方面，国家市场监督管理总局相继出台了《市场监督管理行政处罚程序规定》《市场监督管理执法监督暂行规定》《市场监督管理投诉举报处理暂行办法》《市场监管行政处罚、行政强制流程图》《市场监管执法行为用语规范》《市场监管领域领域重大违法行为举报奖励暂行办法》等规章，将原工商、质检、食药、物价、知识产权五条举报投诉热线合一，提高了执法的统一性和规范化。在执法措施方面，国家市场监督管理总局相继出台了《假冒伪劣重点领域治理工作方案（2019 －2021）》《2019 知识产权执法"铁拳"行动方案》《2020 年知识产权执法"铁拳"行动方案》《加强网购和进出口领域知识产权执法实施办法》，完善执法保障措施。这些措施都具有很高的统一性和针对性。

然而，知识产权执法还存在诸多问题。随着电子商务的快速发展，侵权假冒行为呈现线上线下结合新样态，侵权假冒仍处于高发期，违法行为组织化、区域分布碎片化、违法行为链条化、违法手法多样化、线上线下混合化、物流支付信息化、主体身份虚拟化，对知识产权行政执法构成新挑战。此外，知识产权执法的专业性强，而各地普遍面临市场监管综合执法机构新、人员新、业务新的情况，执法措施和手段还难以完全满足执法需要。

针对目前的形势,可以因地制宜、因势利导进行相应的完善。

第一,强化执法规范,增强执法能力。加强执法办案指导,使执法人员熟练掌握履职所需的法律知识,提高办案技能,培养一批立场坚定、业务精湛、法律熟练的市场监管综合执法队伍;进一步发挥知识产权行政执法指导案例的作用,2020 年 12 月 14 日国家知识产权局发布了第一批知识产权行政执法指导案例(指导性案例 1 – 5 号),知识产权尤其是专利领域专业性强、执法情况复杂,覆盖面广、代表性强的指导案例能在很大程度上帮助执法人员快速掌握执法要领,

第二,拓宽线索渠道。充分发挥网络交易监测和"12315"平台作用,利用信息技术手段,拓宽投诉举报渠道,并加快查处确认流程,提升执法打击的精准度。

第三,强化执法联动。从传统的分段执法、单兵作战向跨区域、全链条执法转变。完善线上排查、源头追溯、协同查处机制,通过设置商品二维码进行信息监测和排查,提高案件线索的发现、识别能力,实现产供销一体化执法,全链条查处侵权假冒违法行为。加强执法部门与知识产权权利人、电商平台经营者、物流寄送运输者的沟通协作,运用大数据商品身份码将侵权商品牢牢地封锁在生产销售渠道之外。

第四,构建跨地域案件协查渠道。重点依托长三角、珠三角、京津冀、粤港澳大湾区等重点贸易生态圈,国家级新区、自由贸易试验区、经济技术开发区等新型产业集聚区,针对侵权假冒跨区域、链条化的发展态势,健全区域间线索通报、证据移交、案件协查等制度,着力追查生产源头、销售网络及商标标识违法印制主体、完善覆盖生产、包装、经营、流通的全链条执法模式,做到发现线索、追踪溯源、统筹部署、联合行动,对侵权假冒违法行为进行合力打击。

第五,建立分级执法体系。将商品按民生关切、国际影响、侵权指数等重点程度进行标注星号,设计不同类型不同级别的规范执法方案;同时可围绕社会热点事件分类执法,如涉疫、涉奥等,规划特别执法行动;利用节假日等消费高峰时段,加大查处力度。

第六，构建信息共享网络。推进侵权假冒领域的行政处罚信息公开制度。通过加强执法宣传和案件曝光，警示经营者、震慑违法者、教育消费者。

第七，加强各种执法领域衔接联动。推进知识产权执法与产品质量、反不正当竞争等执法的衔接，综合运用多种法律手段严惩侵权假冒行为；推进行刑衔接、行司衔接。

（五）完善知识产权司法审判体系

完善知识产权司法审判体系主要是实现司法专门化和一体化，即专门法院及其上诉法院的设置。司法现代化的机构设置和诉讼管辖在两个层面展开：

一是司法专门化。司法专门化，就是把本来属于普通法院管辖的事务提取出来，交给特设的法院管辖；或是将新的法律案件交给普通法院以外的法院管辖，即成立专门法院，明确规定授予某类案件管辖权，即管辖范围仅限于某一类或某几类案件的法院。专门法院是相对普通法院而言的，其设立目的或是为减轻一般管辖权法院的工作量并满足某类案件对于程序的特殊要求，或是在于规范审判人员的特定资质并统一各类案件的司法标准。专门化管辖是司法现代化可行而又简便的方式，也是对特定司法体系进行现代化改造的重要措施，由此可以提升专业审判的效率和质量，进而促进法律适用的统一和公正。

二是司法一体化。司法一体化，不仅意味着专门法院是一个独立设置而不依附合成法院的司法单位，而且往往在诉讼管辖方面具有统一性，即上诉案件由同类专门法院受理。

知识产权法院的设立，是实现知识产权案件司法审判专门化和一体化的最优方案。知识产权法院的设立恰到好处地实现了超地方化和去行政化，强化了司法机关排除地方保护主义而整体独立行使司法权的能力，破除了司法机关行政化结构和行政式运行的毛病，体现对司法机关内部的调整。2014 年在北京、上海、广州三地设立的专门法院，是"探索建立知识产权法院"的"试水"方案。我国知识产权司法现代化改革，需要总体规划、逐步推进。当下，知识产权司法体制的重头戏，即将知识产权民事、行政、刑事案件"三合一"的审判模式已在全国法院施行，将在案件管辖、诉讼程序、证据制度等方面有所突破，从而按照中央四中全会决定的要求，"推进以审判为中心诉讼制度改革"。[1] 未来将需要继续总结第一批知识产权法院运行的经验，在中部、西北部、西南部、东北部酝酿形成第二批知识产权法院。知识产权法院的设立同时要注意尽量避开大城市，要在非经济中心的中小城市设立，以避免各种寻租行为。知识产权法院作为司法改革的重要部分，也定会为整体司法改革提供经验。

二、以"滚动式公众宣传计划"加强知识产权宣传力度

知识产权宣传应当在宣传内容、宣传方式、宣传主体、宣传对象等多方面考量，才能避免流于形式、缺乏实效。

自 2006 年国家知识产权局举办开放日活动以来，该活动已日益成为国家知识产权局与社会公众之间交流沟通的重要平台渠道，有助于社会公众和企业近距离地了解国家知识产权局，加深对知识产权工作的认识，也普及、宣传和推广了知识产权相关知识。同时，每年的"4·26"世界知识产权日前后，国家知识产权局都会联合中宣部等 20 多个部门，组织开展全国知识产权宣传周活动，成为传播知识产权文化，普及知识产权知识，展示知识产权发展成就的重要平台。

在 2013 年《关于加强知识产权文化建设的若干意见》的总体部署下，国家知识产权局与中央部委、中央媒体的合作力度进一步加大，知识产权领域传统媒体与新媒体等宣传资源得到进一步统筹，国家和地方各级宣传工作的协调联动进一步增强，知识产权系统"大宣传"工作

---

〔1〕 参见吴汉东：《论知识产权一体化的国家治理体系——关于立法模式、管理体制与司法体系的研究》，载《知识产权》2017 年第 6 期。

格局基本形成，切实提升了宣传实效。

党的十八大以来，知识产权文化宣传力度不断加大，“进机关、进乡村、进社区、进学校、进企业、进军营、进市场”，知识产权新闻宣传工作大放异彩。全国知识产权系统进一步打造了全国知识产权宣传周、中国专利周、中国知识产权保护高层论坛、中国专利年会、中国国际专利技术与产品交易会等活动平台，扩大了知名宣传品牌的国际国内影响力。此外，中国知识产权横琴论坛、中国商业秘密保护高峰论坛等宣传平台也纷纷涌现，影响和吸引了更多公众关注知识产权。与此同时，全国知识产权系统还通过广播电视、网络报刊等媒体加强日常宣传，通过编制文艺读本、宣传片等知识产权宣传品服务并影响不同的群体，通过举办海报征集大赛、公益广告征集大赛等活动调动公众关注知识产权的积极性，全面推动促进知识产权文化核心理念深入人心。

然而，知识产权宣传的力度仍然不够，据调查，知识产权宣传主管部门对公众的知识产权专项宣传活动大多集中在每年的知识产权宣传周、开放日等固定时间段，虽然对普及全民知识产权意识发挥了积极作用，但宣传方式多为大型现场活动、召开研讨会、发布网络新闻、开设报刊专栏等传统形式，对公众的吸引力有限，活动效果往往难以达到期望值。[1] 主办方单一和受众比例微小的情况仍然存在，知识产权在民间的影响力远远不够。

WIPO 在其《经修订的 2004 －2005 年计划和预算草案》中的第 11 条主体计划中规定了“联系公众”这一子项目，其目的就在于去除知识产权的神秘色彩，帮助公众“理解个人的创造和创新的重要性和价值，吸收他们共同创造有助于理解和尊重这种努力的知识产权文化”。这种普及和宣传可以通过多种途径和方式实现，除了主管部门有计划的

〔1〕 参见姚芳、刘华：《知识产权文化的中国实践：现状调查与政策建议》，载《科技进步与对策》2013 年第 11 期。

采取分发免费材料、开展产品营销活动、制作电视广告和纪录片等方式开展宣传工作外，在基础教育的启蒙阶段灌输知识产权观念、在影视作品、各种传媒中渗透知识产权意识都是可以借鉴的做法。[1] 我国香港特区曾启动了一个耗资 220 万美元、历时三年的滚动式公众宣传计划，利用某些媒体，如广播、电视和流行报纸的作用对公务员队伍、新闻界和媒体、教育界、中小型企业进行一般背景知识的宣传教育。可以在北京、上海、广州这样的大城市率先出台更多的政策和措施，推进知识产权宣传力度，内容不要再局限于一些口头上的概括性标语，而是通过生动的案例或故事进行全面、深入、形象地宣传。可以充分利用地铁、校园、商场、小区等公共场所进行宣传，做知识产权"入眼入心入行"的运动式宣传。首先，集思广益，着力于创造准确反映知识产权制度精神和生动呈现知识产权文化品质的宣传内容；其次，形成一批具备吸引力、影响力、辐射力和持续效果的宣传创意；最后，根据目标受众选择最有效的宣传渠道和宣传方式。以此推动知识产权文化宣传工作达到环境认知效果、价值形成与维护效果、社会行为示范效果，真正实现文化传播的威信效应、名片效应、自己人效应。[2] 形成街区、地铁站等公共场所处处得见知识产权宣传海报、网络媒体和电视媒体广泛开辟知识产权专栏、工作单位和生活社区经常举办知识产权创新活动，这种"滚动式公众宣传计划"要求多系统、多方位、多面向、多途径以不停歇的方式从渲染和灌输到吸引和推动，不断强化宣传对象的主观印象，从而达到记住、回想、约束、习惯的行为引导。营造尊重和保护知识产权的舆论氛围，在社会对知识产权的价值及重要性全面认同的文化土壤中，使知识产权制度更加有效地造福社会，使知识产权秩序成为每个人自觉遵守的行为规范，从而筑牢创新发展的社会基础。

---

〔1〕 参见刘华、李文渊：《论知识产权文化在中国的构建》，载《知识产权》2004 年第 6 期。

〔2〕 参见姚芳、刘华：《知识产权文化的中国实践：现状调查与政策建议》，载《科技进步与对策》2013 年第 11 期。

三、多维度地针对不同特定群体加强知识产权教育

教育水平是制约一个国家综合国力及方方面面的重要因素。根据联合国开发计划署公布的《2011 年人类发展报告》,世界各国人均受教育年限最高的国家是挪威,人均受教育年限为 12.6 年,美国为 12.4 年,德国为 12.2 年,相当于大学一年级水平。日本、韩国人均受教育年限为 11.6 年,相当于高中三年级水平。中国人均受教育年限为 7.5 年,仅相当于初中二年级水平〔1〕。我国的人均受教育水平低,不利于国民知识产权文化素养的提高,而提高国民的教育水平是基础性前提。随着经济的发展,我国的教育水平也在不断提高。《2019 年人类发展报告》显示,1980～2019 年,中国的人类发展指数从 0.42 增至 0.727,成为高水平人类发展国家。据统计,在 1990 年处于低水平人类发展组别的 47 个国家里,中国是唯一一个在 2019 年成功跻身高水平人类发展组别的国家。快速的经济增长对中国的人类发展进步作用重大。从 1980～2019 年的 30 年间,中国经济收入指数增幅在全球排名第一,经济增长对人类发展指数增长的贡献率达到 56.26%,其中 1980～1990 年的贡献率更是高达 65.53%。得益于经济的快速增长,约 6.6 亿中国农村人口脱贫。教育指数对中国人类发展指数的贡献率已经从 1980～1990 年的 24.47% 上升到 2000～2019 年的 44.16%。〔2〕良好的教育基础为知识产权教育提供水到渠成的发展契机。

《国家知识产权战略纲要》出台了“设立知识产权二级学科”“将知识产权教育纳入高校学生素质教育体系”“将知识产权内容纳入中小学教育课程体系”等系列教育创新措施,但这些措施并未得到全面

---

〔1〕 联合国人类发展报告研究处:《2011 年人类发展报告》,联合国开发计划署 2011 年版,第 127 页。

〔2〕 联合国人类发展报告研究处:《2019 年人类发展报告》,联合国开发计划署 2019 年版,第 304 页。

落实。[1] 潜移默化、润物无声的针对性、立体化知识产权教育是培育知识产权文化的根本途径。具体而言,应当就教育的内容、教育的对象和教育的方式进行全面布局。

(一)布局层次丰富的教育内容

就教育的内容而言,应当加强知识性教育、正当性教育、危害性教育和保护性教育。

首先,需加强知识性教育。由于大多数普通民众对知识产权具体知识掌握的还比较片面和肤浅,可以通过由浅至深、层层递进的方法,不断加强对市民的知识性教育,对知识产权各种类型及其创造、运用和保护方式都有较为全面的了解。

其次,需加强正当性教育。绝大多数普通民众还未完全和深刻认识到知识产权作为一种无形财产权的正当性。作为有形产权,绝大多数普通民众已经达成普遍共识,侵权是不对的,偷摊贩一个苹果都可能会内心不安,但偷别人的知识可能就会觉得理所当然。一方面可以通过知识产权理论体系的完善尤其是正当性理论的完善及宣讲,达到教育的目的。另一方面通过对知识产权人具体创作过程的放大描述,让民众体会到创作的艰辛,形成强烈的思想和情感共鸣,感染民众形成正确的无形财产观。

再次,加强危害性教育。有研究表明,假冒商标案件可以造成巨大的社会代价和个人的健康风险,假冒商标的缺陷部件用于机动车和飞机等交通工具中,每年可造成 3 万多人死亡以及 150 万人受伤。知识产权的危害不仅仅是知识产权人遭受经济损失,甚至会造成和暴力犯罪同样程度的身体损害及精神创伤。大多数民众只是体会到侵权的甜头,而未能清醒地认识到侵权的危害,如果从危害性教育着手,会

---

〔1〕 参见姚芳、刘华:《知识产权文化的中国实践:现状调查与政策建议》,载《科技进步与对策》2013 年第 11 期。

大大增加民众守法的主动性。

最后，需加强保护性教育。保护性教育不仅存在于知识产权领域，在整个法律领域，民众的保护意识还并不是很强，长期以来的厌讼观念以及司法成本，仍致使大多数人不善于权利自我保护，可以通过经典个案关注、推动和宣传的方式，提高民众知识产权自我保护的意识和信心。

（二）囊括类别细分的教育对象

就教育的对象而言，可以针对企业及其员工、知识产权管理人员、社区居民、青少年、高校大学生及科研人员进行不同的教育。

首先，需增强企业及其员工的知识产权意识。企业多关注于研发，而对研发人员和其他员工的知识产权意识的培养不够重视，可以以政府政策导向为推手，鼓励企业形成系统、有效的知识产权意识培训体制，增强企业及员工的知识产权意识；同时，增强知识产权管理人员的知识产权意识。虽然有很多知识产权管理人员在工作中会涉及知识产权内容，但实际上专业化程度并不是很高，加强其自身的知识产权意识显得尤为重要。

其次，增强社区对居民知识产权意识的培养。社区是居民行为的主要空间，因此也是知识产权意识培养的重要领地。增强社区对居民知识产权意识的培养是未来知识产权教育的最广阔也是最重要的领域。可以与特殊居民签订"坚持正版"协议书，以局部带动全局。对具有经济基础并具有一定公众表率身份的一部分市民如公务员、教师、事业单位工作人员等进行示范性要求，与其签订"坚持正版"协议书，积极引导和培养良好的知识产权意识，并通过他们的示范作用，带动全市乃至全国形成良好氛围。

再次，强化青少年知识产权教育以帮助从源头上改造传统、树立知识产权观念则更是一个基础环节。注重小学、中学、大学三个阶段知识产权教育的连续性和完整性，使知识产权教育沿着青少年成长的轨迹延伸,形成立体式的教育模式。2018 年 9 月 1 日由中央广播电视总台与教育部联合主办的第十一届《开学第一课》在央视综合频道播出,以“创造向未来”为主题,通过“梦想、奋斗、探索、未来”四个篇章,引领广大中小学生感悟创造精神的魅力和重要意义,鼓励孩子们锻炼实践能力、提升科学素养、培育创新精神,更好地向未来出发。这种形式的活动应当形成常规性活动,通过长期的渲染而实现对青少年的价值观渗透,可以分批次重点打造全国中小学知识产权教育试点学校。自 2014 年起,国家知识产权局会同教育部门大力开展知识产权教育,以今天的知识产权基础教育质量来提升明天的知识产权文化品质,倡导在中小学现行教学活动中融入知识产权价值观启蒙及创造力培养的素质教育内容,以解决社会教育不足和知识产权意识有待提升的现实问题。截至 2017 年 10 月,已评定两批共 60 所全国试点学校,评定省级试点、示范学校 870 余所,参与师生近百万人。通过中小学知识产权教育促进科技创新,盛开文明之花,形成“教会一个学生,带动一个家庭,影响一个社会”的良好局面〔1〕。

最后,高校是培养知识产权人才和培育知识产权文化的重点基地和摇篮。〔2〕 除了自身大力培养知识产权人才外,还要有针对性地开展不同层次、不同水平的知识产权业务培训。例如,对从事研究开发

---

〔1〕 参见人民网,http://ip. people. com. cn/n1/2018/0504/c179663 - 29964882. html。可以借鉴浙江宁波同济中学知识产权教育教学与课外实践活动,其不仅在浙江省率先成立校园知识产权教育工作体系,设立科技创新与知识产权教育活动专项经费,确立奖励制度,还建设全国首个 IP(知识产权)创新实验室,同时编写了《生活当中的法律常识》等知识产权教育教材,其中两门课程获评宁波市精品选修课。截至目前,同济中学多次参加全国青少年创造力大赛、国际青少年创新设计大赛等赛事并获奖,学生提交的中国专利申请已达数十件。在推进中小学知识产权教育的同时,高校知识产权学科建设也在紧锣密鼓地进行中。

〔2〕 截至 2018 年,我国有近百所高校增设了知识产权本科专业,30 多所高校设立了知识产权学院。2017 年 9 月 19 日,在上海国际知识产权学院 2017 年新生开学典礼上,首期世界知识产权组织联合培养知识产权法硕士项目、国家“一带一路”知识产权硕士项目也正式开班。这些举措掀起了高校的“知识产权文化”运动。

的科研和管理人员定期地进行关于“如何获得知识产权、保护知识产权”的培训，使每位从事科研的人都知道如何利用现有技术，以及如何更好地保护自有的知识产权，充分发挥高校作为“思想库”“人力资源库”的优势。[1] 增强大学生的知识产权意识。大学生既是知识产权的主要创造群体，又是知识产品的重要消费群体，在某种程度上也会引领着知识产权和知识产品的发展潮流和方向，应当增强大学生的知识产权意识。可以通过知识产权专业学生扩招、知识产权双学位和知识产权常识考核等方式来进行。

（三）探索手段多元的教育方式

就教育的方式而言，需注重专业性系统教育和普及性多维教育相结合。

首先，需重点打造专业性系统教育体系，主要是指高校的知识产权专业教育。美国大学的知识产权教育十分注重培养学生的实践能力，譬如为学生开设法律文书起草课程，为学生提供基本技巧的训练，包括口头表达、与当事人交谈、咨询谈判以及诉讼技术的指导等，关于职业技能、实践功能和应用性教育课程占总课程的很大一部分。美国大学知识产权课程的教学方法主要采取案例教学法，结合典型案例分析，以教师与学生对话讨论为主，从律师角度来分析法官判案的思路。我国的知识产权专业分布在理工类和法学类两类高校中，应当加强清华大学、同济大学、上海交通大学等具有专业背景的理工院校的知识产权教育程度，大力培养技术型知识产权人才，而人民大学、北京大学、华东政法大学等以法学为主的文科类院校主要倾向于培养服务咨询类知识产权人才。政府同时要为大学和公共研究机构知识产权产业化提供专家顾问团队，发掘有潜力的知识产权并力促其市场化，从

---

〔1〕 参见沈文庆：《科技发展与知识产权》，载《中国科学基金》2005 年第 3 期。转引自孟奇勋、李昌钰：《知识产权文化建设问题探讨》，载《知识产权》2006 年第 3 期。

而形成知识产权创造、运用、再创造、再运用的循环发展模式，推动知识经济发展。

其次，需有效构建普及性多维教育体系，主要包括大学通识教育、社区和单位定期培训教育、科技校企与社会互动教育、非定点自学教育等。大学通识教育，应当有针对性地进行大学生知识产权普及教育，如在艺术和新闻专业加强版权教育，对工科学生普及专利教育，对商科学生普及商标教育，对全体大学生加强知识产权常识教育。社区和单位定期培训教育，可以先广泛开展对党政领导干部、公务员、企事业单位管理人员、专业技术人员、文学艺术创作人员、教师等的知识产权培训。这些人员都是知识产权工作的实践者，对他们进行知识产权培训可以起到立竿见影和事半功倍的效果。培训课程主要应采取讲座的形式，通过微型讲座或者系列讲座帮助听众从商业和策略的视角来理解知识产权，掌握知识产权管理的方式和方法。然后，鼓励这些人员开展社区志愿者服务活动，推动社区居民的知识产权法律意识的培养。加强科技校企与社会互动教育，推动大学对社会开放，可以企业对社会开放，可以学习美国 IBM、微软、波音等几乎每家知名企业以及哈佛、MIT、斯坦福等知名大学的科技博物馆和科技探索活动免费对外开放的形式，尤其是吸引孩子们参与科技创新、激发孩子的创造力，这为知识产权意识的培养起到事半功倍的作用。开展非定点自学教育，可以发放基本学习材料引导自学教育，如法条和典型案例，由政府定期在地铁站、银行等指定地点发放一些自学材料，让市民及时更新知识产权相关新知识。

需要注意的是，知识产权教育需要切实落地，不能浮于表面、流于形式、应付差事。据调研，67.3% 的受访者所在单位开展的知识产权文化相关活动仅为配合上级要求、偶尔为之或无暇顾及，反映出相关部门缺乏知识产权文化建设工作的主动性，74.2% 的受访者认为将知识产权文化建设工作纳入绩效考评机制将有利于改观这一状况。[1]知识产权教育还要建立起真正的评估机制，以有效测评各层级知识产权教育的实际效果。

四、鼓励和开辟知识多元创造方向，弱化知识生产的"利益"导向，培育知识综合平衡发展的社会环境

（一）知识社会的知识生产

"知识社会"的概念诞生于20世纪60～70年代。美国社会学家罗伯特·莱恩在其1966年发表的《知识社会中政治和意识形态的衰落》一文中首先提出"知识社会"（The Knowledgeable Society），强调科学知识的日益增长的社会意义[2]。美国当代资深经济学家、管理学家彼得·德鲁克在其1968年出版的《断裂的时代》一书中再次使用了"知识社会"（The Knowledge Society），认为知识是现代社会的中心以及经济和社会行为的基础[3]。社会学家和未来学家丹尼尔·贝尔在其1968年发表的《知识和技术的测度》一文中同样使用了"知识社会"（The Knowledge Society），认为后工业社会就是一个知识社会，知识在创新中起着源泉作用，知识领域在国民生产总值及就业中的份量日益增加。[4]加拿大阿尔伯特大学社会学教授尼科·斯特尔在其1994年出版的第一部著作《知识社会》及在2002年出版的另一部著作《知识和经济行为》中使用了"知识社会"（The Knowledge Socie-

---

〔1〕参见姚芳、刘华：《知识产权文化的中国实践：现状调查与政策建议》，载《科技进步与对策》2013年第11期。

〔2〕See Lane, R. The decline of politics and ideology in a knowledgea blesociety[J]. American Sociological Review, 1966, 31(5): 649－662.

〔3〕See Drucker, P. The Ageof Discontinuity: Guidelines to our Changing Society[M]. New York: Harper & Row, 1968.

〔4〕See Bell, D. The measurement of knowledge and technology[A]. Eleanor B. Sheldon, Wilbert E. Moore. Indicators of Social Change: Conceptsand Measurements[C]. Hartford, CT: Russell Sage Foundation, 1968. 145－246.

ties),他指出,知识社会并非是作为一个简单、单峰展现的结果而发生的,也不是以某种明确的方式出现的,通向知识社会的道路并非是机械决定的单线行程,知识社会也并非只有遵循固定模式的单一类型,不同国家走向知识社会应当有自己的特色。[1]

知识社会是一个以知识为核心、以创新为驱动力的社会,是一个社会的人民的受教育水平成为经济和社会发展基础的社会,相对于建立在信息技术进步基础之上的信息社会而言的,知识社会的概念则包括着更加广泛的社会、伦理和政治方面的内容,信息社会仅仅是实现知识社会的手段;信息技术革命带来社会形态的变革从而推动面向知识社会的下一代创新。信息技术发展使更多的大众作为用户也能参与到科技创新的进程进一步带动创新形态、社会形态的嬗变。

传统的商品价值主要体现在土地、劳动和资本上面,这种价值形态往往表现出流动性差,独占性强,而且易损耗的特点;而知识社会中,知识是无国界的重要资源,它可以流动,不受限于国家,并且能在任何地方迅速、便宜地被创造。由于知识的可获取性,知识社会将没有贫困的国家,只有无知的国家。德鲁克指出:"知识的生产率将日益成为一个国家、一个行业、一家公司竞争的决定因素。……提高体力劳动者的生产率再也不能自行创造财富了,今后重要的是非体力劳动者的生产率,即知识的生产率以及使知识转化为生产力。在知识社会,知识成为社会的核心。然而知识社会又不是一个仅仅崇尚精英的社会,知识社会的社会形态越来越呈现出复杂多变的流体特性,传统的社会组织及其活动边界正在'融化'。创新也不再是少数被称为科学家的人群独享的专利,每个人都可以是创新的主体,生活、工作在社会中的用户将真正拥有创新的最终发言权和参与权,传统意义的实验室的边界以及创新活动的边界也随之'融化'了。以生产者为中心的

---

〔1〕 参见[加]尼科·斯特尔:《知识社会》,殷晓蓉译,上海译文出版社 1998 年版,第 10 页。

创新模式正在向以用户为中心的创新模式转变,创新正在经历从生产范式向服务范式转变的过程,正在经历一个民主化的进程。以技术发展为导向、科研人员为主体、实验室为载体的科技创新活动面临着挑战,以用户为中心、社会为舞台的面向知识社会、以人为本的下一代创新模式,即创新 2.0 模式正逐步显现其生命力和潜在价值。"[1]

当代社会知识生产方式,包括科学知识、社会知识和文化知识等,都在发生根本性变化。知识生产模式变化的新观点,即传统的知识生产模式Ⅰ是指基于牛顿模式科学研究,以单学科研究为主,而知识生产模式Ⅱ是指在应用环境中,利用交叉学科研究的方法,更加强调研究结果的绩效和社会作用的知识生产模式。[2] 在生产和传播途径上,知识生产方式历经口传时代、文字印刷时代,而今正向电子网络时代转变。在口传时代,知识是共享的,无法被垄断;文字印刷时代与资本的结合开创了知识垄断的先河;电子网络时代,由于运用了操控便捷的知识加工工具、建构了高频互动的知识生产平台、提供了近乎无限的知识生产资料,知识以过去无法想象的速度被生产、处理和广泛分配,导致了知识生产力的急剧膨胀,"集体作者""超文本""全球脑"[3]等几个深刻影响网络时代的知识生产方式再次让知识回归到集体共享、无法垄断的局面。

由于知识产权是知识创造与资本结合的产物,因此利益导向的趋势明显。那些具有实用性的知识被大肆推崇、膨胀发展,引导知识创造者趋之若鹜;而那些所谓"无用"的知识,由于不能直接创造经济价值,而越来越被忽略、厌弃,引导知识创造者唯恐避之不及。最明显的

---

〔1〕 宋刚、张楠:《创新 2.0:知识社会环境下的创新民主化》,载《新华文摘》2010 年第 3 期。

〔2〕 参见[英]迈克尔·吉本斯等:《知识生产的新模式——当代社会科学与研究的动力学》,陈洪捷、沈文钦等译,北京大学出版社 2011 年版。

〔3〕 赵涛:《论网络时代知识生产方式的变迁与演替》,载《自然辩证法研究》2014 年第 12 期。

例子是基础科学和基础理论研究在这个时代被年轻知识分子摒弃，理科如基础数学、基础物理、基础化学，文科如哲学、历史等学科，鲜有问津。知识产权的局限性越来越明显，知识产权的利益属性引导知识的市场化发展，使知识走向短、平、快发展道路。能够快速兑现经济利益的知识被爆发式重复生产，而需要更多积淀和酝酿的基础知识逐渐被摒弃，支撑一个社会文化平衡发展的知识基底逐渐被破坏。

（二）促进知识综合平衡发展的路径选择

一条绵延千里、没有尽头的鸿沟横亘在人们面前，需要大家共同去填补这个鸿沟，使之变成一条方便通行的康庄大道。当大家都在为这个共同的目标埋头苦干时，一个点子跳了出来：每个人修的这一小段路，如果设置一个关卡，所有通行者都要留下买路钱，那岂不是会大大提高人们修路的积极性。于是乎，高速公路上一个个收费站横亘在人们面前，后果可想而知。这便是当下知识产权制度的写照。成也"利益"，败也"利益"。

这条路上有许多特别难以攻克的鸿沟，需架设桥梁，然而桥梁上不宜设置收费关卡，这样的后果也可想而知，人人都会绕过这些难题，转向既简单易行、又获利丰厚的路段。在知识产权的框架内，并非所有的"知识"都可以产权化。知识社会其实要保护的是"创造权"，而并非"知识产权"。

知识产权制度在确立了创作者的财产权利之后，制造出了巨大的矛盾。一方面是智力成果成为特定的少数人用以盈利的工具，在资本主义经济不平等的结构下促成了文化层面的不断分化，资源愈加趋于垄断；另一方面，知识被限制在法律保护范围的框架下，不能充分流动，从而知识文化本身的应用和发展受到直接的阻碍。进入信息时代以后这一矛盾变得更为突出。西方知识产权制度已经在实然上成为信息共享和文明进步的桎梏。哥伦比亚大学教授伊本·莫格勒在《网络共产党宣言》[1]中说道:“我们要对那些知识产权的拥有者说:你们在认识上的错误在于,你们把现存的生产关系和现存的所有制关系下的社会形式,当作是永恒的自然规律和理性规律,因此看不到,所有这一切不过是在生产进程中不断在产生和消亡中的历史关系。”进入信息时代以来,不以产权营利为目的的技术创新得到了广泛、快速的发展。最典型的案例是用户群体共同开发的开源软件(Open Source Software,OSS)。目前全世界范围内有数百万软件开发志愿者,Linux、Apache 等开源软件在既没有产权所有者、也没有任何经济鼓励的环境下被广泛使用。事实上,使用者在许多领域已经成为创新的主体。

弱化知识生产利益导向,鼓励和开辟知识多元创造方向的路径,可以采取知识产权框架内和知识产权框架外两种模式。

知识产权框架内的模式,是将一切知识创造都纳入知识产权保护的范围,只是区别对待不同类型知识产权的鼓励和保护模式。对于能够资本化、商品化、市场化的知识,采用有限垄断的方式,通过市场流通获利,并配合有效的知识分享机制;对于不能够通过市场获利的知识,通过政府资助、社会公益组织支持等充分鼓励的方式配合个人或组织研究旨趣的推进,资助和支持的力度要与市场化获利知识有大致相当的程度,而这笔资金甚至可以通过对垄断知识产权获利的企业征税的方式获取。

知识产权框架外的模式,是仍保留现有知识产权的框架,但对知识产权所不能涵盖的知识创造充分分类,并设计适合不同类型知识创造的鼓励和保护模式。伟大的思想和创造从来不是用来兜售的,真正的创新也往往与专利的激励无关。在专利领域,世界上影响最深远的15 种医药发明中,只有两种曾经与专利打过交道,余下的青霉素、X

---

[1] 原文标题为 The dotCommunist Manifesto,发表于 2003 年 1 月。请参见 http://www.doc88.com/p-9985368952255.html。

光、乙醚等，都并非诞生于知识产权的“保护伞”之下。虽然发明者们天生具有不可抗拒的动力，其殚精竭虑地反复试验，重要的并不是是否赚了钱或者是否长期忍受贫困，然而我们的制度设计却应当对这类伟大的知识创造者给予充分的保障和关怀，让基础研究者在获得精神富足的同时，也有有闲无忧的生活品质。在这个层面上，我们可以学习美国的政府资助制度。在 1950 ~ 1962 年，美国 72% 的重大技术突破是政府资助的；1976 ~ 1995 年美国联邦政府从 2 亿美元增长到 9.6 亿美元支持计算机科学、电子工程等项目发展，20 世纪 60 年代第一个大型计算机网络 ARPANET 就是美国国家政府支持的项目，最终促成了 Internet 的产生。作为公共事业的知识创造，支持和保护的模式首先应当是政府投资，其次才是私权刺激，而政府投资所创造的知识应当成为公共产品实现共享，美国经济学家、诺贝尔经济学奖得主肯尼斯·约瑟夫·阿罗早已指出应当由政府投资发明，而后面的使用者不需要再付费。中国的青蒿素的研制正是走的这样一条道路，政府出资研制，而屠呦呦团队也并没有将青蒿素的提取技术申请知识产权保护，才使这一廉价药物挽救了许许多多的生命。我们必须警惕知识创造资本化所带来的危害，当下学术资本化所造成的学术圈屡屡暴雷、丑闻频发便是最好的反面例证。除了政府投资，社会多元公益知识创造平台也应当以各种形式搭建，以促进民间文化的繁荣与发展。此外，还应当设计全人类的知识创造平台，以实现全人类的知识共享。

五、利用互联网及云计算搭建完善的知识分享及传播平台

知识分享是人类文明发展的必需，也是全人类的呼声。2011 年，为反对现行的期刊版权制度对知识的封锁，被称作“数字罗宾汉”的黑客艾伦·斯沃兹入侵了著名的“西文过刊全文库”（JSTOR），下载了约 500 万份论文到他的个人电脑并打算公之于众，但还未行动，就已被警方逮捕，面临最高 35 年监禁和 100 万美元罚款的风险。事件最终以艾伦·斯沃兹上吊自杀这样的悲剧收场。该事件引发了美国对于学

术资源开放的很多反思,之后美国国会开始推动“艾伦法案”——《公平开放科研文献法案》(*Fair Access to Science and Technology Research Act*):由财政资助的研究文献必须开放。斯沃兹生前曾发表公开宣言:“信息就是权力,总有人想将它据为己有。全世界的科学与文化遗产、数百年累积的出版书籍与文章,随着数字化脚步逐渐被少数企业把持……分享并非恶行而是道德责任,只有被贪婪蒙蔽的人,才会拒绝让人分享。”而今的中国,正在开创免费分享和共享经济的时代。

2002 年,阿里巴巴开始准备进入中国面向消费者的电子商务市场。买家注册或交易不用付任何费用,卖家注册、展示商品或在线销售也不用付任何费用。淘宝“免费三年”的市场营销吸引了新的用户,ebay 当时对于淘宝三年免费的回应是:免费不是一种商业模式,淘宝网宣布未来三年免费,恰恰说明 ebay 在中国业务方面的强劲。最终的结果是淘宝打败了国际巨头“ebay”,开启了中国互联网免费的时代。后来的 360 杀毒和腾讯游戏,包括现在各种 APP,免费贯彻了整个互联网历史。靠人气收益,先由一个环节孵化出来,孵化出海量的影响力,其他环节再跟进把它变现,这成为中国互联网行业发展的套路。

自由软件运动是知识分享趋势的另一种风向标。自由软件是开放源代码,它也是一个操作系统,但是它的所有源代码都是公开的而且它的源代码不仅公开,还允许任何人在上面修改,但要求新的创造也必须公开。受自由软件运动启发,这个哲学或思想,扩展到音乐、电影等所有的媒体,就是从软件领域转变成自由文化。在这个基础上创造了一个新的协议:创造性公用许可。我们以为保护版权就是保护作者的权利,就是保护作者的劳动成果,其实不一定。譬如说网上日志,这些作者需要更多的人来看到他的东西;他不需要把自己的东西拿去做商业性的使用。这个新的版权协议就是让作者自己来定义,我保留哪些权利、不保留哪些权利。因为,对于作者来说,保留所有的权利,并不一定是最有利的。在初期,更多的人下载我的东西,才是对我最有利的。[1] 既保护知识创造者的利益、又保护知识利用者的利益的知识分享模式逐渐酝酿成熟。

目前的互联网经济孵化出几种路径:免费的知识分享公益网站、权利人自愿许可、使用人自愿付费。

(一)免费的知识分享公益网站

第一类是纯粹对公众开放的免费知识分享公益网站。以美国的维基百科和中国的百度百科为例。维基百科是强调 Copyleft(非盈利版权)自由内容、协同编辑以及多语版本的网络百科全书项目,其目标是向全人类提供自由的百科全书,并希望各地民众能够使用自己选择的语言来参与编辑条目。其他书面印刷的百科全书多是由专家主导编辑,之后再由出版商印刷并加以销售。维基百科在性质上一如其号称般属于可自由访问和编辑的全球知识体。全球上百万人于线上以协作方式促进了维基百科的快速成长。《自然》(*Nature*)在 2005 年的调查中认为,维基百科在科学文章这一领域与作为传统百科全书代表的《大英百科全书》有着相似的精确度。百度百科的宗旨是"百度百科,让人类平等地认知世界",百度百科本着平等、协作、分享、自由的互联网精神,提倡网络面前人人平等,所有人共同协作编写百科全书,让知识在一定的技术规则和文化脉络下得以不断组合和拓展。为用户提供一个创造性的网络平台,强调用户的参与和奉献精神,充分调动互联网所有用户的力量,汇聚上亿用户的头脑智慧,积极进行交流和分享。通过对亿万网友集体智慧的挖掘和积极的开放合作心态,百度百科已成为国人获取知识的一种通道。

第二类是会员积分制的知识分享平台。会员可以通过上传文档获得积分,并以积分换购其他文档,积分也可以通过少量付费的形式

---

〔1〕 参见强世功等:《知识产权与法律移植》,载《读书》2004 年第 8 期。

换取,以豆丁网、道客巴巴为例。豆丁网是全球最大的中文社会化阅读平台之一,为用户提供一切有价值的可阅读之物,豆丁网鼓励原创、鼓励分享、尊重和维护上传者的权益,分享文档,并通过豆丁网发表到不同博客、论坛以及各种平台上,进行广泛传播,同时还可以以非常环保的方式、低廉的价格看到热门书刊、杂志、以及各类专业文献。道客巴巴是一个专注于电子文档的在线分享平台,用户在此平台上不但可以自由交换文档,还可以分享最新的行业资讯。

第三类是问答方式的会员制知识分享平台,免费或者少量付费。完全免费的知识问答平台如知乎、豆瓣、果壳等。知乎是中文互联网知名的可信赖问答社区,致力于构建一个人人都可以便捷接入的知识分享网络,让人们便捷地与世界分享知识、经验和见解,发现更大的世界,类似的英文网站有 quora、StackExchange、Brainly 等。少量付费的知识问答平台有得到、知乎 live、在行、短书、分答等。2016 年,被称为知识付费元年,知乎、果壳(在行分答)、喜马拉雅 FM、得到及其他知识付费平台相继出现,知识付费的用户迅速增长,知识付费产品"井喷"。知识付费的本质是通过交易手段使更多的人愿意共享自己的知识积累和认知盈余,是通过市场规律和便利的互联网传播达到信息的优化配置。知识付费从知识免费中分离出来,是中产阶级焦虑的"止痛剂"和 IP(网络术语,通常指具有商业价值的文学原创)变现的结合。知识付费的模式是否能够常态化尚不确定,也有评价说"那些知识付费所贩卖的知识速成,其实质卖的不是某一领域的知识,而是一种'让你感觉很努力'的幻觉"。

通过这些知识分享平台,权利人创作并分享自己的知识,同样也作为使用人分享别人的知识。

(二)权利人自愿许可

数字化时代互联网上的知识到底如何进行新的制度安排以期适合知识创作、传播和收益的新需要?

一种观点是坚持传统的知识产权保护,如将著作权人的作品放到网上,须经著作权人的许可,要有偿;若未经许可下载,则属于违法行为。另一种观点认为,互联网是自由空间,互联网上的信息应该随意流通,可无偿使用和共享。不仅用户,一些作者也持这样的观点。

第二种观点的影响越来越大,美国两个互联网法案都没有通过,就是因为受到反对和抗议。这个问题在欧洲甚至已经政治化,德国、瑞典为此成立盗版党,目标明确就是要求互联网自由。所以未来传统知识产权制度在互联网时代所面临的挑战仍然没有解决。

互联网上的知识产权应该有二元化的模式,即一个模式是传统的知识产权保护,必须强调著作权,强调许可、有偿;另一个模式则是自由的流通。由权利人决定接受哪种模式。两种模式要有不同的管理方式,用户也要适应这两种模式。比如要使用一个作品,若该作品是有知识产权保护的,那么就应该尊重知识产权;若该作品是自由流通的,那就可以自由下载。[1] 著作权法增进知识和学习的公共利益目标的实现,其中重要的方面是保障对作品的接近。著作权法通过鼓励新作品的创作和传播而促进公共知识的传播与人们学习的积极性。在现实中,有些作者创作并不一定存在很明显的经济上的动机。像学者著述学术性的作品旨在表达他们自己的思想、提高自己的学术声望,而主要不是为了直接获得经济上的报酬——他们希望自己的作品广为流传。

权利人自愿许可越来越成为互联网知识产权的习惯做法,“商业转载请联系作者获得授权,非商业转载请注明出处”成为许多网站内容的尾注条款。

既要保护创作者的“私人财产”,以利于长期的、持续的、有回报的知识生产,同时也要给发明创造的传播留下合法、合理的空间。不仅要鼓励和保护市场主体的独立“发挥”,也要前瞻性地避免过于严苛的

〔1〕 参见田力普:《国内外知识产权最新形势分析》,载《知识产权》2014 年第 1 期。

规范，以及其带来的对经济效率的损害。

我们惊奇地发现，在微信读书、酷狗音乐、优酷视频等提供大量免费文学、音乐、影视作品的APP平台异常火爆的时代，众多创造知识产品的知识产权人不仅没有因免费或盗版而受损，反而赚得盆满钵满。以电影为例，虽然表面上，票房是电影的主要收入，看起来版权的保护是相当重要的，而实际上，大多数电影在影院下线后，很快在网络上就可以收看到免费作品，而消费者愿意花钱购买电影票的原因，一是在于中产阶级的“情怀”，二是在于还比较合理的票价。票房的收入毋宁说某种程度上反映的是知识产品的价值，不如说是“影院”独特的爆米花模式替代了影片本身的知识产权价值，成为消费者愿意买单的理由。而对于电影的出演演员来说，票房也不是对他们最重要的因素，他们的表演权如何保护得更好，最重要的是这部电影的真正收看量及评价，这决定了该演员的“红紫”程度从而提高其身价，使之获得更高的片酬及附加价值。对于电影制片商而言，除了卖座，大量的广告效应是电影本身之外更大的收益来源。因此，对于消费者而言，知识产品本身并不是最关键的，而怎样去“享用”知识产品才是这个时代更加重要的关注点，在焦虑随时可以贩卖的时代，人们对信息的获取需求日益重要，但商家已经明显感觉到“体验”比产品本身更重要。因此，对知识产权的垄断已经不是这个时代谋利的最佳方式，而实现最多数人对知识产品的接近才是知识产权人应当关注的方向。因此，在数字时代，知识产权被复制和模仿变得更加容易，知识产品只得增加更多附加产品和服务才能彰显更高价值。免费和分享成为这个时代知识产品消费的日常模式，如“微信阅读”APP也凭借赠一得一的分享模式成为国内当下最受欢迎的阅读平台之一。凭借知识产权获益的传统模式必须转型而不再是依赖于加强知识产权保护而取胜。著名的“知乎”平台，一个真实的网络问答社区，号称“中文互联网最大的知识社交平台之一，拥有认真、专业和友善的独特氛围，连接各行各业的精英。用户分享着彼此的专业知识、经验和见解，为中文互联网源源不断地提供高质量的信息”。“知乎”抓住了人性中的一个优点：分享。人其实是渴望分享的动物，这恰好满足了马斯洛的需求金字塔中最高层次的需求——“自我实现的需求”。知乎等问答社区则是满足了人的最高层次的两个需求：尊重（社会承认）和自我实现的需求。互联网不仅给予每个人平等的知识获取和学习的机会，也给每个人提供了知识创造和分享的机会。

（三）使用人自愿付费

有没有知识传播和权利人赚钱两全其美的方法呢？互联网“打赏”是一种新方式，它是后付费和自愿付费的结合，而这种形式之所以能推广，取决于两个条件：其一是庞大的消费群体；其二是费用的低廉。知识真正做到让消费者定价的模式。通过知识获利，不仅只有垄断可以做到，分享同样可以做到。知识分子已经可以通过互联网平台，向知识消费者大规模推销自己的知识产品，而越来越多的互联网用户也愿意为更精准、更具价值的知识产品和内容付费。

2016 年被称为知识付费的元年，有很多内容创作者、经验积累者开始在各类平台进行知识变现。2015 年 3 月，果壳网推出国内知识技能共享平台“在行”，通过“在行”，用户可以约见不同领域的行家，与他们进行一对一见面约谈，提供答疑解惑、出谋划策、定制服务等；2016 年 5 月，“分答”上线，自上线后众多明星大腕及健康领域、理财领域、职场领域等名人答主在分答付费语音平台回答各类问题，上线仅 42 天，超过 1000 万授权用户，付费用户超过 100 万，33 万人开通了答主页面，产生了 50 万条语音问答，交易总金额超过 1800 万元，复购率达到 43%，分答每日付款笔数超过 19 万次；2016 年 6 月，罗辑思维团队的“得到”APP 上线了，“得到”APP 包含有独家订阅专栏、有料音频、干货电子书等多项内容。互联网是信息和知识的网络，随着互联网生态的不断完善、移动互联网的突飞猛进式发展和消费观念升级，曾经的“免费知识互联网”，在内容创业、知识电商和互联网分享平台的裹挟下，渐渐升级为“付费知识互联网”，主张“为知识付费、为价值买单”的知识电商。

知识电商促进了互联网知识的分层，免费知识和付费知识并行的局面逐渐呈现。产品化程度低的知识原料必然处于免费领域，而产品化程度高、商业价值高的知识产品，知识分享升级成为一门“经济”，替代“传统出版”这种最古老的收费知识服务行业，逐渐形成知识分享的互联网商业模式：“1. 多数内容免费提供，少量高价值内容收费；2. 知识输出的广播模式与点播模式；3. 靠内容聚拢人气，打造社群；4. 会员制：爱就供养，不爱就观望；5. 知识自媒体电商：衍生产品销售；6. 植入广告：‘硬广’与‘软广’经营。”[1]

借力于知识付费平台的成熟、付费方式的便利，知识付费的产品形态不断演进，根据不同人群和不同平台的特质，大体上可以划分为平台型和工具型两类，并表现为以下 6 种：(1) 付费专栏：喜马拉雅 FM、得到、豆瓣时间、简书；(2) 直播互动：知乎 Live、荔枝微课堂、一直播；(3) 付费问答：分答、微博付费问答；(4) 线下约见：混沌研习社、在行；(5) 付费群组：小密圈、贵圈；(6) 第三方支持：短书。[2]

从知识供给侧来看，新的互联网工具带给人们时间上的解放，知识分子可以借助网络平台利用自由的时间分享知识，凭“认知盈余”获取知识性收入。从知识消费端来看，为知识产品付费的消费价值观正被越来越多的新生代用户认可，这种消费价值导向，一方面，必然会培养出公众为知识付费的习惯；另一方面，则会让分享知识的人获得尊重，对他们的分享行为形成“正激励”，从而批量制造出知识型中产阶层。

---

[1] 参见韩朝宾：《知识变现》，电子工业出版社 2017 年版。

[2] 参见袁雅雅：《怎样进行知识变现》，载知乎网，https://www.zhihu.com/question/30146462/answer/293747424。

六、调整及形成知识产品定价体系,贴近国民的消费能力

(一)"数据商品化"是一个吊诡

诺贝尔经济学奖得主萨缪尔森依据知识发明所具有的非竞争性与非排他性将其界定为公共产品,反对将发明专利授予私人,否则将造成社会成本的浪费。所谓非竞争性是指一部分人对某一产品的消费不会影响另一些人对该产品的消费,一些人从这一产品中受益不会影响其他人从这一产品中受益,受益对象之间不存在利益冲突。而非排他性是指产品在消费过程中所产生的利益不能为某个人或某些人所专有,要将一些人排斥在消费过程之外,不让他们享受这一产品的利益是不可能的。

知识是明显的公共产品,因为知识的再生产成本为0,是一种非竞争性使用的商品。知识是一种使用价值累进的特殊物品,技术的收益是指数化的,所有人都可以使用技术,带来的结果是技术大爆炸。可以说,知识的使用范围越广,知识的使用价值越大,越可能产生新的知识。知识的这种公共产品属性带来的还有发明专利的定价问题。

西方经济学认为商品的市场价格应当等于其供给的边际成本,但是前面已经指出,知识的再生产成本为0,因此知识专利的价格应当也是0,但这是资本所不允许的。随之而来的就是随意的一次性专利费和专利税以及漫长的专利期制度。由此引发的不仅是道德问题还有巨大的市场扭曲。青蒿素在中国的科研、生产及应用过程,充分证明由于没有私人垄断资本获得暴利,所以药品价格相当便宜,以极其低廉的价格、极高的药效,解决了非洲的疟疾问题。

中国知网,即国家知识基础设施(National Knowledge Infrastructure,CNKI)的概念,是1998年由世界银行提出。CNKI 工程是以实现全社会知识资源传播共享与增值利用为目标的信息化建设项目,其背

后是国家的知识信息化建设的产物[1]，由于其是由清华大学、清华同方发起并于1999年6月开始创建，这造成了“知网”由清华大学及清华同方等商业公司授权运营而被商业垄断的局面。作为我国最大的文献库，知网收录了95%以上正式出版的中文学术资源，是人们使用频次最高的检索和下载学术资源的网站之一，是高校和研究人员做学术研究所依赖的重要数据库，但知网的服务费用却连年上涨，让高校直呼“用不起”。

影响更大的是美国高通公司堪称巧立名目、敲骨吸髓的专利收费模式。这家公司在2001年3月确认第三代(3G)移动通信三大国际标准时确立了其“卖专利”的商业模式，所有从事与3G相关的生产与销售的企业，都必须与高通签署专利授权合同，它卖的只是手机芯片，却多年坚持要按整个终端售价的一定比例收取专利费，于是乎，从手机屏幕、手机壳、电池、相机、耳机……乃至手机上镶嵌的钻石，都得为高通的芯片支付专利费。

显然，知识产品由于垄断而未能通过市场供求关系形成有效价格机制，从而造成商家利用知识产权牟取暴利的情形，知识产品定价体系亟待合理布局。

(二)知识产品定价体系依据

从调研结果看，知识产品定价问题是影响知识产权侵权行为的重要因素。然而，知识产品定价体系长期以来由于知识产权的垄断特殊性既缺乏市场的导向、又缺乏政府的调控，如果只是被动地以反垄断法来调整，则往往是“覆水难收”，其对市场和消费者的伤害已经无法弥补。政府有必要在定价阶段适当介入，合理引导知识产品的定价。

知识产品定价首先要准确计算知识创造和维护的成本。以中国

---

[1] 1997年国家新闻出版署颁发“新出音[1999]17号”文件：执行“中国学术期刊(光盘版)检索与评价数据规范”，之后将之列为国家级火炬计划项目。

知网为例，知网作为企业不是公益平台，数据的收集、整理、发布都需要成本，知网收取一定的费用，这可以理解。但令人难以理解的是，在正常的运行费用外，知网还要收取连年涨价的高昂数据库订购费，而这些收入与论文原作者毫无关系。师生的学术成果上传到知网基本免费，知网支付给部分作者的稿酬或版税非常低，按知网的"一口价"，知网收录普通学术论文并不支付稿酬，收录一篇博士论文，作者仅能得到 400 元的阅读卡和 100 元稿酬。而且，知网在其"版权声明"中宣称，"任何人包括付费读者均不得将本内容通过网络论坛、网络博客以及其他任何方式进行二次信息网络传播"。这就带来了一个荒谬的问题：论文作者呕心沥血创作出的成果，一旦发表并被收入知网，原作者不仅无法从中再获利，就连知识产权也事实上拱手他人了。

知识产品定价其次要控制知识创造者或控制者的收益。同样以中国知网为例，知网年收入近 10 亿元，毛利高达 58.83%。这种暴利收费模式很难说是合理的。而且，知网作为我国知识基础设施工程的一部分，承担着实现全社会知识资源传播共享与增值利用的功能。这就决定了知网并不是纯粹的市场主体，而是一个公共企业，应该体现一定的公益性，承担更多社会责任，即便是纯粹私人企业，涉及知识产业，其同样也应当承担社会责任。中国知网连年涨价获取暴利，阻碍了学术资源分享和学术传播，也违背了知识基础设施工程建设的初衷，连北京大学都一度停用知网，可见定价畸高的问题已经不容小觑。知识商品化后，这一特殊商品的价值由科研工作者、科学家、技术工人及广大劳动者集体创造出来，但经由资本染指，其产权被资本家所垄断，并借之谋取暴利，其借知识产权所获得的利润，不是其科研及生产成本的五倍十倍，而是百倍千倍万倍，而其中只有一小部分用于支付科研工作者的劳动报酬，绝大部分被垄断资本吞噬，这显然是不合理的。

如果平衡知识产权人的成本和收益，则可以建立一个完善的定价系统，公开其成本，并以时间和收益双重标准来控制知识产品进入公共领域。收益标准即设定更加科学的经济学的成本—收益模型，当收益达到成本的一个合理倍数，如200%时，该知识产权经申请进入公共领域，这个运行模式需要良好的成本申报机制和知识产品定价机制来配合完成。而对于没有达到收益峰值的知识产品则可由权利人2年制自愿许可，获利垄断的最长期限则为10年。当然，这种定价体系非常庞杂，需要政府、企业、知识消费者等多方合力进一步严格论证。

余　论

我国的知识产权文化实践应建立一种文化自信,在知识产权文化的国际交流与斡旋中,兼备国际视野和我国立场,既要客观认识我国知识产权工作成就与差距,也要对西方误读加以反驳,在知识产权文化的国际实践中,提供中国特色的实践经验,对全球化即西化的文化格局提供另一种多元的可能性,为国际社会生发一种人文生态平衡的知识产权格局提供中国的文化编码。[1] 第二届"一带一路"国际合作高峰论坛于2019年4月底在北京举行,时任世界知识产权组织总干事弗朗西斯·高锐在日内瓦总部接受新华社记者采访时表示,中国将知识产权置于战略高位,在各个经济领域都注重知识产权保护,并持续数十年表现出执行长期政策的决心,这些都是值得与"一带一路"沿线国家分享的经验。我国政府应充分利用国际交流平台,将蕴含我国品质的知识产权文化理念通过有效途径输出,这不仅是对西方中心主义知识产权单极文化的消解,也是弘扬多元和多级知识产权文化的具体实践。[2] 随着我国国力的不断强大,我们已经拥有足够大的市场来发展知识产权,创新知识产品,培育知识产权文化。所以,将来我们

---

〔1〕 参见姚芳、刘华:《知识产权文化的中国实践:现状调查与政策建议》,载《科技进步与对策》2013年第11期。

〔2〕 参见姚芳、刘华:《知识产权文化的中国实践:现状调查与政策建议》,载《科技进步与对策》2013年第11期。

更应以一种主体性的身份参与到知识产权全球规则的制定过程中去，展示中国立场，反映中国诉求，体现中国智慧，积极参与并引领世界新法律秩序的构建，期待一个知识产权国际新秩序的形成！

参考文献

一、以知识产权为直接研究对象的参考文献

(一)中文著作

1. 最高人民法院编:《中国知识产权司法保护纲要(2016~2020)(中英文对照)》,法律出版社出版2017年版。

2. 最高人民法院知识产权审判庭编:《最高人民法院知识产权案件年度报告(2008~2015)》,中国法制出版社2017年版。

3. 姜福晓:《数字网络技术背景下著作权法的困境与出路》,知识产权出版社2017年版。

4. 杨延超:《版权战争》,知识产权出版社2017年版。

5. 肖尤丹:《开放式创新与知识产权制度研究》,知识产权出版社2017年版。

6. 吴汉东:《知识产权精要——制度创新与知识创新》,法律出版社2017年版。

7. 熊文聪:《事实与价值二分:知识产权法的逻辑与修辞》,华中科技出版社2016年版。

8. 张吉豫:《探寻知识产权的边界——以信息技术平台兼容性为视角》,法律出版社2017年版。

9. 吴汉东主编:《中国知识产权蓝皮书(2015~2016)》,知识产权出版社2017年版。

10. 胡波:《知识产权法哲学新论》,法律出版社2017年版。

11. 蔡祖国:《知识产权保护与信息自由的冲突与协调》,知识产权出版社2016年版。

12. 管育鹰主编:《"一带一路"沿线国家知识产权法律制度研究——中亚、中东

欧、中东篇》,法律出版社 2017 年版。
13. 于志强:《网络知识产权犯罪制裁体系研究》,法律出版社 2017 年版。
14. 杨健:《知识产权国际法治问题研究》,法律出版社 2017 年版。
15. 刘国涛、马凤玲主编:《知识产权战略学》,知识产权出版社 2016 年版。
16. 吴汉东主编:《中国知识产权蓝皮书(2014～2015)》,知识产权出版社 2016 年版。
17. 陈杰:《论著作权的正当性》,知识产权出版社 2016 年版。
18. 冉从敬:《知识产权学术演化研究——基于信息可视化技术的视角》,科学出版社 2015 年版。
19. 俞文华:《知识产权强国评价体系研究》,知识产权出版社 2016 年版。
20. 龙富泉:《知识产权论——进化论之观察》,华中科技大学出版社 2016 年版。
21. 傅荣贤:《中国近代知识观念和知识结构的演进》,知识产权出版社 2016 年版。
22. 国家知识产权局:《中国知识产权年鉴 2016》,知识产权出版社 2016 年版。
23. 陶凯元主编:《最高人民法院知识产权司法解释理解与适用》,中国法制出版社 2016 年版。
24. 姜国峰:《我国知识产权文化培育研究》,河南人民出版社 2016 年版。
25. 国务院法制办公室编:《中华人民共和国知识产权法典》,中国法制出版社 2016 年版。
26. 张广量:《秩序与边界:知识产权相关竞争法问题研究》,知识产权出版社 2015 年版。
27. 刘孔中:《解构知识产权法及其与竞争法的冲突与调和》,中国法制出版社 2015 年版。
28. 甘绍宁主编:《全球专利信息公共检索资源指南》,知识产权出版社 2015 年版。
29. 李宗辉:《历史视野下的知识产权制度》,知识产权出版社 2015 年版。
30. 国家知识产权局出版社:《中国知识产权年鉴 2015》,知识产权出版社 2015 年版。
31. 李明德:《美国知识产权法》(第 2 版),法律出版社 2014 年版。
32. 吴汉东:《知识产权中国化应用研究》,中国人民大学出版社 2014 年版。
33. 吴汉东:《我为知识产权事业鼓与呼》,中国人民大学出版社 2014 年版。
34. 方江宁:《知识产权法基础理论》,知识产权出版社 2014 年版。
35. 王振宇:《中国知识产权法律发展研究——基于维护国家经济安全的视角》,

社会科学文献出版社 2014 年版。
36. 国家知识产权局主编:《中国知识产权年鉴(2014)》,知识产权出版社 2014 年版。
37. 孔祥俊:《知识产权法律适用的基本问题——司法哲学、司法政策与裁判方法》,中国法制出版社 2013 年版。
38. 周林、龙文、韩缨主编:《超越知识产权——传统知识法律保护与可持续发展研究》,浙江大学出版社 2013 年版。
39. 国家知识产权局:《中国知识产权年鉴 2013》,知识产权出版社 2013 年版。
40. 吴汉东主编:《科学发展观与知识产权战略实施》,北京大学出版社 2012 年版。
41. 中国知识产权培训中心编:《中小学生发明创造与知识产权》,知识产权出版社 2012 年版。
42. 国家知识产权局:《中国知识产权年鉴 2012》,知识产权出版社 2012 年版。
43. 李明山主编:《中国古代版权史》,社会科学文献出版社 2012 年版。
44. 刘春田主编:《中国知识产权评论》(第 5 卷),商务印书馆 2011 年版。
45. 郑友德:《知识产权与公平竞争的博弈——以多维创新为坐标》,法律出版社 2011 年版。
46. 吴汉东主编:《中国知识产权蓝皮书(2009～2010)》,北京大学出版社 2011 年版。
47. 吴汉东、郭寿康主编:《知识产权制度国际化问题研究》,北京大学出版社 2010 年版。
48. 李明德等:《欧盟知识产权法》,法律出版社 2010 年版。
49. 彭立静:《伦理视野中的知识产权》,知识产权出版社 2010 年版。
50. 王吉法等:《知识产权资本化研究》,山东大学出版社 2010 年版。
51. 吕炳斌:《建设创新型国家背景下的知识产权保护》,知识产权出版社 2010 年版。
52. 曹新明、张建华主编:《知识产权制度法典化问题研究》,北京大学出版社 2010 年版。
53. 单晓光、许春明等:《知识产权制度与经济增长》,经济科学出版社 2009 年版。
54. 许春明:《知识产权制度与经济增长关系的实证研究》,知识产权出版社 2009 年版。
55. 吴立增等:《基因资源知识产权理论》,科学出版社 2009 年版。

56. 吴汉东主编:《知识产权年刊(2008 年号)》,北京大学出版社 2009 年版。
57. 徐辉鸿:《知识产权权利冲突研究》,吉林大学出版社 2009 年版。
58. 田力普主编:《影响中国的 100 个知识产权案例》,知识产权出版社 2009 年版。
59. 吴汉东主编:《中国知识产权蓝皮书(2007 ~ 2008)》,北京大学出版社 2009 年版。
60. 吴立增、黄秀娟、刘伟平等:《基因资源知识产权理论》,科学出版社 2009 年版。
61. 王黎明:《最初的交锋——中外首次知识产权谈判》,知识产权出版社 2008 年版。
62. 冯晓青主编:《全球化与知识产权保护》,中国政法大学出版社 2008 年版。
63. 吴汉东:《知识产权多维度解读》,北京大学出版社 2008 年版。
64. 吴汉东主编:《中国知识产权制度评价与立法建议》,知识产权出版社 2008 年版。
65. 杨延超:《知识产权资本化》,法律出版社 2008 年版。
66. 吴汉东主编:《知识产权年刊(2007 年号)》,北京大学出版社 2008 年版。
67. 王迁、王凌红:《知识产权间接侵权研究》,中国人民大学出版社 2008 年版。
68. 林炳辉主编:《2007 中国知识产权文化论坛论文集》,知识产权出版社 2008 年版。
69. 林炳辉主编:《知识产权文化读本》,知识产权出版社 2008 年版。
70. 刘春田主编:《中国知识产权评论》(第 3 卷),商务印书馆 2008 年版。
71. 郑成思:《知识产权论》,法律出版社 2007 年版。
72. 吴汉东主编:《中国知识产权蓝皮书(2005 ~ 2006)》,北京大学出版社 2007 年版。
73. 蒋言斌:《知识产权制度反思与法律调适》,知识产权出版社 2007 年版。
74. 乔生:《知识产权保护与限制衡平研究》,中国检察出版社 2007 年版。
75. 吴汉东主编:《知识产权国际保护制度研究》,知识产权出版社 2007 年版。
76. 吴汉东主编:《知识产权年刊(2006 年号)》,北京大学出版社 2007 年版。
77. 徐东:《知识产权:故事背后的法律》,法律出版社 2007 年版。
78. 胡朝阳:《知识产权的正当性分析》,人民出版社 2008 年版。
79. 李明山、常青等:《中国当代版权史》,知识产权出版社 2007 年版。
80. 冯晓青:《知识产权法利益平衡理论》,中国政法大学出版社 2006 年版。
81. 曹世华:《后 TRIPS 时代知识产权前沿问题研究》,中国科学技术大学出版社

2006 年版。
82. 楼慧心:《知识　制度　利益——知识产权制度对社会利益结构的影响研究》,浙江大学出版社 2006 年版。
83. 陈昌柏:《知识产权经济学》,北京大学出版社 2006 年版。
84. 陈昌柏:《自主知识产权管理》,知识产权出版社 2006 年版。
85. 张丽娜:《WTO 与中国知识产权法律制度研究》,中国民主法制出版社 2006 年版。
86. 郑万青:《全球化条件下的知识产权与人权》,知识产权出版社 2006 年版。
87. 李雨峰:《枪口下的法律——中国版权史研究》,知识产权出版社 2006 年版。
88. 曲三强:《窃书就是偷——论中国传统文化与知识产权》,知识产权出版社 2006 年版。
89. 蒋南平、李萍、缪丹:《中国知识产权制度研究》,电子科技大学出版社 2006 年版。
90. 郑成思:《知识产权——应用法学与基本理论》,人民出版社 2005 年版。
91. 齐爱民主编:《现代知识产权法学》,苏州大学出版社 2005 年版。
92. 李琛:《论知识产权法的体系化》,北京大学出版社 2005 年版。
93. 朱雪忠:《知识产权协调保护战略》,知识产权出版社 2005 年版。
94. 严永和:《论传统知识的知识产权保护》,法律出版社 2006 年版。
95. 曹新明:《中国知识产权法典化研究》,中国政法大学出版社 2005 年版。
96. 刘春田主编:《知识产权法》,高等教育出版社 2000 年版。
97. 朱雪忠:《知识产权协调保护战略》,知识产权出版社 2005 年版。
98. 冯洁菡:《公共健康危机与 WTO 知识产权制度的改革——以 TRIPS 协议为中心》,武汉大学出版社 2005 年版。
99. 吴汉东主编:《知识产权年刊(创刊号)》,北京大学出版社 2005 年版。
100. 李顺德:《知识产权法律基础》,知识产权出版社 2005 年版。
101. 金海军:《知识产权私权论》,中国人民大学出版社 2004 年版。
102. 冯晓青:《知识产权法利益平衡原理》,湖南人民出版社 2004 年版。
103. 冯晓青、杨利华等:《知识产权法热点问题研究》,中国人民公安大学出版社 2004 年版。
104. 冯晓青主编:《知识产权前沿问题研究》,中国人民公安大学出版社 2004 年版。

105. 李琛:《知识产权片论》,中国方正出版社 2004 年版。
106. 黄瑞华主编:《信息法》,电子工业出版社 2004 年版。
107. 刘华:《知识产权制度的理性与绩效分析》,中国社会科学出版社 2004 年版。
108. 李扬等:《知识产权基础理论和前沿问题》,法律出版社 2004 年版。
109. 国家知识产权局知识产权发展研究中心组织编著:《规制知识产权的权利行使》,知识产权出版社 2004 年版。
110. 徐聪颖主编:《知识产权法学——问题点与文献源》,中信出版社 2004 年版。
111. 甘谷力:《知识产权:释放知识经济的能量》,知识产权出版社 2004 年版。
112. 郑胜利主编:《北大知识产权评论》(第 2 卷),法律出版社 2004 年版。
113. 郑成思:《知识产权法》,法律出版社 2003 年版。
114. 冯晓青:《知识产权法哲学》,中国人民公安大学出版社 2003 年版。
115. 李扬主编:《知识产权的合理性、危机及其未来模式》,法律出版社 2003 年版。
116. 南振兴、刘春霖:《知识产权学术前沿问题研究》,中国书籍出版社 2003 年版。
117. 龙文懋:《知识产权法哲学初论》,人民出版社 2003 年版。
118. 北京市高级人民法院民三庭编:《知识产权经典判例》,知识产权出版社 2003 年版。
119. 李明山主编:《中国近代版权史》,河南大学出版社 2003 年版。
120. 李明德:《美国知识产权法》,法律出版社 2003 年版。
121. 刘春田主编:《中国知识产权评论》(第 1 卷),商务印书馆 2002 年版。
122. 吴汉东主编:《知识产权法学》,北京大学出版社 2002 年版。
123. 吴汉东主编:《知识产权国际保护制度研究》,知识产权出版社 2007 年版。
124. 郑胜利主编:《北大知识产权评论》(第 1 卷),法律出版社 2002 年版。
125. 吴汉东、胡开忠:《走向知识经济时代的知识产权法》,法律出版社 2002 年版。
126. 郑成思:《知识产权论》,法律出版社 2001 年版。
127. 王先林:《知识产权与反垄断法——知识产权滥用的反垄断问题研究》,法律出版社 2001 年版。
128. 吴汉东、胡开忠:《无形财产权制度研究》,法律出版社 2001 年版。
129. 国家知识产权局:《中国知识产权年鉴 · 2000》,知识产权出版社 2001 年版。
130. 刘春田主编:《知识产权法》,高等教育出版社 2000 年版。
131. 张平:《网络知识产权及相关法律问题透析》,广州出版社 2000 年版。
132. 孙建、罗东川主编:《知识产权名案评析》,中国法制出版社 1998 年版。

133. 李富强等编著:《知识经济与知识产品》,社会科学文献出版社 1998 年版。
134. 刘春田主编:《中国知识产权二十年》,专利文献出版社 1998 年版。
135. 郑成思:《知识产权论》,法律出版社 1998 年版。
136. 吴汉东等:《西方诸国著作权制度研究》,中国政法大学出版社 1998 年版。
137. 吴汉东:《著作权合理使用制度研究》,中国政法大学出版社 1996 年版。
138. 刘茂林:《知识产权法的经济分析》,法律出版社 1996 年版。
139. 郑成思:《知识产权法通论》,法律出版社 1986 年版。

(二)中文译著

1. [英]克里斯汀·格林哈尔希、马克·罗格:《创新、知识产权与经济增长》,刘劭君、李维光译,知识产权出版社 2017 年版。
2. [美]阿瑟 R. 米勒、迈克尔 H. 戴维斯:《知识财产概要》(原书第 5 版),周林、刘清格译,知识产权出版社 2017 年版。
3. [日]荒井寿光:《知识产权革命》,夏雨译,知识产权出版社 2017 年版。
4. [日]富田彻男:《市场竞争中的知识产权》,廖正衡等译,商务印书馆 2017 年版。
5. [美]朱莉·E. 科恩等:《全球信息经济下的美国版权法》,王迁、侍孝祥、贺炯译,商务印书馆 2016 年版。
6.《法国知识产权法典(法律部分)》,黄晖、朱志刚译,商务印书馆 2017 年版。
7.《加拿大版权法》,易健雄译,知识产权出版社 2017 年版。
8. [美]弗雷德里克·M. 阿伯特、[瑞士]托马斯·斯蒂尔、[澳]弗朗西斯·高锐:《世界经济一体化进程中的国际知识产权法》,王清译,商务印书馆 2014 年版。
9. [澳]彼得·达沃豪斯:《知识的全球化管理》,邵科、张南译,知识产权出版社 2013 年版。
10. [日]田村善之:《田村善之论知识产权》,李扬等译,中国人民大学出版社 2013 年版。
11. [美]谢尔登·W. 哈尔彭、克雷格·艾伦·纳德、肯尼思·L. 波特:《美国知识产权法原理》(第 3 版),宋慧献译,商务印书馆 2013 年版。
12. [澳]布拉德·谢尔曼、[英]莱昂内尔·本特利:《现代知识产权法的演进——英国的历程(1760—1911)》,金海军译,北京大学出版社 2012 年版。
13. [日]田村善之:《日本知识产权法》,周超、李雨峰、李希同译,知识产权出版社 2011 年版。

14. [美]安守廉:《窃书为雅罪》,李琛译,法律出版社2010年版。
15. [美]迈克尔·赫勒:《困局经济学》,闾佳译,机械工业出版社2009年版。
16. [澳]彼得·德霍斯:《知识财产法哲学》,周林译,商务印书馆2008年版。
17. 欧洲专利局编著:《未来知识产权制度的愿景》,郭民生、杜建慧、刘卫红译,知识产权出版社2008年版。
18. [苏丹]卡米尔·伊德里斯:《知识产权——推动经济增长的有力工具》,曾燕妮译,知识产权出版社2008年版。
19. [美]苏姗·K.塞尔:《私权、公法——知识产权的全球化》,董刚、周超译,中国人民大学出版社2008年版。
20. [法]蒲吉兰:《21世纪的黑金》,贾春娟、李玉平、苏启运译,社会科学文献出版社2006年版。
21. [美]威廉·M.兰德斯、理查德·A.波斯纳:《知识产权法的经济结构》,金海军译,北京大学出版社2005年版。
22. [澳]彼得·达沃豪斯、约翰·布雷斯韦特:《信息封建主义》,刘雪涛译,知识产权出版社2005年版。
23. [英]戴恩·罗兰德、伊丽莎白·麦克唐纳:《信息技术法》,宋连斌、林一飞、吕国民译,武汉大学出版社2004年版。
24. J. Michael Finger等编,《穷人的知识:改善发展中国家的知识产权》,全先银等译,中国财政经济出版社2004年版。
25. [印]甘古力:《知识产权——释放知识经济的能量》,宋建华、姜丹明、张永华译,知识产权出版社2004年版。
26. [美]罗伯特·P.墨杰斯等:《新技术时代的知识产权法》,齐筠等译,中国政法大学出版社2003年版。
27. [日]富田彻男:《市场竞争中的知识产权》,廖正衡等译,商务印书馆2000年版。
28. [加]尼科·斯特尔:《知识社会》,殷晓蓉译,上海译文出版社1998年版。
29. 世界知识产权组织编著:《知识产权纵横谈》,陈寅虎等译,世界知识出版社1992年版。

(三)外文原著

1. Donald G. Richards, Intellectual Property Rights and Global Capitalism: the Political Economy of the TRIPS Agreement, M. E. Sharpe, Inc. (2004).

2. Adam Thierer & Wayne Crews, Copy Fights: the Future of Intellectual Property in the Information Age, Cato institute Washington D. C. (2002).

3. Gillian Davies, Copyright and the Public Interest, London Sweet & Maxwell (2002).

4. Drahos. P., and J. Braithwaite, Information Feudalism: Who Owns the Knowledge Economy? London: Earthscan. (2002).

5. Adam D. Moore, Intellectual Property & Information Control, Transaction Publisher New Brunswick (U. S. A) and London (U. K.) (2001).

6. Peter Drahos, Intellectual Property, Dartmouth Publishing Company Limited (1999).

7. Peter Drahos, A Philosophy of Intellectual Property, Dartmouth Publishing Company Limited(1996).

8. L. Ray patterson, Stanley W. Lindberg, The Nature of Copyright: A Law of Users' Right, the University of Georgia Press, Sathens & London(1991).

9. Edwin C. Hettinger, Justifying Intellectual Property, 18 Phil. & Pub. Aff. 31(1989).

(四)中文论文

1. 杨明:《私人复制的著作权法制度应对:从机械复制到云服务》,载《中国法学》2021 年第 1 期。

2. 苏永钦:《大民法典的理念与蓝图》,载《中外法学》2021 年第 1 期。

3. 熊鸿儒、马源等:《数字贸易规则:关键议题、现实挑战与构建策略》,载《改革》2021 年第 1 期。

4. 高海波:《数字帝国主义的政治经济学批判——基于数字资本全球积累结构的视角》,载《经济学家》2021 年第 1 期。

5. 马一德:《完善中国特色知识产权学科体系、学术体系、话语体系》,载《知识产权》2020 年第 12 期。

6. 冯晓青:《新时代中国特色知识产权法理思考》,载《知识产权》2020 年第 4 期。

7. 沈平生、马龙倩:《短视频视野下的知识共享许可协议研究》,载《东南大学学报(哲学社会科学版)》2020 年 S2 期。

8. 孙志燕、郑江淮:《全球价值链数字化转型与"功能分工陷阱"的跨越》,载《改革》2020 年第 10 期。

9. 李玲娟、许洪彬:《美、日、韩知识产权战略的调整与走向》,载《湖南大学学报

（社会科学版）》2020 年第 1 期。
10. 何华：《知识产权全球治理体系的功能危机与变革创新——基于知识产权国际规则体系的考察》，载《政法论坛》2020 年第 3 期。
11. 万勇：《知识产权全球治理体系改革的中国方案》，载《知识产权》2020 年第 2 期。
12. 赵志彬：《中国知识产权文化的发展与展望》，载《知识产权》2019 年第 8 期。
13. 刘华、黄金池：《文化治理视域下我国知识产权文化政策结构性优化研究》，载《华中师范大学学报（人文社会科学版）》2019 年第 2 期。
14. 蔡琳：《知识产权行为之法律范式与伦理范式的冲突及治理研究》，载《大连理工大学学报（社会科学版）》2018 年第 3 期。
15. 舒媛、申来津：《知识产权文化：本体、属性与价值》，载《学术交流》2017 年第 2 期。
16. 吴汉东：《论知识产权一体化的国家治理体系——关于立法模式、管理体制与司法体系的研究》，载《知识产权》2017 年第 6 期。
17. 朱雪忠、杨静：《中国知识产权话语策略研究：基于话语与秩序相互建构的视角》，载《中国软科学》2017 年第 5 期。
18. 易继明：《国家治理现代化进程中的知识产权体制改革》，载《法商研究》2017 年第 1 期。
19. 刘雪凤、高兴：《我国知识产权政策体系对社会福利的影响研究》，载《科研管理》2017 年第 2 期。
20. 易继明：《中国民法典制定背景下知识产权立法的选择》，载《陕西师范大学学报（哲学社会科学报）》2017 年第 2 期。
21. 张志刚：《中国知识产权文化的基础、价值和愿景》，载《大连理工大学学报（社会科学版）》2016 年第 4 期。
22. 马维野：《论知识产权强国的文化土壤》，载《中国科学院院刊》2016 年第 9 期。
23. 吐火加：《知识产权文化视角下的非物质文化遗产保护》，载《学术论坛》2016 年第 6 期。
24. 丁丽：《版权制度的诞生：从古登堡印刷术到安娜女王法》，载《编辑之友》2016 年第 7 期。
25. 王珍愚、单晓光、许娴：《我国知识产权制度与知识产权文化融合问题研究》，载《科学学研究》2015 年第 12 期。

26. 姚远:《日本知识产权文化:制度与观念》,载《学术界》2015 年第 1 期。
27. 姜海洋:《知识产权文化的本土化建构——以知识产权文化与传统文化关系为研究视角》,载《学术论坛》2015 年第 9 期。
28. 胡神松:《知识产权法律全球化的政治经济学分析》,载《知识产权》2015 年第 2 期。
29. 向波:《知识产权法律制度之正义考量》,载《知识产权》2014 年第 10 期。
30. 余盛峰:《知识产权全球化:现代转向与法理反思》,载《政法论坛》2014 年第 6 期。
31. 张康之、张桐:《论世界中心——边缘结构中的创新垄断》,载《人文杂志》2014 年第 11 期。
32. 吴汉东:《知识产权理论的体系化与中国化问题研究》,载《法制与社会发展》2014 年第 6 期。
33. 吴汉东:《知识产权法的制度创新本质与知识创新目标》,载《法学研究》2014 年第 3 期。
34. 姚远、徐和平:《缺失与构建:知识产权文化的思考》,载《湖南社会科学》2014 年第 5 期。
35. 和育东:《从权利到功利:知识产权扩张的逻辑转换》,载《知识产权》2014 年第 5 期。
36. 黄小洵:《传统文化表达法律保护思考——突破传统知识产权框架为视角》,载《河北法学》2014 年第 9 期。
37. 苏喆、郝思谋:《知识产权资本化悖论解析及其矫正》,载《贵州社会科学》2014 年第 2 期。
38. 田力普:《国内外知识产权最新形势分析》,载《知识产权》2014 年第 1 期。
39. 韩兴:《论我国知识产权文化建设的多元文化互动》,载《南京理工大学学报(社会科学版)》2014 年第 1 期。
40. 王宏军:《论知识产权法的本土化》,载《天津商业大学学报》2013 年第 6 期。
41. 吴汉东:《知识产权法价值的中国语境解读》,载《中国法学》2013 年第 4 期。
42. 李晓辉:《信息产权:知识产权的延伸和补充》,载《电子知识产权》2013 年第 11 期。
43. 何隽:《全球化时代知识产权制度的走向:趋同、存异与变通》,载《比较法研究》2013 年第 6 期。

44. 王岩:《知识产权资产——从法律到经济的枢纽概念》,载《知识产权》2013 年第 7 期。
45. 姚芳、刘华:《知识产权文化的中国实践:现状调查与政策建议》,载《科技进步与对策》2013 年第 11 期。
46. 李志明:《中国知识产权文化发展中的文化冲突及解决方法——以知识产权文化的历史演变为视角》,载《江汉论坛》2013 年第 4 期。
47. 刘华、张祥志:《政府主导知识产权文化建设的正当性分析》,载《北京社会科学》2013 年第 6 期。
48. 陈瑜:《韩国知识产权文化建设概况》,载《中国发明与专利》2013 年第 12 期。
49. 卿越:《对知识产权法的哲学反思——以人权为视角》,载《云南大学学报(法学版)》2012 年第 2 期。
50. 冯象、李一达:《知识产权的终结——"中国模式"之外的挑战》,载《文化纵横》2012 年第 3 期。
51. 邵科:《安守廉与曲解的中国知识产权史——反思国际知识产权不平等秩序之突破点》,载《政法论丛》2012 年第 4 期。
52. 冯象:《丧钟为知识产权而鸣》,载《中国企业家》2012 年第 11 期。
53. 吴汉东:《设计未来:中国发展与知识产权》,载《法律科学(西北政法大学学报)》2011 年第 4 期。
54. 吴汉东:《知识产权的多元属性及研究范式》,载《中国社会科学》2011 年第 5 期。
55. 张楚、张军强、阎博:《知识产权文化内涵——以财产权劳动理论为视角》,载《首都经济贸易大学学报》2011 年第 6 期。
56. 杜荣霞、刘冰:《从群体性侵权透视知识产权文化意识的培植》,载《河北法学》2010 年第 6 期。
57. 吴汉东、李瑞登:《中国知识产权法学研究 30 年》,载《法商研究》2010 年第 3 期。
58. 安守廉、梁治平:《知识产权还是思想控制——对中国古代法的文化透视》,载《中国发明与专利》2010 年第 7 期。
59. 周洪涛:《开放式创新背景下企业知识产权文化构建》,载《中国发明与专利》2010 年第 9 期。
60. 周洪涛:《海派文化与上海知识产权文化建设》,载《中国发明与专利》2010 年第 12 期。

61. 张冠梓:《美国学者眼中的中国法制化——哈佛大学安守廉教授访谈》,载《国外社会科学》2010 年第 3 期。

62. 吴汉东:《当代中国知识产权文化的构建》,载《华中师范大学学报(人文社会科学版)》2009 年第 2 期。

63. 周洪涛、单晓光:《知识产权文化与知识产权制度关系研究——以知识产权制度的困境为视角》,载《科学学研究》2009 年第 1 期。

64. 杨长海:《后 TRIPS 时代国际知识产权法内国自决权评析》,载《海南大学学报(人文社会科学版)》2008 年第 1 期。

65. 康建辉、王渊:《我国知识产权文化的培育》,载《电子知识产权》2008 年第 9 期。

66. 周艳敏、宋慧献:《古登堡之后:从印刷特权到现代版权》,载《出版发行研究》2008 年第 9 期。

67. 吴汉东:《知识产权法律构造与移植的文化解释》,载《中国法学》2007 年第 6 期。

68. 卢海君:《传播权的猜想与证明》,载《电子知识产权》2007 年第 1 期。

69. 刘西平、曹津燕:《知识产权教育与知识产权文化》,载《知识产权》2007 年第 1 期。

70. 刘谊:《共享的界限——从"盗贴"看互联网版权问题》,载《出版广角》2007 年第 2 期。

71. 沈杨:《规则之治憧憬的破灭与再生——论知识产权审判的造法困惑及其消解》,载《法律适用》2007 年第 1 期。

72. 曹新明:《关于权利弱化与利益分享理论之研究———种新的知识产权理论范式》,载《中南财经政法大学研究生学报》2007 年第 1 期。

73. 胡小红:《规制知识产权滥用的法理与现实思考》,载《科技与法律》2007 年第 1 期。

74. 曹阳:《国际知识产权制度冲突 · 规范 · 非国家行为体》,载《知识产权》2007 年第 2 期。

75. 王长进:《论传统知识的可知识产权性——兼以经济学中激励理论为分析方法》,载《新学术》2007 年第 2 期。

76. 冯晓青:《论利益平衡原理及其在知识产权法中的适用》,载《江海学刊》2007

年第1期。

77. 刘华、周洪涛:《论我国知识产权制度的困境与出路——基于知识产权文化视角的分析》,载《华中师范大学学报(人文社会科学版)》2007年第1期。

78. 黄汇:《解释与转型:知识产权去"智力化"的阐明》,载《知识产权》2007年第1期。

79. 冯晓青:《知识产权法的价值构造:知识产权法利益平衡机制研究》,载《中国法学》2007年第1期。

80. 刘华:《文化:决定性力量——知识产权文化探析》,载《中国发明与专利》2007年第4期。

81. 匡慧:《知识产权文化本土化》,载《湖北经济学院学报(人文社会科学版)》2007年第5期。

82. 郑成思:《国际知识产权保护和我国面临的挑战》,载《法制与社会发展》2006年第6期。

83. 陈美章:《构建知识产权法"平衡理论"的开创性之作——读冯晓青教授的〈知识产权法利益平衡理论〉》,载《知识产权》2006年第6期。

84. 黄汇:《知识产权非理性扩张的法哲学解读——基于知识产权与所有权理念差异的视角》,载《西南民族大学学报(人文社科版)》2006年第6期。

85. 刘亚军、张念念:《知识产权国际保护标准的解读与启示——以利益平衡为视角》,载《吉林大学社会科学学报》2006年第4期。

86. 杨雄文:《知识产权熵论》,载《知识产权》2006年第5期。

87. 刘华、周莹:《我国知识产权文化建设的层次与目标》,载《知识产权》2006年第3期。

88. 孟奇勋、李昌钰:《知识产权文化建设问题探讨》,载《知识产权》2006年第3期。

89. 周洪涛、刘华:《知识产权制度的进路与出路:知识产权文化——以构建和谐社会为视角》,载《法学论坛》2006年第4期。

90. 唐昊:《从知识产权到知识霸权——知识产权过度扩张所导致的国际体系危机》,载《广东社会科学》2006年第5期。

91. 王冠玺、李筱苹:《我国知识产权法律与国家发展政策的整合》,载《法学研究》2005年第6期。

92. 马维野:《知识产权文化建设的思考》,载《知识产权》2005年第5期。

93. 吴汉东:《关于知识产权私权属性的再认识——兼评“知识产权公权化”理论》,载《社会科学》2005 年第 10 期。
94. 邓建鹏:《宋代的版权问题——兼评郑成思与安守廉之争》,载《环球法律评论》2005 年第 1 期。
95. 曹新明、梅术文:《民族民间传统文化保护的法哲学考察——以知识产权基本理论为研究范式》,载《法制与社会发展》2005 年第 2 期。
96. 冯晓青:《信息产权理论与知识产权制度之正当性》,载《法律科学(西北政法大学学报)》2005 年第 4 期。
97. 龙文懋:《制度及其相容性——知识产权法律制度的哲学文化考察》,载《社会科学战线》2005 年第 2 期。
98. 刘华:《基于经济分析的我国知识产权文化建设思路》,载《电子知识产权》2005 年第 6 期。
99. 马秀山:《日本知识产权战略区别于欧美的文化原因》,载《中国发明与专利》2005 年第 9 期。
100. 冯念华:《雕版印刷术发明前我国书籍版权保护的相关问题》,载《图书情报工作》2005 年第 4 期。
101. 曹新明:《知识产权法哲学理论反思——以重构知识产权制度为视角》,载《法制与社会发展》2004 年第 6 期。
102. 郑成思:《中国需要怎样的知识产权战略》,载《航天工业管理》2004 年第 6 期。
103. 吴汉东:《国际化、现代化与法典化:中国知识产权制度的发展道路》,载《法商研究》2004 年第 3 期。
104. 强世功等:《知识产权与法律移植》,载《读书》2004 年第 8 期。
105. 冯晓青:《知识产权、竞争与反垄断之关系探析》,载《法学》2004 年第 3 期。
106. 冯晓青、刘淑华:《试论知识产权的私权属性及其公权化趋向》,载《中国法学》2004 年第 1 期。
107. 冯晓青:《试论以利益平衡理论为基础的知识产权制度》,载《江苏社会科学》2004 年第 1 期。
108. 李扬:《再评洛克财产权劳动理论——兼与易继明博士商榷》,载《现代法学》2004 年第 1 期。
109. 唐昭红:《解读专利制度的缘起——从早期专利制度看知识产权正当性的条

件》,载《科技与法律》2004 年第 1 期。
110. 冯术杰、于延晓:《知识产权地域性的成因及其发展》,载《长白学刊》2004 年第 6 期。
111. 马传兵:《经济全球化与无形资本扩张》,中共中央党校 2004 年博士学位论文。
112. 张泽吾:《等同原则的法哲学思考——基于抽象物的分析进路》,载《电子知识产权》2004 年第 2 期。
113. 朱谢群:《知识产权的法理基础》,载《知识产权》2004 年第 5 期。
114. 周洪涛:《知识产权文化解读》,载《中国版权》2004 年 8 月。
115. 刘华、李文渊:《论知识产权文化在中国的构建》,载《知识产权》2004 年第 6 期。
116. 吴汉东:《法哲学家对知识产权法的哲学解读》,载《法商研究》2003 年第 5 期。
117. 吴汉东:《知识产权的私权与人权属性——以〈知识产权协议〉与〈世界人权公约〉为对象》,载《法学研究》2003 年第 3 期。
118. 吴汉东:《财产的非物质化革命与革命的非物质财产法》,载《中国社会科学》2003 年第 4 期。
119. 徐瑄:《关于知识产权的几个深层理论问题》,载《北京大学学报(哲学社会科学版)》2003 年第 3 期。
120. 徐瑄:《知识产权的正当性——论知识产权法中的对价与衡平》,载《中国社会科学》2003 年第 4 期。
121. 龙文懋:《知识产权制度的公益性与私益性》,载《中华女子学院学报》2003 年第 2 期。
122. 冯晓青:《知识产权的劳动理论研究》,载《湘潭大学社会科学学报》2003 年第 5 期。
123. 姚岷:《黑格尔法哲学中的知识产权思想》,载《电子知识产权》2003 年第 6 期。
124. 邬贵根:《"世俗"法中的应然性与实然性的法理分析——以知识产权法及相关条约为例》,载《当代法学》2003 年第 8 期。
125. 范运和:《知识产权产生属性论》,载《科技进步与对策》2003 年第 4 期。
126. 郑成思:《创新之"源"与"流"》,载《中国知识产权报》2002 年 6 月 28 日。

127. 柳励和:《印刷术与中国古代的版权保护》,载《中国印刷》2002年第9期。
128. 李雨峰:《版权扩张:一种合法性的反思》,载《现代法学》2001年第5期。
129. 吴汉东:《关于知识产权基本制度的经济学思考》,载《法学》2000年第4期。
130. 郑成思:《20世纪知识产权法学研究回顾》,载《河南省政法管理干部学院学报》2000年第1期。
131. 易继明:《评财产权劳动学说》,载《法学研究》2000年第3期。
132. 易继明、李辉凤:《财产权及其哲学基础》,载《政法论坛》2000年第3期。
133. 刘凤朝:《论技术创新与制度创新的互动——以知识产权制度的创立和发展为例》,载《科学技术与辩证法》2000年第2期。
134. 曲三强:《被动立法的百年轮迴——谈中国知识产权保护的发展历程》,载《中外法学》1999年第2期。
135. 李亚虹:《西法中移的文化困惑——〈偷书不算偷:中华文明中的知识产权法〉评介》,载《中外法学》1998年第6期。
136. 梅雪芹:《论约翰·洛克的财产观》,载《北京师范大学学报(社会科学版)》1997年第1期。
137. 张平:《知识产权法的地位及其渊源》,载《知识产权》1994年第6期。

(五)外文译文

1. 威廉·费歇尔:《知识产权的理论》,黄海峰译,载刘春田主编:《中国知识产权评论》(第1卷),商务印书馆2002年版。
2.《与贸易有关的知识产权协议》(Agreement on Trade – Related Aspects of Intellectual Property Rights, TRIPS)

(六)外文原文

1. Carsten Fink & Keith Maskus, "Intellectual Property and Development: Lessons from Recent Economic Research", the World Bank and Oxford University Press (2005).
2. Paul M. Schwartz, "Property, privacy, and personal data", Harvard Law Review 117(2004).
3. Orit Fischman Afori, "Human rights and copyright: the introduction of natural law considerations into American copyright law", Fordham Intellectual Property, Media & Entertainment Law Journal 14(2004).
4. Henry. E. Smith, "The language of property: form, context, and audience", Stan-

ford Law Review 55(2003).

5. Tom G. Palmer, "Are patents and copyrights morally justified?", See Adam Thierer & Wayne Crews, Copy Fights: The Future of Intellectual Property in the Information Age, Cato institute Washington D. C. (2002).

6. James V. Delong, "Defending intellectual property", see Adam Thierer & Wayne Crews, Copy Fights: The Future of Intellectual Property in the Information Age, Cato institute Washington D. C. (2002).

7. Jessica Litman, "Information privacy/information property", Stanford Law Review, Vol. 52, No. 5, Symposium: Cyberspace and Privacy: A new legal paradigm? 5(2000).

8. Maureen Ryan, "Cyberspace as public space: A public trust paradigm for copyright in a digital world", Oregon Law Review 79(2000).

9. Neil Weinstock Netanel, "Asserting copyrights democratic principles in the global arena", Vanderbilt Law Review 51(1998).

10. Justin Hughes, "The Philosophy of Intellectual Property", the Georgetown Law Journal 77(1988).

11. David Fewer, "Constitutionalizing copyright: Freedom of expression and the limits of copyright in Canada", university of Toronto Faculty of law Review 55 (1997).

12. James Boyle, "A politics of intellectual property: Environmentalism for the net?", Duke Law Journal 47(1997).

13. Steward E. Sterk, "Rhetoric and reality in copyright law", Michigan Law Review 94(1996).

14. Neil Weinstock Netanel, "Copyright and a democratic civil society", Yale Law Journal 106(1996).

15. Keith Aoki, "Intellectual property and sovereignty: Notes toward a cultural geography of authorship", Stanford Law Review 48(1996).

16. Niva Elkin – Koren, "Copyright law and social dialogue on the information superhighway: The case against copyright liability of bulletin board operators", Cardozo Arts & Entertainment Law Journal 13(1995).

17. Brain Martin, "Against intellectual property", Philosophy and Social Action, 21

(1995).

18. David Nimmer, "The end of copyright", 48 Vand. Law Review 1385, 1416 (1995).

19. Robert A. Kreiss, "Accessibility and Commercialization in Copyright Theory", UCLA Law Review 15(1995).

20. Jeremy Waldron, "From authors to copiers: individual rights and social values in intellectual property", Chicago – Kent Law Review 68(1993).

21. Lawrence C. Becker, "Deserving to own intellectual property", Chicago – Kent Law Review 68(1993).

22. Wendy J. Gordon, "A Property Rights in Self – Expression: Equality and Individualism in the Natural Law of Intellectual Property", Yale Law Journal 102(1993).

23. Neil W. Netanel, "Copyright Alienability Restrictions and the Enhancement of Author Autonomy: A Normative Evaluation", Rutgers Law Journal 24(1993).

24. Steven Cherensky, "Comment, A Penny for Their Thoughts: Employee – Inventors, Preinvention Assignment Agreements, Property, and Personhood ", 81 California Law Review 595, 641(1993).

25. Stephen J. Schnably, "Property and Pragmatism: A Critique of Radin's Therty of Property and Personhool", 45 Stanford Law Review 347(1993).

26. Wendy J. Gordon, "Toward a jurisprudence of benefits: The norms of copyright and the problem of private censorship", University of Chicago Law Review 57 (1990).

27. Edward J. Damich, "The right of personality: A common – law basis for the protection of the moral rights of authors", Georgia Law Review 23(1988).

28. William Fisher, "Reconstructing the fair use doctrine", Harvard Law Review 101 (1988).

29. Justin Hughes, "The philosophy of intellectual property", Georgetown Law Journal 77(1988).

30. Margaret Jane. Radin, " Market – Inalienability ", Harvard Law Review 100 (1987).

31. Margaret Jane Radin, " Property and personhood ", Stanford Law Review, 5 (1982).

32. Stethen Breyer,“The Uneasy Case for Copyright:A Study of Copyright in Books, Photocopies,and Computer Programs ”,Harvard law Review 84(1970).

33. Fritz Machlup & Edith Penrose,“The patent controversy in the nineteenth century”,The Journal of Economic History,5(1950).

二、与知识产权研究相关的其他参考文献

(一)中文著作

1. 李正风:《科学知识生产方式及其演变》,清华大学出版社 2006 年版。

2. 赵涛:《网络时代知识生产方式转型研究》,江苏凤凰教育出版社 2015 年版。

3. 张文显:《二十世纪西方法哲学思潮研究》,法律出版社 1996 年版。

4. 张文显:《法哲学范畴研究》,中国政法大学出版社 2001 年版。

5. 陈方正:《继承与叛逆——现代科学为何出现于西方》,生活·读书·新知三联书店 2009 年版。

6. 许苏民:《文化哲学》,上海人民出版社 1990 年版。

7. 张中秋:《比较视野中的法律文化》,法律出版社 2003 年版。

8. 刘作翔:《法律文化理论》,商务印书馆 1999 年版。

9. 赵汀阳主编:《现代性与中国》,广东教育出版社 2000 年版。

10. 余英时:《从价值系统看中国文化的现代意义——中国文化与现代生活总论》,载《文化:中国与世界》,三联书店 1987 年版。

11. 黄文艺:《全球结构与法律发展》,法律出版社 2006 年版。

12. 邓正来:《中国法学向何处去——建构“中国法律理想图景”时代的论纲》,商务印书馆 2006 年版。

13. 高宣扬:《后现代论》,中国人民大学出版社 2005 年版。

14. 张岱年、方克立主编:《中国文化概论》,北京师范大学出版社 1994 年版。

15. 张晋藩:《中国法律的传统与近代转型》,法律出版社 1997 年版。

16. 梁治平编:《法律的文化解释》,三联书店 1994 年版。

17. 梁峰:《知识与自由——哈耶克政治哲学研究》,知识产权出版社 2007 年版。

18. 张维迎:《博弈论与信息经济学》,上海三联书店、上海人民出版社 1996 年版。

19. [美]黄仁宇:《中国大历史》,三联书店 1997 年版。

20. [美]黄仁宇:《资本主义与二十一世纪》,三联书店 1997 年版。

21. 金观涛、刘青峰:《兴盛与危机——论中国封建社会的超稳定结构》,湖南人民

出版社 1984 年版。
22. 金观涛、唐若昕:《西方社会结构的演变——从古罗马到英国资产阶级革命》,四川人民出版社 1985 年版。
23. 梁治平:《法辨——中国法的过去、现在与未来》,贵州人民出版社 1992 年版。
24. [美]许倬云:《中国文化与世界文化》,贵州人民出版社 1991 年版。
25. 于桂芬:《西风东渐——中日摄取西方文化的比较研究》,商务印书馆 2001 年版。
26. 张中秋:《中西法律文化比较研究》,南京大学出版社 1991 年版。
27. 方汉文:《比较文化学》,广西师范大学出版社 2003 年版。
28. 林精华:《民族主义的意义与悖论》,人民出版社 2002 年版。
29. 刘康:《全球化/民族化》,天津人民出版社 2002 年版。
30. 汪丁丁:《经济发展与制度创新》,上海人民出版社 1995 年版。
31. 瞿同祖:《中国法律与中国社会》,商务印书馆 2010 年版。
32. 钟叔河:《中国本身拥有力量》,中华书局有限公司 1989 年版。

(二)中文译著

1. [美]劳伦斯·M. 弗里德曼:《法律制度:从社会科学角度观察》,李琼英、林欣译,中国政法大学 2004 年版。
2. [美]罗纳德·H. 科斯等:《财产权利与制度变迁——产权学派与新制度经济学派译文集》,刘守英等译,格致出版社、上海三联书店、上海人民出版社 2004 年版。
3. [英]迈克尔·吉本斯等:《知识生产的新模式——当代社会科学与研究的动力学》,陈洪捷、沈文钦等译,北京大学出版社 2011 年版。
4. [美]罗伯特·C. 埃里克森:《无需法律的秩序》,苏力译,中国政法大学出版社 2016 年版。
5. [美]玛莎·费丽莫:《国际社会中的国家利益》,袁正清译,浙江人民出版社 2001 年版。
6. [美]伊曼纽尔·沃勒斯坦:《现代世界体系》,郭方等译,社会科学文献出版社 2013 年版。
7. [法]孔狄亚克:《人类知识起源论》,洪洁求、洪丕柱译,商务印书馆 1989 年版。
8. [英]罗素:《人类的知识——其范围与限度》,张金言等译,商务印书馆 2012 年版。

9. [美]罗伯特·金·默顿:《十七世纪英格兰的科学、技术与社会》,范岱年、吴忠、蒋效东译,商务印书馆 2009 年版。
10. [美]约翰·康芒斯:《制度经济学》,赵睿译,华夏出版社 2009 年版。
11. [英]马凌诺斯基:《文化论》,费孝通译,华夏出版社 2002 年版。
12. [美]道格拉斯·C. 诺思:《经济史中的结构与变迁》,陈郁、罗华平等译,上海三联书店、上海人民出版社 1994 年版。
13. [美] 道格拉斯·诺思、罗伯特·托马斯:《西方世界的兴起》,厉以平、蔡磊译,华夏出版社 1999 年版。
14. [德]柯武刚、史漫飞:《制度经济学——社会秩序与公共政策》,韩朝华译,商务印书馆 2000 年版。
15. [德]马克斯·舍勒:《知识社会学问题》,艾彦译,华夏出版社 2000 年版。
16. [法]费尔南·布罗代尔:《资本主义的动力》,杨起译,三联书店 1997 年版。
17. [英]W. 阿瑟·刘易斯:《经济增长理论》,梁小民译,上海人民出版社、上海三联书店 1994 年版。
18. [美]理查德·A. 波斯纳:《法律的经济分析》,蒋兆康译,中国大百科全书出版社 1997 年版。
19. [美]曼昆:《经济学原理》(第 2 版),梁小民译,三联书店、北京大学出版社 2001 年版。
20. [美]乔纳森·弗里德曼:《文化认同与全球性过程》,郭建如译,商务印书馆 2003 年版。
21. [美]詹姆斯·W. 汤普逊:《中世纪晚期欧洲经济社会史》,徐家玲等译,商务印书馆 1992 年版。
22. [英]齐格蒙特·鲍曼:《全球化——人类的后果》,郭国良、徐建华译,商务印书馆 2001 年版。
23. [美]路易斯·亨利·摩尔根:《古代社会》,杨东莼等译,商务印书馆 1977 年版。
24. [美]罗伯特·诺齐克:《无政府、国家与乌托邦》,何怀宏等译,中国社会科学出版社 1991 年版。
25. [英]F. A. 冯·哈耶克:《个人主义与经济秩序》,邓正来译,三联书店 2003 年版。
26. [英]弗里德利希·冯·哈耶克:《法律、立法与自由》,邓正来等译,中国大百科全书出版社 2000 年版。
27. [英]彼得·斯坦、约翰·香德:《西方社会的法律价值》,王献平译,中国法制出版社 2004 年版。
28. [英]马丁·阿尔布劳:《全球时代——超越现代性之外的国家和社会》,高湘泽、冯玲译,商务印书馆 2001 年版。
29. [英]安东尼·吉登斯:《现代性的后果》,田禾译,译林出版社 2000 年版。
30. [美]约翰·R. 康芒斯:《资本主义的法律基础》,寿勉成译,商务印书馆 2003 年版。
31. [英]哈特:《法律的概念》,张文显等译,中国大百科全书出版社 1996 年版。
32. [英]赫德利·布尔:《无政府社会——世界政治秩序研究》,张小明译,世界知识出版社 2003 年版。
33. [英]戴维·赫尔德、安东尼·麦克格鲁:《全球化与反全球化》,陈志刚译,社会科学文献出版社 2004 年版。
34. [英]戴维·赫尔德、安东尼·麦克格鲁:《治理全球化——权力、权威与全球治理》,曹荣湘等译,社会科学文献出版社 2004 年版。
35. [英]戴维·赫尔德等:《全球大变革——全球化时代的政治、经济与文化》,杨雪冬等译,社会科学文献出版社 2001 年版。
36. [美]伊曼努尔·华勒斯坦等:《自由主义的终结》,郝名玮、张凡译,社会科学文献出版社 2002 年版。
37. [美]吉尔伯特·罗兹曼主编:《中国的现代化》,国家社会科学基金"比较现代化"课题组译,江苏人民出版社 1998 年版。
38. [美]杜赞奇:《从民族国家拯救历史——民族主义话语与中国现代史研究》,王宪明等译,社会科学文献出版社 2003 年版。
39. [德]乌尔里希·贝克:《全球化时代的权力与反权力》,蒋仁祥、胡颐译,广西师范大学出版社 2004 年版。
40. [英]洛克:《政府论》,叶启芳、瞿菊农译,商务印书馆 1964 年版。
41. [美]汉密尔顿、杰伊、麦迪逊:《联邦党人文集》,程逢如、在汉、舒逊译,商务印书馆 1980 年版。
42. [德]马克斯·韦伯、[英]埃德华·希尔斯、[英]马克斯·莱因斯坦英:《论经济与社会中的法律》,张乃根译,中国大百科全书出版社 1998 年版。
43. [美]E. 博登海默:《法理学——法律哲学与法律方法》(修订版),邓正来译,中国政法大学出版社 2004 年版。
44.［法］托克维尔：《论美国的民主》，董果良译，商务印书馆 1988 年版。
45.［美］伯纳德·斯瓦茨：《美国法律史》，王军等译，中国政法大学出版社 1990 年版。
46.［美］富勒：《法律的道德性》，郑戈译，商务印书馆 2005 年版。
47.［英］阿诺德·汤因比：《历史研究》，刘北成、郭小凌译，上海人民出版社 2019 年版。
48.［德］黑格尔：《法哲学原理》，范扬、张企泰译，商务印书馆 1961 年版。
49.［意］奥雷利奥·佩西：《未来一百页——罗马俱乐部总裁的报告》，王幗君译，中国展望出版社 1984 年版。
50.［英］李约瑟：《文明的滴定》，张卜天译，商务印书馆 2016 年版。
51.［英］李约瑟：《中国科学技术史》（第 1 卷），汪受祺等译，科学出版社、上海古籍出版社 2018 年版。
52.［美］罗伯特·K. G. 坦普尔：《中国：发明和发现的国度——中国科学技术史精要》，陈养正等译，21 世纪出版社 1995 年版。
53.［美］托比·胡弗：《近代科学为什么诞生在西方》，周程、于霞译，北京大学出版社 2010 年版。

（三）中文论文

1. 张文显：《法律文化的释义》，载《法学研究》1992 年第 5 期。
2. 张文显：《法治与国家治理现代化》，载《中国法学》2014 年第 4 期。
3. 张文显：《论中国特色社会主义法治道路》，载《中国法学》2009 年第 6 期。
4. 张文显：《全球化时代的中国法治》，载《吉林大学社会科学学报》2005 年第 2 期。
5. 张文显：《中国特色社会主义法治理论的科学定位》，载《法学》2015 年第 11 期。
6. 张文显：《部门法哲学引论——属性和方法》，载《吉林大学社会科学学报》2006 年第 5 期。
7. 张文显：《WTO 与中国法律发展》，载《法制与社会发展》2002 年第 1 期。
8. 张文显：《中国法治 40 年：历程、轨迹和经验》，载《吉林大学社会科学学报》2018 年第 5 期。
9. 孙笑侠、郭春镇：《法律父爱主义在中国的适用》，载《中国社会科学》2006 年第 1 期。

10. 孙笑侠:《"法治中国"的三个问题》,载《法制与社会发展》2013 年第 5 期。
11. 孙笑侠:《中国法的"形"与"神"——对中国法传统及其现代化的另一种思考》,载《清华法治论衡》2000 年第 001 期。
12. 高鸿钧:《法律移植:隐喻、范式与全球化时代的新趋向》,载《中国社会科学》2007 年第 4 期。
13. 刘占虎:《传统语境中的文化剩余与当代中国文化自觉——"百年中国"文化钩沉》,载《浙江社会科学》2013 年第 8 期。
14. 孟登迎:《文化自觉、生活方式与政治想象》,载《马克思主义与现实》2013 年第 4 期。
15. 刘鑫淼:《比较视域中的公私观念及其理论维度》,载《广东工业大学学报(社会科学版)》2007 年第 4 期。
16. 刘畅:《中国公私观念研究综述》,载《南开学报》2003 年第 4 期。
17. 贺雪峰:《公私观念与中国农民的双层认同——试论中国传统社会农民的行动逻辑》,载《天津社会科学》2006 年第 1 期。
18. 关晓丽、刘威:《从"崇公抑私"到"尚公重私"——中国公私观转型视界中的公民精神培育》,载《道德与文明》2009 年第 2 期。
19. 米健:《法律文化交往与文化主体意识》,载《中国法学》2012 年第 2 期。
20. 米健:《论先进文化与文化共享——兼谈知识人的良心与责任》,载《比较法研究》2003 年第 1 期。
21. 范忠信:《中国传统法律文化的哲学基础》,载《现代法学》1999 年第 2 期。
22. 高立忠:《传承与超越:全球化背景下中国传统法律文化的走向》,载《学习与探索》2002 年第 4 期。
23. 王晓广:《当代中国法律文化建构模式及路径选择——以全球化背景下中西法律文化关联为视角》,载《理论前沿》2009 年第 23 期。
24. 高鸿钧:《法律文化的语义、语境及其中国问题》,载《中国法学》2007 年第 4 期。
25. 姚建宗、黄文艺:《中国特色社会主义法学理论体系研究》,载《法制与社会发展》2012 年第 2 期。
26. 武树臣:《如何面对中国传统法律文化遗产》,载《法学家》2007 年第 5 期。
27. 周立胜:《士与骑士制度及其法律文化的比较研究》,载《法律科学(西北政法大学学报)》2012 年第 6 期。

28. 秦怡红:《当代中国法律文化冲突的原因及其解决路径》,载《北方论丛》2010年第3期。
29. 鲁楠、高鸿钧:《中国与WTO:全球化视野的回顾与展望》,载《清华大学学报(哲学社会科学版)》2012年第6期。
30. 何勤华:《论中国特色社会主义法治道路》,载《法制与社会发展》2015年第3期。
31. 袁祖社:《“中国价值”的文化发现及其实践意义》,载《中国社会科学》2017年第8期。
32. 顾培东:《中国法治的自主型进路》,载《法学研究》2010年第1期。
33. 刘冬雪:《文化全球化与文化多样性》,载《社会科学辑刊》2003年第1期。
34. 严火其:《李约瑟难题一解》,载《自然辩证法研究》2002年第12期。
35. 时东陆:《关于科学的定义》,载《科学》2007年第3期。
36. 时东陆:《再论科学的定义》,载《科学》2007年第5期。
37. 钱兆华:《对“李约瑟难题”的一种新解释》,载《自然辩证法研究》1998年第3期。
38. 钱兆华:《科学究竟是什么?》,载《科学技术与辩证法》1999年第4期。
39. 李约瑟:《中国科学传统的贫困与成就》,载《科学时代》2008年第3期。
40. 邓正来:《中国法学的重建——批判与建构》,载《吉林大学社会科学学报》2003年第5期。
41. 邓正来:《中国法律哲学当下基本使命的前提性分析——作为历史性条件的“世界结构”》,载《法学研究》2006年第5期。
42. 俞可平:《全球化研究的中国视角》,载《战略与管理》1999年第3期。
43. 俞可平:《现代文明所面临的挑战:当代全球问题》,载《马克思主义与现实》1994年第4期。
44. 黄文艺:《全球化与法理学的变革和更新》,载《法制与社会发展》2002年第5期。
45. 梁上上:《利益的层次结构与利益衡量的展开——兼评加藤一郎的利益衡量论》,载《法学研究》2002年第1期。
46. 麻宝斌:《公共利益与公共悖论》,载《江苏社会科学》2002年第1期。
47. 苏力:《法律与科技问题的法理学重构》,载《中国社会科学》1995年第5期。
48. 罗敏、涂科:《知识分享平台的商业模式探析》,载《管理现代化》2018年第

6 期。
49. 王海宝等:《基于互联网平台的知识管理方法探讨》,载《企业改革与管理》2018 年第 19 期。
50. 陆欣欣、涂乙冬:《分享还是不分享:社会困境视角下知识分享》,载《心理科学进展》2018 年第 11 期。
51. 曹蒙、袁小群:《数字内容产品定价问题研究》,载《中国出版》2014 年第 17 期。
52. 刘彤:《知识产品与传统产品定价比较分析》,载《商场现代化》2009 年第 8 期。
53. 李长玲:《知识产品的定价策略分析》,载《图书馆理论与实践》2006 年第 3 期。
54. 张海涛、唐元虎:《知识产品的定价研究》,载《价格理论与实践》2003 年第 9 期。
55. 许欢、彭婉:《知识付费与公共图书馆服务创新研究》,载《图书馆建设》2019 年第 1 期。
56. 余石丰:《公共图书馆服务方向》,载《湖北师范大学学报(哲学社会科学版)》2018 年第 6 期。
57. 张贵红、谭瑞宗、朱悦:《作为公共产品的科技资源价值实现研究》,载《科技进步与对策》2015 年第 7 期。
58. 菲利普 · G. 阿特巴赫、覃文珍:《作为国际商品的知识与教育:公共产品的消解》,载《北京大学教育评论》2003 年第 1 期。
59. 赵涛:《论网络时代知识生产方式的变迁与演替》,载《自然辩证法研究》2014 年第 12 期。

三、知识产权相关网站

(一)国际

1. WIPO 官方网 http://www. wipo. int/portal/index. html. en。
2. 世界贸易组织(WTO)TRIPS 专栏 https://www. wto. org/english/tratop_e/TRIPS_e/TRIPS_e. htm。
3. 美国专利商标局 http://www. uspto. gov/。
4. 欧洲专利局 http://www. epo. org/。
5. 日本特许厅 http://www. jpo. go. jp/。
6. 中国国际知识产权网 http://www. cniipr. com/。
7. FT 中文网 WTO http://www. ftchinese. com/tag/WTO。

（二）国内

1. 中国知识产权网 http://www. cnipr. com/。

2. 中国知识产权局网 http://www. sipo. gov. cn/xglj/gwzyzscqwz/。

3. 中国知识产权报·商标周刊 http://www. trademark. gov. cn/。

4. 中国知识产权司法保护网 http://www. chinaiprlaw. cn/。

5. 中国保护知识产权网 http://www. ipr. gov. cn/cn/index. shtml。

6. 国家知识产权战略网 http://www. nipso. cn/。

7. 中国知识产权研究网 http://www. iprcn. com/。

8. 知识产权裁判文书网 http://ipr. chinacourt. org/。

9. 国际保护知识产权协会网 http://www. aippi – china. org/main. html。

10. 中国知识产权培训中心 http://www. ciptc. org. cn/elms/welcome/welcome. jsp。

11. 冯晓青知识产权网 http://www. fengxiaoqingip. com/。

12. 中国政法大学知识产权研究中心 http://www. newiplaw. com/。

13. 中国知识产权研究会 http://www. cnips. org/zhuye. htm。

14. 知识产权文化网 http://www. iprculture. cn/。

15. 人民网 IP 频道 http://ip. people. com. cn。

四、国内知识产权研究机构

1. 国家知识产权局（主编《中国知识产权年鉴》）

2. 中国政法大学知识产权研究中心

3. 哈尔滨工业大学知识产权研究中心

4. 中国社会科学院法学所知识产权研究中心

5. 上海交通大学知识产权研究中心

6. 中国人民大学知识产权研究中心

7. 西南交通大学知识产权研究中心

8. 中南财经政法大学知识产权研究中心

9. 合肥工业大学知识产权研究中心

10. 云南师范大学知识产权研究中心

11. 北京工业大学知识产权研究中心

12. 山东大学知识产权研究中心

13. 华东理工大学知识产权研究中心
14. 复旦大学知识产权研究中心
15. 武汉大学知识产权研究中心
16. 郑州大学知识产权研究中心
17. 四川大学知识产权研究中心
18. 西南政法大学知识产权研究中心
19. 北京大学知识产权学院
20. 华东政法大学知识产权学院
21. 上海大学知识产权学院
22. 暨南大学知识产权学院
23. 西北大学知识产权学院
24. 同济大学知识产权学院
25. 中山大学知识产权学院
26. 青岛大学知识产权学院
27. 华南理工大学知识产权学院
28. 南京理工大学知识产权学院
29. 山东师范大学知识产权学院

后　记

品字若品茗，点句若点金。

博士后的一段旅程，好像是在花街雨巷，闻着诱人的酒香，去寻找那用红纸封存、写着“女儿红”的陈酿，寻至巷尾，却遍寻不见。菩萨在空中，捻着兰花指，轻拂杨柳枝，蓦然便发现，隔着街巷，便是闪念。只是那局中人，透着阴绵的细雨，油纸伞下，仓惶的笑脸。

很荣幸这段旅程，有复旦陪伴！更重要的是，学生时代曾许下的夙愿——跟随笑侠先生品酒论英雄——终得以实现！先生在沪东北，我恰在沪西南，遗憾于这段时光，酒未曾干，英雄未得畅谈，但或许恰恰是这一段时光，可以给岁月留个门缝，让我可以常常溜进先生的桃花源，与众师兄弟在江湖把酒言欢，与先生在有温度的法律人烟火中寻觅“达摩克利斯之剑”。

本书是在我博士后出站报告基础之上修订而成。为了“知识产权文化”这个主题，我也追随多年，如今数万言成册，也算对这段研究经历的一个阶段性总结。写作的过程颇为辛苦，这个研究，追随我从沪上佘山辗转至美利坚的麦迪逊，返沪后才得以执笔，尔后又随小女未未一同孕育，而今小女已半岁余，始得收笔谢师。脑海里至今浮现凌晨未谢的晓月、夜间翻身即得的酸痛和眼帘闪烁的朦胧墨迹。所以，我要感谢自己，在颇为艰难的一段日子里，是我对这个研究的不离不弃，最终画出博士后的句点，也为本书的诞生画了一个近乎圆满的圈圈。

感谢我的好友胡水晶博士和赵肖荣博士。胡水晶博士是知识产权专业出身，作为一个研究法理学的知识产权门外窥视者，我常常会就专业问题向胡水晶博士请教，以免我的无知和任性会使研究偏离知识产权的轨道；赵肖荣博士是上海交通大学科学哲学博士，许多茶余饭后，我们都在畅谈科学与知识产权的关系中任时光写上美好。本报告的不少观点源于与二人交谈时产生的灵感，感谢她们的才思敏捷和智慧贡献。

还要感谢我的家人，尤其是我的父母，为了能让我安心写作，父母承担了绝大部分家务，我分明在眼角的余光中捕捉到母亲和父亲躲避至角落偷偷轻捶自己酸痛腰椎的一幕；我要感谢我的先生，在他虐心的工作之余，还尽量帮我分担哄宝宝入睡的艰巨任务；感谢我的长女可可，小小年纪早已能洞察什么时候是能挤进妈妈怀里撒个娇而什么时候只能看看妈妈的侧影后悄悄走开。

写到这一段时，我的手指似乎开始如蝶翻飞般轻快，我知道那个最后的句点，即将翩翩而来，就这样吧，还是很好的。

2019 年 5 月 5 日于沪 · 芷榭斋